Le Moulin à Paroles

Conversation et composition a

Xerox College Publishing

LEXINGTON, MASSACHUSETTS
TORONTO

Le Moulin à Paroles

veau avancé | *Nouvelle édition entièrement revue et transformée*

par MICHEL BENAMOU
University of California, San Diego

JEAN CARDUNER
University of Michigan

avec la collaboration de Sylvie Carduner

40 dessins originaux de Justin Grégoire

CONSULTING EDITORS:

Charles N. Staubach, University of Arizona
André Malécot, University of California, Santa Barbara

Preface

Le Moulin à Paroles has been in use, at some time or other, sometimes continuously, in over two hundred colleges and universities during the last eight years. To our many friends, we feel obligated and thankful for their indulgence as well as for their criticisms. We are trying to make our book a better one. Here are some of the changes which, we hope, will bring it up-to-date and improve its usefulness as a teaching instrument.

1. The first decision was to bring out *Libres Paroles*, the second half of the original book, as a companion volume. Both books can be taught together in a two-semester course, or as separate units for more flexibility. Many colleges introduce *Le Moulin* in the fourth semester of French, others use it for third-year French.

2. About half the prose selections have been replaced by newer texts, although the materials themselves needed less updating than we expected. We had avoided both the newsworthy item of immediate relevance (such as the war in Algeria or De Gaulle's latest action) and on the other hand great literature, which is more permanent, but did not present the basis for the course we wanted: a course in which a student, whether he intends to major in French or not, can drastically improve his speaking and writing fluency. We tried to represent the aspects of France which have changed since the preliminary edition appeared in 1961.

3. French *moulins* are proverbially very easy to enter. To improve access to ours, we have done some deep remodeling, without upsetting the original plan. It called for fourteen chapters made of an assemblage of structures (*Charpente*) into which would fit fourteen vocabulary topics (*Matériaux*) cemented by exercises, with openings on French life (*Fenêtres*), texts used as springboards for conversation and composition.

(a) We have rewritten into the *Charpentes* the vocabulary of the corresponding *Matériaux*. This was easy enough: the topics dovetailed with the notions, for instance, eating with the expression of quantity, distractions with time, politics with fear and regret, French studies with hypothesis and condition, the French family with causation, etc. We found a new order, based on increasing difficulty or complexity of vocabulary and structures.

(b) We made an effort to teach the distinction between *français parlé* and *français écrit*, and between the different *niveaux de langue*. In the syntax of *Charpentes*, this comes out as a division between « idée simple et générale» and «nuances et précisions.» The student who, hopefully, already knows *pour que* and *afin que* will thus add the further refinement of *de sorte que* and *de manière que*. Similarly, familiar or slang expressions are distinguished from unmarked French in the *Matériaux*. This is done by means of new exercises.

(c) We have redeployed and updated the words of each *Matériau*. We adopted a strictly syntactic presentation, already visible on some pages of the old *Moulin*, and the type-setting devices pioneered by Robert Galisson at the Paris *Bureau pour l'Enseignement de la Langue et de la Civilisation*: italics for verbs, capitals for nouns, lower case for adjectives and adverbs. A student can thus read a whole sentence from left to right, providing the necessary modifiers.

(d) For the study and testing of vocabulary, we have added new *Lexicotests* which incorporate word-matching (synonyms, antonyms), sentence completion, definitions, *familles de mots*, and shifts of usage levels.

(e) The entirely new *Lexique* at the end of *Le Moulin à Paroles* includes definitions in French and phonetic transcriptions of all the words, except those found with the same meaning in *Le Dictionnaire du Français Fondamental* by G. Gougenheim. In all cases the definitions fit the context of the words in this book.

(f) Several *Appendices* have been added to pull together some grammatical difficulties such as the use of the subjunctive. The treatment of pronunciation and phonetics has been considerably expanded and rewritten.

(g) Last, but not least, the illustrations by Justin Grégoire, who is himself a teacher of French in France, harmonize well, we think, with the spirit of our work. They are puns on the clichés which constitute such a vital part of any language. By taking figurative expressions literally, Grégoire causes laughter, itself an indication of what awaits a foreigner when he tampers with the idioms of the French language. It is a reminder to distinguish between clichés and original metaphors.

The *tape program*, because it records exercises of *Le Moulin à Paroles* which are different in many respects from those to be found in the old and the new editions, needed no changing. The numbering of some tapes, to follow the new order of the chapters, is the only modification.

M.B.
J.C.

ACKNOWLEDGMENTS

We received many suggestions for changes and corrections from colleagues and nonetheless friends who taught our book in its first and tentative second editions at the University of Michigan, and among them we should like to give special thanks to Professors Robert Thédy and Georges Santoni. For his help in preparing the new *Lexique* we are beholden to Mr. Georges Villevieille. The manuscript of the revised edition was expertly reviewed by Professors Jacqueline Elliott of the University of Tennessee and David W. Noakes of New York University. Our deep gratitude to them for contributing many ideas which we have incorporated in our new text.

BIBLIOGRAPHICAL ACKNOWLEDGMENTS

Brunot, Ferdinand. *La Pensée et la Langue.* Paris, 1922.

Delattre, Pierre. *Principes de phonétique française à l'usage des étudiants étrangers.* Middlebury, 1951.

Galisson, Robert. *Inventaire syntagmatique du français fondamental.* Paris, 1967.

Gougenheim, Georges. *Dictionnaire du français fondamental.* Paris, 1957.

Léon, Monique, *Exercices systématiques de prononciation française.* Paris, 1964.

Table des Matières

Introduction

Before giving an illustration of a possible way of teaching with this book, it may be well to begin by an outline of its rationale, its purpose, and its method.

The goal of this book is to motivate and equip the student to reach fluent expression in French, both spoken and written, in one semester. It is a review grammar, for use after three or four semesters of elementary French at the college level. But its organization and method differ widely from review grammars the students may have come in contact with, so that a careful orientation to the plan of work may be of some help.

The model of most grammars is the sentence. You study in succession or alternation the elements which function in a sentence, the noun, the verb, the adjective, the adverb. This inventory would not permit you to speak or write. So another set of operative frames is set up: the indicative, the subjunctive, the active, the passive, etc. But the separation of the two sets, morphology and syntax, does not help the production of French. It merely prepares the student for the moment when he will be ready to express his own thoughts. In the meantime, he has to learn ready-made or semi-ready-made sentences.

A notional review grammar recombines all the elements of standard sentences from the point of view of the speaker who has something personal to express. Instead of formal categories, it presents the basic *notions* which underlie expression. The speaker questions, negates, contradicts, supposes, relates, forecasts, recalls the past, explains, defines quality and quantity, ties several events together, etc. He does not do all these operations with the categories of grammar (the infinitive, the indicative, etc.) but through notional functions. The first psycholinguist to organize French from the point of view of the speaker was Ferdinand Brunot, whose *La Pensée et la Langue* (Paris, 1922) has recently been rediscovered. We have borrowed several of the "notions" of this book from him. But notions alone are insufficient since the speaker also needs words to communicate his ideas. *Le Moulin à Paroles* was the first attempt to integrate the basic notions of expression (to affirm, to negate, to suppose, etc.) with topical vocabulary (of the street, the market, the school, etc.). Experience accumulated by those teaching this book over the last ten years has shown that in fact the acquisition of the new vocabulary should *precede* practicing it in the patterns which form the notions. This tooling-up phase consists, in effect, of three consecutive steps:

1. Learning of the new words (one topic: *Matériau*).
2. Fitting them in patterns (one notion: *Charpente*).
3. Practicing words and patterns together in the oral and written exercises.

We have called this phase a "tooling-up" phase because it does not yet amount to real communication. This will come when the student has something to say and says it in his own words, using a variety of notions, cutting across several topics. Liberated speech requires, however, a production phase of variations around a theme provided by the book. This is the function of the texts (*Fenêtres*). Chosen as illustrations of a French viewpoint on the same topic, a *Fenêtre* is not primarily a text for *explication*. It is to be used rather as a springboard for conversation, as a point of departure for composition. So, in effect, the following steps of the method must be included in the *production* phase:

4. Reading and understanding the text (*Fenêtre*).
5. Modifying the situations of the text into new, parallel situations.
6. Leaving this fictive for a "sincere" mode of self-expression.

Obviously, one can be sincere when commenting a text. But ideally, step 6 occurs without a book, at the point when two people talk together or write each other. *C'est une grâce. C'est la grâce que nous vous souhaitons.*

Suggestions for a lesson plan

Obviously, much latitude can and should be offered to the teacher by a book at this level. We suggest a plan merely as an illustration of the general principles we have just outlined. Let us see how the first chapter might be used during the first week (three class periods, access to a laboratory).

Period I

The student is responsible for preparing the *Matériau 1* (he looks up the words he does not know, in the end-vocabulary, writes down definitions, and does the *Lexicotest*). He also reads the *Charpente 1*. The class period begins with the *Lexicotest* (done orally even if it is handed in in written form) and after answering questions on the vocabulary, the teacher has the whole *Charpente 1* read aloud by successive students, as a pronunciation exercise. (This is because the notion is «Comment poser une question». For other notions, when appropriate, the teacher may ask students to read each pattern and then create several examples on the same model.) Then books are closed and the oral exercises begin:

A. *Rappel de structure.* Words from *La Rue* are used in drills based on the patterns of *Comment poser une question*. The first line of the exercise sets the style of the exercise. Instructor: «Le carrefour est dangereux . . . Le carrefour est-il dangereux?» Students in chorus: «Le carrefour est-il dangereux?» Then the instructor says: «La rue est en pente» and *one* student makes the inversion: «La rue est-elle en pente?» and so on. Rapidity is essential since we are building reflex reactions. Any student who hesitates is skipped until the correct answer is given, then the instructor comes back to him for a repetition. Correct intonation is stressed. Each drill should be repeated until perfect responses have been achieved.

B. *Jeu structural*. The first line is repeated several times in chorus. Then the instructor cues the part of each line which modifies the preceding line. For instance:

INSTRUCTOR	STUDENT
Vous allez au cinéma?	Vous allez au cinéma?
Avec qui?	Avec qui allez-vous au cinéma?
Est-ce que . . .	Avec qui est-ce que vous allez au cinéma?
Vous quittez . . .	Avec qui est-ce que vous quittez le cinéma?
La ville	Avec qui est-ce que vous quittez la ville?

Each syntactic slot in the sentence is thus modified in quick succession. Students who have a little practice enjoy the manipulation of forms and the surprises of sense.

C. *Questions*. Here again the instructor sets the style of the exercise by providing the first answer: «Qui est-ce qui se promène?» He will accept only this form of the interrogative pronouns. Since he wants to drill those, he gives a statement, «À cause de l'embouteillage,» and the student asks, «À cause de quoi?» In other exercises the answer should be negative, or cued by a word or the opposite of the statement uttered by the instructor. Rapidity is essential. The books must remain closed.

D. *Conversation dirigée*. Five or six little dialogues are started between two students by the instructor, who provides the first model.

E. *Thème oral*. Some chapters have an oral exercise to drill idiomatic structures. The instructor has the class repeat the first line, a French pattern, several times. Then he utters an English equivalent and expects a quick "translation" in French on the pattern repeated. For example:

INSTRUCTOR	STUDENT
Qui est-ce qui est venu?	Qui est-ce qui est venu?
Who opened the door?	Qui est-ce qui a ouvert la porte?
Whom did you see?	Qui est-ce que vous avez vu?

This is not really a translation, since the English is used only as a signal to elicit the French pattern. If it is done quickly enough, and *orally*, none of the dangers of mental translation will mar this valuable exercise.

The students are then sent away with two assignments:

(a) to practice the oral exercises for chapter one in the laboratory, with the twenty minutes tapes using exercises slightly different from those in the book, to insure motivation. (Tapescript available from the publisher).

(b) to write the exercises for the next period.

Period II

The student is responsible for the first *Fenêtre, Un Nègre à Paris.* He must read the *Notes*, the biographical sketch, and look up words he does not know in the *Lexique* or his own dictionary. To translate the text would defeat the purpose of the course which is to reach fluency in French. Students prepare answers to the questions on the text. However, the class period begins with a quick review of the patterns on the tapescript. Then the text of *Fenêtre 1* is read aloud, individual pronunciation is corrected (see Appendix A), and the questions are answered to ascertain the meaning of the text. Points of cultural difference may call for a short explanation in French by the instructor. The listening-understanding skill is also important. However, the exchange in French about the text is only a transitional exercise leading to *real* conversation. *Situations* are indicated, gradually further away from the text, in which two or more students take part. These must be done with the books closed.

Period III

Experience has shown that one of the two *Fenêtres* texts must be considered as complementary material. There is not enough time in a three-period week to cover both of them. The situations of *Un Nègre à Paris* will continue to be practiced, until all students have participated. The second *Fenêtre, Paris fut,* is used as a pronunciation exercise, or it may be substituted entirely for *Un Nègre à Paris,* if deemed preferable.

Some time is allotted to correct the written work. Most mistakes which occur in the *Exercices écrits* can usually be corrected by reference to the corresponding *Charpente.* However, in *Compositions* the range of errors tends to be much wider than any given *notion.* For that reason *Appendixes* B through E are provided. In them the student will find verb forms, pronoun order, the syntax of *C'est* and *Il est,* and a résumé of the uses of the subjunctive with some pitfalls of English-French translation. For paragraph building, *Charpente 14* offers many suggestions. Some teachers have found this hint useful: they cull the most representative mistakes and give corrections on a mimeographed sheet, under three headings: vocabulary, morphology, syntax.

Le Moulin à Paroles

1

Charpente

Comment poser une question

L'interrogation peut porter
- (a) sur toute la phrase, donc sur le verbe — la réponse peut être OUI ou NON ou SI.
- (b) sur un élément de la phrase: le sujet, l'objet, les circonstances — la réponse *ne peut pas* être OUI ou NON.

A. Interrogation portant sur le verbe (réponse «oui» ou «non»)
(Intonation montante)

1. *Par l'intonation seule (français parlé)*

Le contour mélodique de la phrase est transformé; c'est la *dernière syllabe* de la phrase qui est dite sur la note la plus haute. Seul changement graphique: point d'interrogation à la fin de la phrase.

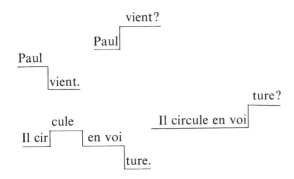

Même patron pour les phrases négatives.

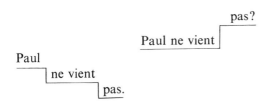

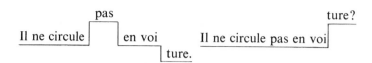

2. *Avec la locution adverbiale EST-CE QUE placée au début de la phrase*

3. *Par l'inversion (surtout français écrit)*

Formule simple: verbe + *pronom* sujet

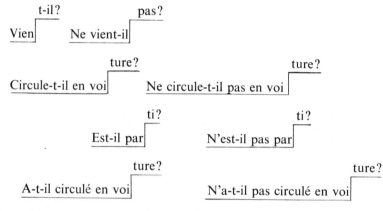

Formule complexe: NOM sujet + verbe + pronom qui reprend le sujet

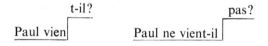

Réponses possibles pour ce type de question :

Questions sans négation:

(Réponse affirmative)   Vient-il? **Oui, il vient.**
(Réponse négative)   **Non, il ne vient pas.**

Question avec négation:

(Réponse affirmative)   Ne vient-il pas? **Si, il vient.**
(Réponse négative)   **Non, il ne vient pas.**

Autres réponses possibles
et nuancées:

**peut-être, peut-être pas, sans doute, sûrement, je le crois,
je n'en suis pas sûr, je ne sais pas**

B. Interrogation portant sur le sujet, l'objet, les circonstances
   (*La réponse* **ne peut pas** *être «oui» ou «non.»*)

FORME: La question s'exprime à l'aide d'un mot interrogatif.

INTONATION: L'intonation est descendante après le mot interrogatif dont la
dernière syllabe est dite sur une note *très* haute.

   1. *Pronoms interrogatifs*

Pronom sujet-verbe

Qui   Qui
                              └─ est
                                    └─ là? (C'est) moi, le chauffeur de Madame.

                           Qui viendra? Nous (viendrons).

Qui est-ce qui   Qui est-ce qui viendra? Nous (viendrons).
(Une personne)   Qui est-ce qui règle la circulation? L'agent (règle la
                           circulation).

Qu'est-ce qui   Qu'est-ce qui a changé? La couleur des feux (a changé).
(Une chose)

Lequel, laquelle   (Deux trottoirs) Lequel est le plus large? Le trottoir de
                           droite (est le plus large).

Lesquels, lesquelles   (Trois voitures) Laquelle est la plus rapide? La voiture
(Choses)   de course (est la plus rapide).

Pronom objet + verbe + sujet

                           Qui
Qui   └─ appelez-
(Une personne)   └─ vous? (J'appelle) ce piéton.

Qui est-ce que   Qui est-ce que vous appelez? (J'appelle) ce piéton.
(Une personne)

Que   Que regardez-vous? Je regarde le réverbère.
(Une chose)

Qu'est-ce que   Qu'est-ce que vous regardez? (Je regarde) le réverbère.
(Une chose)   Que fait ce promeneur?   Il traverse la rue.
                           Que fait-il?
                           Qu'est-ce que fait ce promeneur?
                           Qu'est-ce qu'il fait?

Lequel, laquelle   (Deux trottoirs) Lequel prends-tu? (Je prends) le
Lesquels, lesquelles trottoir de droite.
(Choses)   (Trois voitures) Laquelle préfères-tu? (Je préfère) la
                         voiture de course.

Préposition-pronom complément + verbe + sujet

À qui   À qui est-ce qu'il parle? (Il parle) à un chauffard.
(Personne)   À qui parle-t-il? (Il parle) à un chauffard.

À quoi   À quoi est-ce qu'il pense? (Il pense) à la contravention.
(Chose)   À quoi pense-t-il? (Il pense) à la contravention.

De qui   De qui est-ce qu'il parle? (Il parle) du piéton.
(Personne)   De qui parle-t-il? (Il parle) du piéton.

De quoi   De quoi est-ce qu'il parle? (Il parle) de l'accident.
(Chose)   De quoi parle-t-il? (Il parle) de l'accident.
             De quoi le piéton a-t-il peur? (Le piéton a peur) des voitures.

Avec qui   Avec qui est-ce que le chauffard discute? (Il discute) avec l'agent.

Avec quoi   Avec quoi est-ce que l'agent écrit la contravention? (Il l'écrit)
             avec un stylo.

| **pour qui** | **sur qui** | **après qui** | **en qui** |
| **pour quoi** | **sur quoi** | **après quoi** | **en quoi,** (*etc.*) . . . |

2. *Adjectifs interrogatifs*

Quelle
    ⌐
    └ heure
          └ est-il?

Quel   Quel temps fait-il? (Il fait) beau.
         Quel jour sommes-nous? (Nous sommes) lundi.
         Quel est ce promeneur? (C'est) le balayeur municipal.

Quelle   Quelle amie emmenez-vous en voiture? (J'emmène) Marianne.

Quels   Quels monuments avez-vous visité? (J'ai visité) la Tour Eiffel et
         Notre-Dame.

Quelles Quelles rues sont les plus animées? Les grands boulevards.

Avec une préposition

À quelle
heure partez-
vous?

À quel	À quel carrefour faut-il tourner? (Il faut tourner) au carrefour de l'Odéon.
À quelle	À quelle heure ramasse-t-on les ordures? (On les ramasse) à six heures.
De quel	De quel côté allez-vous? (Je vais) du côté de Montmartre.
De quelle	De quelle rue la voiture venait-elle? (Elle venait) de la rue Soufflot.
Dans quelle	Dans quelle rue a-t-elle tourné? (Elle a tourné) dans la rue Saint-Jacques.

NOTE: Aux questions commençant avec **pour quelle occasion, pour quelle raison, dans quel but,** on répond généralement avec **parce que** ou **pour.**

Pour quelle occasion	. . . a-t-il sorti la voiture? (Il a sorti la voiture) pour le mariage de sa sœur.
Pour quelle raison	. . . ne se sert-il pas de sa voiture? Parce qu'il a peur de la salir.
Dans quel but	. . . met-on des passages cloutés? Pour protéger les piétons.

3. *Adverbes interrogatifs*

Où
habitez-
vous?

Où	Où allez-vous? (Je vais) à Paris.
D'où	D'où venez-vous? (Je viens) de Bordeaux.
Par où	Par où êtes-vous passé? (Je suis passé) par Poitiers.
Quand	Quand l'accident est-il arrivé? À deux heures et demie; il y a une demie-heure.
Depuis quand . . .	la circulation est-elle arrêtée? Depuis trois heures moins le quart.

Depuis combien de temps . . .	la circulation est-elle arrêtée? Depuis un quart d'heure.
Jusqu'à quand . . .	resterez-vous à Paris? Jusqu'au 31 août.
Pour combien de temps . . .	partez-vous à Paris? Pour deux mois.
Pendant combien de temps . . .	resterez-vous à Paris? Pendant deux mois.
(Nombre) **Combien** . . .	de feux y a-t-il à ce croisement? (Il y en a) quatre.
(Prix) **Combien** . . .	coûte cette voiture? (Elle coûte) très cher: 20.000 francs.
(Motif) **Pourquoi** . . .	la circulation est-elle arrêtée? Parce qu'il y a eu un accident.
(Manière) **Comment** . . .	êtes-vous venu? (Je suis venu) à pied.

Remarques sur l'intonation des questions

L'intonation des phrases interrogatives telles qu'elles sont prononcées par des Français n'est pas toujours conforme aux modèles indiqués ici. Elle varie suivant les intentions du locuteur.

Pour la pratique, il suffit à l'étudiant de se souvenir des principes suivants:

quand lui-même parle:
(a) Interrogation du type A (réponse *oui* ou *non*): la dernière syllabe de la phrase est dite sur la note la plus haute.
(b) Interrogation du type B (réponse ne peut PAS être oui ou non):
la dernière syllabe du mot interrogatif est dite sur la note la plus haute, et ensuite, le ton descend en escalier.

quand il écoute:
Attention aux signaux auditifs qui marquent une question:
(a) ton qui monte (seul)
(b) mot interrogatif prononcé sur une note *très haute* par rapport au reste de la phrase.

Deux questions en une seule

Il peut arriver qu'une phrase interrogative contienne en réalité deux questions.

EXEMPLES: Avez-vous demandé à l'agent où était l'Avenue Victor Hugo?
Avez-vous compté combien il y avait de feux?

L'intonation de ces phrases varie selon que le locuteur veut insister sur la première ou la deuxième question.

S'il veut insister sur la première question, la note la plus haute sera sur la dernière syllabe de la première question.

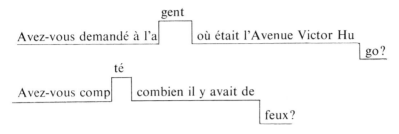

S'il veut insister sur la deuxième question, la note la plus haute sera le mot interrogatif qui commence la deuxième question.

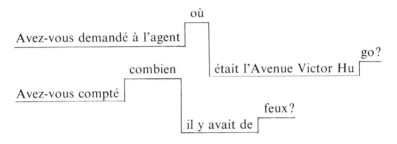

Conseil à l'étudiant

Les tours «est-ce qui», «est-ce que», «qu'est-ce qui», «qu'est-ce que» sont très employés en français parce qu'ils évitent les inversions d'un emploi parfois délicat. Utilisez-les donc aussi souvent que vous le voulez, seuls ou précédés d'adverbes ou d'adjectifs interrogatifs, selon le cas. Et ceci surtout lorsque le maniement d'une inversion éventuelle vous embarrasse.

Matériau

La Rue

À pied

PIÉTON *m.*   *marcher* en hâte, à grands pas   d'un PAS régulier
PROMENEUR *m.*   *aller* à pied   furtif
PASSANT *m.*   *se presser*   hâtif
     se hâter
     se promener à loisir
     parcourir DISTANCE *f.*
     passer
     croiser quelqu'un

AGENT *m.* de police   *faire* PARCOURS *m.*   *coller* AFFICHE *f.* murale
     RONDE *f.*   *lire*   PLAQUE *f.* indicatrice
     TRAJET *m.*   PANNEAU *m.* publicitaire

chercher CHEMIN *m.*   RENSEIGNEMENT *m.* *s'égarer*   *monter*   RUE *f.* RUELLE *f.*
demander   *se perdre*   *descendre*   IMPASSE *f.*
perdre   *renseigner*   *traverser*   ALLÉE *f.*
indiquer   *prendre*   AVENUE *f.*

FOULE *f.* *s'attrouper*   ATTROUPEMENT *m.*
COHUE *f.* *se bousculer*   BOUSCULADE *f.*
     jouer   des COUDES

faire   MANIFESTATION *f.* publique   *injurier, lancer* INJURE *f.*
provoquer   *protester* contre INJUSTICE *f.*
réprimer   *crier* MOT *m.* d'ordre, SLOGAN *m.*
     porter PANCARTE *f.*
     résister
le long de   TROTTOIR *m.*   CHAUSSÉE *f.* pavée

En voiture

AUTOMOBILISTE *m.*   *conduire* prudemment   *démarrer* DÉMARRAGE *m.*
CHAUFFEUR *m.*   *déboîter*

CONDUCTEUR, TRICE	*circuler* en AUTO *f.* *doubler* *croiser* *rouler*	*freiner* FREINS *m.* *s'arrêter* *klaxonner* KLAXON *m.* *avertir* AVERTISSEUR *m.* *virer* VIRAGE *m.* *signaler*
commettre *causer*	INFRACTION *f.* IMPRUDENCE *f.* EXCÈS *m.* de vitesse ACCIDENT *m.* grave COLLISION *f.*	*aller* à tombeau ouvert à toute allure à toute vitesse
CROISEMENT *m.* de rues CARREFOUR *m.*	*contrevenir* à CODE *m.* de la route *respecter* PRIORITÉ *f.* à droite *passer* PERMIS *m.* de conduire *gêner* EMBOUTEILLAGE *m.* *faciliter* CIRCULATION *f.*	
brûler FEU *m.* vert rouge orange	*permettre stationner* *interdire*	STATIONNEMENT *m.* interdit SENS *m.* unique

dresser PROCÈS *m.* verbal
infliger CONTRAVENTION *f.*
payer AMENDE *f.*

LEXICOTEST

A. Trouvez, puis définissez le nom qui correspond à l'action du verbe:

> EXEMPLE: bousculer   NOM: bousculade, mouvement d'une foule qui
> pousse

1. résister	6. contrevenir	11. conduire
2. s'attrouper	7. stationner	12. s'injurier
3. manifester	8. avertir	13. démarrer
4. circuler	9. permettre	14. se promener
5. croiser	10. embouteiller	

B. Construction de phrases: écrivez les phrases complètes qui correspondent dans le *Matériau* aux mots suivants.

> EXEMPLE: chemin   (a) Je demande mon chemin
> (b) Je vais vous indiquer le chemin

1. pas	5. passer	8. interdit
2. arrêt	6. sourd	9. piéton
3. injure	7. renseigner	10. circulation
4. conducteur		

C. Formation des adverbes: voici un adjectif; formez l'adverbe correspondant et utilisez-le dans une courte phrase.

1. furtif
2. prudent
3. fou
4. hâtif
5. bref
6. lent
7. furieux
8. doux
9. sot
10. léger

D. Le réfléchi: Complétez chaque phrase avec le même verbe à la forme réfléchie (aspect indéterminé) qui convient pour le sens.

EXEMPLE: L'agent arrête les chauffards quand ils . . . quand ils ne s'arrêtent pas.

1. Je ne trouve pas la rue. Savez-vous . . .
2. Si vous égarez votre plan, vous allez . . .
3. Si vous perdez la tête, vous allez . . .
4. Je promène mon chien quand je . . .
5. Allons, pressez le pas, . . .
6. Les manifestations m'intéressent, je . . .
7. Je ne peux pas renseigner ce touriste. Où peut-il . . .
8. Je n'arrête pas mon moteur chaque fois que je . . .

EXERCICES (Oral)

A. *Rappel de structure.* Formez une question avec la phrase ou le fragment de phrase proposé, sur le modèle indiqué en début d'exercice.

PROFESSEUR	ÉTUDIANT
1. Le carrefour est dangereux.	Le carrefour *est-il* dangereux?
La rue est en pente.	
Un accident est arrivé.	
Un passant vous a demandé son chemin.	
Nous avons pris un «sens-interdit».	
Tu avais fait signe au conducteur.	
Il y a eu un embouteillage.	
Vous savez conduire.	
Il viendra en vespa.	
On s'est perdu.	
On a brûlé un feu rouge.	
2. Qui est-ce qui sait conduire?	Qui est-ce qui sait conduire?
———————— traverse la rue?	

_____ vous fait signe de ralentir?
_____ cause cet embouteillage?
Qui est-ce que vous voyez dans le parc?   Qui est-ce que vous
                                                     voyez dans le parc?

_____ vous emmenez en voiture?
_____ l'ambulance a emmené?
_____ le camion a renversé?
Qu'est-ce qui cause les embouteillages?   Qu'est-ce qui cause
                                                     les embouteillages?

_____ rend le croisement
dangereux?
_____ fait tant de bruit?
_____ remplace l'essence?
Qu'est-ce que dit l'agent?   Qu'est-ce que di
                                                     l'agent?

_____ le camion transporte?
_____ vous faites dans ce
quartier?
_____ signifient les clous sur la
chaussée?

3. Même exercice, mais en changeant l'ordre des phrases.

4. Même exercice, en faisant donner une réponse aux questions.
   Qui est-ce qui sait conduire? C'est Paul qui sait conduire.

B. *Jeu structural.* Répétez la phrase modèle, puis modifiez cette phrase avec les mots proposés, puis cette nouvelle phrase avec les mots suivants, et ainsi de suite. (Voir *Introduction*, page xv.)

PROFESSEUR   ÉTUDIANT

1. Vous allez au cinéma du quartier?   Vous allez au cinéma
                                                     du quartier?

   Est-ce que _____?
   Avec qui _____?
   _____ vous quittez _____?
   _____ la ville?
   Qui est-ce qui _____?
   _____ a dit cela?
   Dites-moi _____.

2. Qui passe? *Répétez.*

_____ est-ce _____?

_____ vous voyez dans le parc?

_____ d'intéressant?

Dites-moi _____.

_____ si le carrefour est dangereux.

_____ la côte _____.

C. *Questions.* Formez la question dont voici la réponse (exercice à faire sous forme de dialogue avec un sourd).

    C'est Jean qui se promène.   Qui est-ce qui se promène?

    Les clous servent à traverser la rue.

    Une voiture l'a renversé.

    C'est à moi que l'agent a parlé.

    À midi moins le quart.

    Il a dit qu'il faut circuler.

    À cause de l'embouteillage.

    Ensuite il a parlé à des «chauffards».

    L'agent m'a arrêté pendant trois quarts d'heure.

    C'est un passant qui m'a renseigné.

D. *Conversation dirigée.*

    Demandez à votre ami de quel côté il va.   —De quel côté vas-tu?

    Répondez-lui que vous ne savez pas, car vous vous êtes perdu.   —Je ne sais pas, je me suis perdu.

    Demandez à X. si on peut stationner.

    Dites-lui qu'il risque une contravention.

    Demandez à Y. le chemin pour aller à la mairie.

    Répondez-lui qu'il lui faut tourner à droite après le feu rouge.

    Demandez à quelqu'un ce qui cause l'attroupement.

    Répondez-lui que vous croyez que c'est un accident de la circulation.

    Demandez à quelqu'un d'autre s'il pense que c'est un accident.

    Répondez-lui que vous pensez que non.

    Demandez à l'agent à qui il donne tort.

    Répondez-lui que le conducteur et le piéton ont tort tous les deux.

EXERCICES (Écrit)

A. Supposez que le texte suivant, extrait de la Fenêtre «Un Nègre à Paris», est la réponse à une lettre d'un jeune frère de l'auteur. Écrivez cette lettre, au moyen de questions. Employez au maximum les formes interrogatives de la Charpente 1.

Je suis à Paris, je foule le sol de Paris. Je regarde, partout des Blancs; des employés blancs. Nulle part une tête de Nègre. C'est bien un pays de Blancs. Il fait frais; le soleil se cache de honte. . . . Des autos passent qui semblent glisser, tant elles vont vite, et pas un seul coup de klaxon. C'est défendu. Chacun obéit à la règle. . . . Des fleurs partout, plusieurs voitures parquées. Et des affiches sur les murs, des panneaux publicitaires. Je paie ma place dans le car me conduisant aux Invalides. L'argent reprend sa valeur. Les mots «cadeaux; gratuit» ne doivent certainement pas exister dans le langage d'ici. Il faut constamment mettre la main dans la poche, faire mentalement son compte. Quel pays!

B. Un accident a eu lieu à un croisement de rues. Vous êtes l'agent qui règle la circulation à cet endroit. Posez vingt questions à l'automobiliste ou au piéton (s'il n'est pas mort écrasé).

EXEMPLE: À quelle vitesse rouliez-vous?

C. Écrivez ces vingt questions sous la forme d'un rapport.

EXEMPLE: J'ai demandé au conducteur à quelle vitesse il roulait.
Il m'a répondu: «Très lentement, Monsieur l'agent».

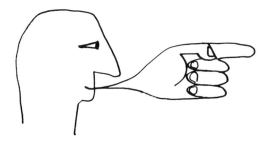

Pardon, Monsieur, pouvez-vous m'indiquer le chemin pour aller . . .

Fenêtre I

Un Nègre à Paris*

BERNARD DADIÉ. Né en 1916 à Assinie (République de la Côte d'Ivoire). Actuellement directeur de la Recherche et des Beaux-Arts du gouvernement ivoirien à Abidjan. Poète, romancier, essayiste, Dadié a abordé avec succès tous les genres littéraires. Ses recueils de poèmes: *Afrique debout* (1950), *Légendes Africaines* (1953) et *La Ronde des Jours* (1956) lui ont valu d'être reconnu comme un des plus authentiques écrivains africains de langue française. Ses romans: *Climbie* (1956), *Un Nègre à Paris* (1959), ses contes: *Pagne Noir* (1955) et son récit: *Patron de New York* (1964) lui ont conquis en Afrique une grande popularité.

Je suis à Paris, je foule le sol de Paris. Je regarde, partout des Blancs; des employés blancs. Nulle part une tête de Nègre. C'est bien un pays de Blancs. Il fait frais; le soleil se cache de honte. Il a conscience d'avoir commis à mon endroit[1] une injustice en me grillant de la tête aux pieds, alors qu'il
5 arrive à peine à bronzer les hommes d'ici. Des autos passent qui semblent glisser, tant elles vont vite, et pas un seul coup de klaxon. C'est défendu. Chacun obéit à la règle. C'est défendu chez nous aussi mais c'est un plaisir pour chacun de violer la règle, de klaxonner. Ça met en vedette, fait de vous «quelqu'un». Les chauffeurs signalent les arrêts, les départs. Depuis le
10 temps qu'ils font ces gestes! Tout le contraire de ce qui se passe chez nous, où les chauffeurs conduisent un doigt constamment en l'air, interrogeant tout passant, éventuel client. Un signe de tête sur le trottoir. Un arrêt brusque faisant gémir, hurler les pneus. Tant pis pour celui qui suit. C'est le code de la «route-jungle». Des fleurs partout, plusieurs voitures parquées. Et des
15 affiches sur les murs, des panneaux publicitaires. Je paie ma place dans le car me conduisant aux Invalides.[2] L'argent reprend sa valeur. Les mots «cadeaux; gratuit» ne doivent certainement pas exister dans le langage d'ici. Il faut constamment mettre la main dans la poche, faire mentalement son compte. Quel pays!
20 La première personne que je vois est un vieux en bretelles, discutant avec un ami, puis un ouvrier en vélo, ensuite deux enfants. L'animation augmente à mesure qu'on approche de la ville. Du monde dans les rues, les cafés, les

---

* Bernard Dadié, *Un Nègre à Paris*. Présence Africaine. Paris, 1959.
[1] *à mon endroit* contre moi.
[2] *aux Invalides* à la gare aérienne (Aérogare) des Invalides.

14

restaurants. On se croirait un jour de fête chez nous. Une circulation intense, disciplinée, les autos s'arrêtent au feu rouge, attendent patiemment le vert pour repartir. Un incessant tourbillon. Les piétons sont les plus pressés. 25 Après tout ne sont-ils pas en nombre? Il faut les voir se faufiler à travers les voitures et s'arrêter tout d'un coup. N'auraient-ils pas des ressorts dans les jambes, ressorts remontés chaque matin?

La grisaille des murs aurait dû influer sur le caractère des habitants. Erreur! ils ont du soleil en réserve, aussi trottent-ils dans un bruit continuel de houle. 30 Le Parisien croirait que le monde a cessé de tourner si une nuit ou un matin, il n'entendait plus ces bruits familiers. Un peuple consultant la montre à tout instant. Une ville prodigieuse qui vous prend, vous capte, vous met au pas,[3] vous emporte malgré vous dans un courant impétueux. Ici on ne fait pas de stage.[4] Il faut marcher, suivre. Et de la lumière électrique en plein 35 jour dans les restaurants et les magasins. Certainement pour voir clair dans les comptes. Je n'aurai pas peur des redites[5] car avec cette ville, on semble tourner en rond, être toujours dans le même quartier, voir les mêmes personnes, les mêmes têtes blanches. L'imperméable que nous portons seulement les jours de pluie, fait ici partie intégrante de la vêture.[6] Paris, 40 par la construction de ses maisons collées les unes aux autres, par ses nombreuses rues ne se coupant jamais à angles droits, est une ville qu'on ne peut enchaîner. Cela se sent de prime abord.[7] C'est son premier air. Et même mettrait-on[8] les fers à la ville les hommes passeraient au travers, comme les poissons qui «mangent» les filets, c'est-à-dire les déchirent pour échapper. 45 Cela est imprimé dans l'allure, l'attitude du Parisien. Il respire la liberté. Il est chez lui, dans son Paris. Et c'est une force prodigieuse que d'être chez soi, dans une telle ville.

On trouve ici des maisons si sérieuses d'aspect qu'on dirait qu'elles ont conscience de ce qu'elles sont ou représentent. Elles sont de Paris. Elles sont 50 Paris.

QUESTIONS

1. Expliquez l'humour de Bernard Dadié au sujet du soleil, des chauffeurs africains, de l'argent, des piétons, du bruit, des magasins.
2. Quelles différences le frappent? (Premier paragraphe).
3. Est-ce que cette description de la circulation parisienne, silencieuse et disciplinée, correspond à l'idée que vous vous en faites?
4. Expliquez «éventuel client» (*l.* 12).
5. Expliquez «tant pis pour celui qui suit» (*l.* 13).

---

[3] *vous met au pas* vous entraîne dans son rythme, comme un soldat.
[4] *on ne fait pas de stage* il faut commencer sans préparation.
[5] *redites* répétitions.
[6] *vêture* habillement, vêtement.
[7] *de prime abord* dès le premier contact.
[8] *mettrait-on* si on mettait.

6. Que suggère à Dadié le spectacle des piétons?
7. Expliquez la confusion du Noir à son arrivée («le même . . . les mêmes . . . les mêmes . . .»)
8. Pourquoi est-il impossible d'enchaîner Paris?
9. Est-ce que Bernard Dadié aime Paris?
10. Pourquoi cette arrivée à Paris a-t-elle une saveur particulière?

SITUATIONS

1. Jouez le texte sous forme de dialogue entre l'auteur et un des passagers du car l'amenant d'Orly aux Invalides. Il pose des questions sur ce qui l'étonne, et vous lui répondez en proposant une explication.
2. Imaginez maintenant la même conversation, mais avec un touriste de votre pays, qui n'a jamais vu Paris et le découvre par rapport aux habitudes de sa ville natale.

COMPOSITIONS

1. Votre ville. Essayez de la décrire avec l'optique d'*Un Nègre à Paris*. (Choisissez un paragraphe du texte, et imitez-le en l'adaptant à votre ville).
2. Si vous connaissez Paris, continuez la description de Bernard Dadié. Si vous ne connaissez pas Paris, continuez la description de Bernard Dadié (après vous être documenté).

Fenêtre II

Paris fut*

JACQUES AUDIBERTI. Né à Antibes en 1899, mort à Paris en 1968. A débuté en 1925 dans le journalisme. Écrivain prolifique, il a publié de nombreux recueils de poèmes, des romans et des pièces de théâtre. Ce sont surtout celles-ci, jouées après 1945 qui lui ont valu la célébrité par leur humour, leur truculent jaillissement poétique et leur imagination verbale. La plus célèbre, *Le Mal court*, est de 1947.

Paris les tours, la tour Eiffel, la tour Saint-Jacques, les huîtres à Noël et les fraises pour Pâques, je t'aime. Mais dit-on elle ou dit-on il, dès lors qu'on parle de Paris? Distinguo subtil! Paris, moi, je lui dis tu. Ça suffit pour être compris.

C'est toi les Invalides. C'est toi le Panthéon. Toi Victor Hugo. Toi 5 Napoléon. Toi l'Arc de l'Étoile et le chou des Halles. Montmartre. Montrouge. Louvre. Châtelet. Mon pavé. Mon palais. Je rêve. Je vais. Je m'emballe.

D'autres mieux que moi t'ont chanté. Qu'importe! Comme je peux, je dis que je t'aime, Paris. Mais ma joie est morte.

Les autos sont trop. De toutes parts je reçois leurs coups de corne, leurs 10 longues trompes. De La Chapelle à l'octroi d'Arcueil, entre Auteuil et Vincennes, par la place Balard, je cherche. Je cherche, je cherche, je cherche Paris. Paris pour moi comme autrefois. Paris pour l'esprit, pour les pieds, pour l'œil. Mais les autos courent sur moi.

Je cueille entre les roues des morceaux de pavés. Je prends des rendez-vous 15 furtifs avec les marbres de Saint-Sulpice, pauvre noix![1]

Je me glisse de flanc. Je saute d'arbre en arbre. Les autos, vaches, vaches noires, courent sur moi. Que fais-tu, que fais-tu, mon amour? Elles sont six cents de plus chaque jour, je tremble. Je me cache derrière Saint-Eustache . . . Dit-on elle? Dit-on il? Ça m'est égal! Pas le moment. Cadillac à bâbord! 20 quatre chevaux,[2] Lincoln, C. D.,[3] moteurs, klaxons, le cœur . . .

Il ne me reste plus qu'à tirer les rideaux, me mettre la ceinture, fréquenter les talus des gares de ceinture,[4] le canal de Pantin, Clignancourt, le matin

---

* Jacques Audiberti, *La Nouvelle Revue Française*, Paris, Gallimard, 1er juin 1953.
[1] *pauvre noix* pauvre naïf, pauvre victime.
[2] *quatre chevaux* voiture Renault très populaire en France avant la Dauphine.
[3] *C. D.* Corps Diplomatique.
[4] *gares de ceinture* chemins de fer entourant Paris.

quand les puces[5] ne marchent pas. Mais les quais, les quais de la Seine,
25 pourquoi pas? Non! Elles y sont les vaches noires . . . Partout Renault.
Partout Salmson[6]. Fin de l'amour. Traqué, je cours.
   Jardin des Plantes. Le cabanon[7] du sanglier. Je force le trou. Je m'affale.
Il me dit: «Frère, qu'avez-vous?»
   —Les autos, les autos partout.
30 Là-dessus, freins, avertisseurs. Il se trouvait que l'ambulance venait
prendre le sanglier qu'attendait le vétérinaire.
   Désormais, c'est moi qui suis là. Je suis un homme, certes, mais celui
qui ne supporte pas le bruit d'un million d'autos qui rentrent sous les portes,
qui font la mer et la montagne sur les tympans et sur les bras des anciens
35 hommes.
   Les enfants m'apportent des pommes. Dit-on il ou dit-on elle, quand on
parle de Paris?
   Paris fut.

QUESTIONS

1. Quelles sont les trois parties de ce texte? Résumez-les. Que veut dire le titre?
2. Quel rapport y a-t-il entre les Invalides, le Panthéon, Victor Hugo et Napoléon? (*l.* 5 à 6).
3. Expliquez «je m'emballe» (*l.* 7).
4. Expliquez «leurs coups de corne» (*l.* 10; voir *l.* 17 à 18: «les vaches noires»). Pourquoi cette comparaison de l'auto et de la vache?
5. Expliquez «Je cueille . . . morceaux de pavés» (*l.* 15).
6. Qui est «mon amour» (*l.* 18)?
7. Expliquez «Cadillac à bâbord» (*l.* 20).
8. Expliquez «me mettre la ceinture» (*l.* 22).
9. «Frère, qu'avez-vous?» (*l.* 28). Quels sont dans le texte les mots qui préparent cette phrase?
10. Que faudrait-il faire pour que *Paris soit?*

SITUATIONS

1. Vous interviewez pour un journal étudiant le poète dans sa cage.
2. Vous êtes guide à Paris. Développez le deuxième paragraphe du texte.
3. Vous faites un discours électoral sur le thème *Pour que Paris soit.*
4. Vous êtes vendeur dans une agence automobile. Vous essayez de vendre une voiture au poète du texte.

---

[5] *les puces*   Le marché aux puces se tient à la Porte de Clignancourt le samedi, le dimanche et le lundi.
[6] *Salmson*   marque de voiture maintenant disparue.
[7] *cabanon*   petite cabane ou cage; en langage populaire, ce mot désigne un asile d'aliénés.

COMPOSITIONS

1. Écrivez un texte (quinze lignes au plus) sur le thème *Ann Arbor fut* (ou New York, Chicago, Virginia City, etc.).
2 Même chose, mais cette fois remplacez Paris par le campus, les autos par des bicyclettes et le poète par un pauvre étudiant de première année.

2

Charpente

Comment faire une réponse négative

A. Réponses simples et courtes

1. *Règle générale* (La question peut être à l'affirmative ou à la négative.)

Non   Vous allez au marché? Non.
Vous n'allez pas au marché? Non.

Si la réponse contient un verbe, on utilise:

Ne . . . pas   Vous n'allez pas au marché? Non, je ne vais pas au marché. Je n'y vais pas.
Vous êtes allé(e) au marché? Non, je ne suis pas allé(e) au marché. Je n'y suis pas allé(e).

(NOTE: pour la place de la négation par rapport au verbe et à ses compléments pronoms, voir Appendice C: «Ordre du groupe verbal».)

2. *Nuances et précisions*

Négation énergique et définitive (Peuvent remplacer «non», ou, avec un verbe, compléter «ne».)

Pas du tout   Vous allez au marché? *Pas du tout.*

Pas le moins du monde   Vous êtes fatigué(e) faire des courses? *Pas le moins du monde.*

Absolument pas   Vous fumez? *Absolument pas.*

On trouve le plus souvent ces expressions avec des verbes exprimant un sentiment ou une décision personnelle.

EXEMPLES: Je n'ai pas du tout envie d'aller au marché.
Je ne me sens pas le moins du monde obligé d'y aller.
Je ne veux absolument pas y aller.

Idée de temps
Ne . . . plus   Implique qu'on a cessé de faire ce qui est indiqué par le verbe.

               EXEMPLE: Vous avez du champagne? Non, nous n'en avons plus.

Ne ... jamais   Implique que l'action est niée dans le présent à cause d'un usage ou d'une règle permanente.

        EXEMPLE: Je n'achète jamais de vêtements sur catalogue.
                  Vous achetez quelquefois sur catalogue? Jamais.

Ne ... guère   = pas souvent, rarement.

        EXEMPLE: On ne trouve guère de jolies choses dans les soldes.

Idée de restriction

Ne ... que   Dans cette boutique, on ne vend que des articles de luxe.
(*seulement*)

Sachez reconnaître **Ne ... point** (littéraire et vieilli) et **Ne ... goutte**, dans l'expression: «Je n'y vois goutte» comme des équivalents rares de **Ne ... pas.**

On nie plusieurs choses différentes énumérées successivement.

Ne ... ni ... ni   La laitière ne vend ni bière, ni vin.
                Le charcutier ne vend pas de bœuf ni de mouton.

Ni ... ni ... ne   Ni les cigarettes, ni l'alcool n'entrent dans cette maison: mon mari ne fume ni ne boit.

B. Mots négatifs remplacant un nom et marquant une quantité nulle

On nie une présence humaine.

(Ne) ... personne ... (ne)   Il n'y avait personne chez le pharmacien.
                              Personne ne regarde cet étalage démodé.
                              Ne faites crédit à personne. À qui? À personne.
                              Qui regarde cet étalage démodé? Personne.

Nul   Il a vendu sa mercerie et nul (personne) ne l'a su.

On nie une chose.

(Ne) ... rien ... (ne)   Rien ne me plaît dans ce magasin.
                    Je n'achèterai rien.
                    Je n'aime rien de ce que je vois à l'étalage.
                    Nous n'avons parlé de rien.
                    Qu'avez-vous acheté? Rien.
                    De quoi avez-vous parlé? De rien.

On nie un endroit.

(Ne) ... nulle part   Où êtes-vous allée? Moi, nulle part.
                  Je ne suis allée nulle part.

On nie une personne ou une chose.

(Ne . . . aucun(e) . . . (ne)   J'ai essayé trois robes, aucune ne me va bien.

(Ne) . . . pas un(e) . . . (ne)   Je n'en aime aucune.

Je n'aime aucune de ces trois robes.

Il a été chez trois libraires; pas un n'avait ce roman.

Note: Ces deux dernières expressions (*aucun, pas un*) ainsi que *nul* peuvent aussi accompagner un nom, s'employant alors comme adjectif. Ce sont les seules expressions distinguant le féminin du masculin.

EXEMPLE: Aucun magasin n'est ouvert entre midi et deux heures.

Pas une fois, je n'ai oublié de payer les factures.

Je n'ai trouvé de lait nulle part (dans aucun endroit).

Note: Le contraire de *personne* est *quelqu'un*. Attention: ce mot n'a pas de forme féminine.

EXEMPLE: Vous y êtes allé avec *quelqu'un*? Non, avec personne.

C. Cas particuliers d'utilisation de *non* et *pas*

Suppression du verbe dans la proposition négative:

Le charcutier vend du porc, pas du bœuf.

Il fume des cigares, pas des cigarettes.

Il a accepté mon chèque, non sans difficultés.

Quand la proposition négative sans verbe est courte, **non** et **pas** se placent à la fin:

Vous aimez les brioches, moi pas. (ou: pas moi)

Ce marchand est aimable, celui-ci non.

On nie un nom dans une phrase sans verbe: **pas** est obligatoire

Pas de vente réclame aujourd'hui.

Pas d'arrivage de poisson avant vendredi.

On peut employer **non** ou **pas** comme préfixe d'un nom ou d'un adjectif

Un non-sens.

Un chèque non-signé.

Du poisson pas frais.

On reprend la négation contenue dans une phrase précédente

Non plus   Vous n'aimez pas acheter à crédit? Moi *non plus*.

Vous ne fumez pas? Moi *non plus*.

Devant un infinitif

Ne pas   La clientèle est priée de *ne pas* toucher aux objets exposés.

Je paye comptant pour *ne pas* m'endetter.

Avec **pourquoi**

Pourquoi pas? Acheter à crédit? *Pourquoi pas?*

D. Notes

1. **Ne** *employé seul*

Il est parfois possible d'utiliser **ne** seul avec les verbes *oser, pouvoir, savoir* pour nier; mais beaucoup de Français sentent la négation dans le mot **pas** plutôt que dans **ne** et évitent donc de supprimer **pas.**

EXEMPLES: Je ne sais si la banque est ouverte. (Langue affectée ou soignée)
Je ne sais pas si la banque est ouverte. (Français courant)

Il y a des cas où **ne** seul n'exprime pas une négation mais simplement une opposition, un sentiment de recul devant une éventualité. C'est ce qu'on appelle le **ne** explétif.

EXEMPLES: Je crains qu'il n'arrive trop tard. (= il arrive trop tard)
J'ai peur que la banque ne soit fermée. (= la banque est fermée)
Je ne doute pas que vous ne vouliez tout acheter. (= vous voulez tout acheter)

Si, dans ces phrases, on utilise **ne . . . pas,** on dit le contraire de ce qui est dit dans les exemples précédents.

2. **Pas** *et l'article*

Lorsque **pas** (et **plus, point, guère**) est suivi d'un nom, celui-ci est précédé de **de** seul, sans article.

EXEMPLES: a-t-il du pain? Non, il n'a pas de pain.
Ce boulanger   a-t-il des croissants? Non, il n'a pas de croissants.
a-t-il de la farine? Non, il n'a pas de farine.

Si la négation porte, non sur le nom, mais sur l'adjectif qui l'accompagne, on utilise l'article défini.

EXEMPLE: Ce boulanger, il a *des* croissants chauds? Non, il n'a pas *des* croissants chauds, il a *des* croissants d'hier.

Après **c'est,** ou **ce sont** on garde l'article.

EXEMPLE: Et ça, ce sont des brioches? Ce ne sont pas des brioches.

3. ***Après une proposition principale négative*** *dont le verbe exprime une opinion ou une déclaration,* ***le verbe de la subordonnée est au subjonctif.***

EXEMPLES : Je ne crois pas qu'il vende bon marché.

Je ne pense pas que le bureau de tabac soit ouvert.

Je n'affirme pas qu'elle aille faire des courses tous les jours.

Je ne me souviens pas qu'il ait acheté cette librairie.

Il ne me semble pas qu'on puisse trouver du vin à la crèmerie.

E. Intonation

Il est toujours correct de dire la fin de la négation sur la note la plus haute sauf si cette négation est en fin de phrase.

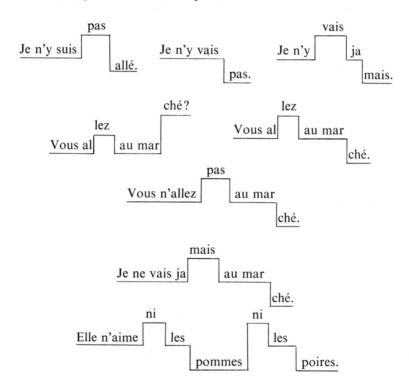

Femmes parlant de leur coiffure

Matériau

Dans les magasins

Le commerce

ACHETEUR, EUSE   *acheter*   *faire*   ACHAT *m.*   *hausser*
CLIENT, E   *commander*   COMMANDE *f.*   *baisser*
           marchander   haut, élevé, fort
           discuter   PRIX *m.* moyen, raisonnable
                                bas, faible
           payer comptant
                à crédit

dépensier, ère   *dépenser* ARGENT *m.*   *aimer* MARCHANDAGE *m.*
économe   *économiser*   *rendre* MARCHANDISE *f.*
regardant, e   *compter* SOUS *m.*   *faire* RÉCLAMATION *f.*
difficile   *être* sans
méfiant, e

PATRON, ONNE   *vendre*   en solde
MARCHAND, E   *servir*   au rabais
                     rendre MONNAIE *f.*
                     solder
                     «*rouler*», *tromper*

Un grand magasin

VENDEUR, EUSE *faire*   ARTICLE *m.* cher   RAYON *m.* des vêtements
           montrer   bon marché   pour dames
           vendre   ameublement,
                                              etc.

s'habiller ROBE *f.*   PARURE *f. aller* bien, mal   TAILLE *f.* serrée
choisir   COMBINAISON *f.*   *serrer* petite   POINTURE *f.*
essayer   DÉCOLLETÉ *m.*   *pincer* grande
          CHAUSSURES *f.*

être à la PAGE
      dans le VENT
      du dernier CHIC
suivre   MODE *f.*   ACCESSOIRES *m.*   *donner* TON *m.*
lancer   SAC *m.*   *être* démodé

copier
mépriser
passer de

GANTS *m.*
«ROSSIGNOL» *m.*

avoir TENUE *f.* sobre
       élégante
       négligée
       voyante

TAILLEUR *m.* sur mesures
COSTUME *m.* prêt à porter

Les boutiques du quartier

COMMERÇANT, E
EMPLOYÉ, E

accueillir CLIENTÈLE *f.*
servir
soigner
connaître

faire COURSES *f.*
      MARCHÉ *m.*
      PROVISIONS *f.*
      «EMPLETTES» *f.*

SUPERMARCHÉ *m.*

    faire CONCURRENCE *f.* acharnée
SUCCURSALE *f.*   déloyale

faire FAILLITE *f.*

ÉPICERIE *f.*
BOUCHERIE *f.*
LAITERIE *f.*
BOULANGERIE *f.*
PÂTISSERIE *f.*
CONFISERIE *f.*

PHARMACIE *f.* (médicaments)
DROGUERIE *f.* (articles de ménage)
LIBRAIRIE *f.* (journaux, livres)
QUINCAILLERIE *f.*
MERCERIE *f.*
MAROQUINERIE *f.*

Peser ses mots

LEXICOTEST

A. Répondre oralement :
    À quelle action correspondent . . .

EXEMPLE: la publicité—annoncer les bonnes affaires dans la presse, à la radio, à la télévision.

1. le marchandage	5. un solde	9. la malhonnêteté
2. la marchandise	6. un essayage	10. le crédit
3. une réclame	7. les courses	11. la mode
4. une réclamation	8. la concurrence	12. le patron

B. Niveaux de langue. Remplacez les expressions soulignées par des expressions plus familières, choisies dans la liste à droite.

1. Le client était furieux : le vendeur, disait-il, l'avait *trompé*.　　(a.) dans le vent

2. Mon Dieu, ce que vous pouvez être *économe*!　　(b.) rossignol

3. Mais ce chapeau est un *article démodé*!　　(c.) regardant

4. Pensez donc, et encore il a demandé *une diminution du prix*!　　(d.) rabais

5. Madame, cette robe est vraiment *à la mode du jour*.　　(e.) rouler

C. Franglais: Remplacez les mots franglais par des mots français dans le texte suivant (extrait de *Parlez-vous franglais* par Etiemble, Gallimard: Paris, 1964, p. 112):

« À propos de tricot, l'autre jour, en faisant mon shopping, je suis tombée sur un amour d'overblouse en solde, mais la couleur ne matchait pas avec mes cheveux. Qu'auriez-vous fait à ma place?

— Rien de plus simple. Je l'aurais reproduit dans une couleur qui m'aille. Moi je suis pour tout ce qui est homemade.

— Vous devriez bien me faire un vinèque (V neck) en mohair à mes mesures. . .»

— C'est un drôle de lexicotest que vous me faites passer.

EXERCICES (Oral)

A. *Emploi de l'impératif.* Donnez un ordre négatif puis changez d'avis en suivant le modèle:

1. Je vais vous chercher.　　Non, ne me cherchez pas. Si, cherchez-moi.

2. Je vais vous donner un acompte.
3. Je vais répliquer à la vendeuse.
4. Je vais jeter ce cigare.
5. Je vais vous envoyer cet argent.
6. Je vais envoyer cet argent à Jean.
7. Je vais vous apporter le reçu.
8. Je vais lui apporter le reçu.
9. Je vais vous faire faire cette affaire.
10. Je vais la lui faire faire.

B. *Répondez par une phrase négative.* (Employez les pronoms possibles.)

1. Vous versez toujours un acompte?
2. Comment trouvez-vous les vitrines des grands magasins? (belles)
3. Est-ce qu'il vous reste des petites tailles?
4. Est-ce qu'il vaut mieux acheter les aspirateurs à crédit?
5. Quelqu'un parmi vous aime-t-il se faire rouler?
6. Il croit qu'on peut faire des affaires au marché aux puces?

C. *Dialogue dirigé.* Faire une question négative. Y répondre par la négative.

1. Demandez à l'épicier s'il fait des livraisons à domicile.
   Répondez-lui que non. Aucune.
2. Demandez si vous pouvez faire une réclamation.
   Répondez que non, les réclamations ne sont admises en aucun cas.
3. Dites à la vendeuse que vous ne voulez pas de cette robe ni de ces cravates.
   Répondez-lui que ce n'est pas étonnant, personne non plus. (phrase complète)
4. Demandez au gérant si sa boutique ferme le dimanche.
   Répondez-lui jamais. (phrase complète)
5. Demandez à la caissière si elle s'est trompée en rendant la monnaie.
   Répondez-lui que non, car si elle s'était trompée le gérant ne la garderait pas.

D. *Jeu structural.*

1. Employez *rien* dans la réponse.

   Est-ce que vous voulez quelque chose?   Non, je ne veux rien.
   Est-ce que vous avez demandé quelque chose?   Non, je n'ai rien demandé.
   Est-ce que vous cherchez quelque chose?
   Est-ce que je vous ai vendu quelque chose de mauvais?
   Est-ce que je vous ai rendu la monnaie?
   Est-ce que quelque chose vous plaît?
   Est-ce que quelque chose vous intéresse?
   Est-ce que vous vous intéressez à quelque chose?
   Est-ce que vous avez envie de quelque chose?

Est-ce que vous avez eu envie de quelque
chose?

2. Employez *personne* dans la réponse.

Vous voyez quelqu'un derrière le comp-   Non, je ne vois
toir?   personne.

Vous avez été reçu par quelqu'un?

Quelqu'un s'occupe de vous?

On ne s'est pas encore occupé de vous?

Vous attendez toujours quelqu'un?

Quelqu'un a pris votre commande?

Y a-t-il quelqu'un de disponible?

N'y a-t-il pas quelqu'un pour servir les
clients?

3. Employez *rien* ou *personne*, selon le cas, dans la réponse.

As-tu acheté quelque chose?

As-tu appelé quelqu'un?

Est-ce que quelqu'un vient?

Pouvez-vous me livrer quelque chose?

Quelqu'un peut-il faire la livraison?

De quoi avez-vous besoin?

Qu'est-ce que vous avez acheté?

Qui vous a servi?

À qui avez-vous donné un chèque?

Qu'est-ce que vous avez donné, de l'argent?

EXERCICES (Écrit)

A. *Répondez négativement par des pronoms.* (Essayez le plus grand nombre
de réponses possibles.)

EXEMPLES: Avez-vous fait de bonnes affaires?

(a) Je n'en ai fait aucune.

(b) Je n'en ai pas fait.

(c) Personne n'en fait.

1. Vous souvenez-vous s'il a acheté la librairie?
2. Il vous semble qu'on peut trouver des librairies à vendre?
3. La laitière vend-elle de la bière et du vin?
4. Vend-elle de la crème et du bœuf?
5. A-t-elle encore du lait pour les bons clients?
6. Qui vous a vendu ce vieux rossignol?

B. *Mettez à la forme négative.*

1. J'ai souvent vu ce client. (*jamais*)
2. Je me suis toujours habillé en confection. (*jamais*)

3. J'ai acheté beaucoup de choses à crédit. (*rien*)
4. J'aime tout ce qu'il m'a livré. (*rien*)
5. Il semble qu'il a donné un acompte.
6. Tout le monde paye avec un chèque. (*personne*)
7. J'ai très envie d'acheter un tailleur. (*pas du tout*)
8. Je me souviens qu'il a versé des arrhes.
9. Beaucoup de vitrines de cette succursale sont attrayantes. (*aucune*)
10. Toutes ses factures ont été payées. (*pas une*)
11. Je pense qu'il fera une réclamation.
12. Je suis sûr qu'elle a essayé cette robe.

Un mot difficile

Fenêtre I

Au Marché*

BIFRONS. Pseudonyme de deux auteurs réunis sous un même chapeau: Jean Bouret, critique d'art de l'hebdomadaire *Les Lettres françaises*, et Claude Grégory, directeur général de l'*Encyclopaedia Universalis*.

Lorsque nous disons marché, cela veut désigner aussi bien le marché traditionnel avec ses éventaires sur des tréteaux que l'alignement des boutiques dans des rues commerçantes comme, à Paris, la rue Mouffetard, les rues de Seine et de Buci, la rue Montorgueil,[1] qui combinent boutiques en «dur»
5 et «poussettes» des marchandes des quatre-saisons.

Le marché vaut essentiellement pour les légumes et fruits de saison; souvent pour les beurres, œufs, fromages et les spécialités provinciales (charcuteries bretonnes ou auvergnates) mais rarement pour la boucherie et les poissons. La viande continuellement sortie du réfrigérateur, étalée, puis
10 transportée et remise au froid perd sa qualité et comme, d'autre part, le marché est le lieu d'une vente à prix plus bas, il s'agit presque toujours d'une viande de qualité moindre. Faut-il dire que le poisson supporte encore moins bien manipulations et variations de température?

Comme on a un médecin de famille, il est recommandé d'avoir son boucher,
15 donc de le bien choisir et de lui rester fidèle. Même si vous avez l'œil exercé, le boucher seul sait si le morceau qu'il vend sera tendre ou savoureux, car lui seul sait que la bête est de telle provenance, qu'elle a été tuée à telle date. Ne lui faites pas pourtant une confiance aveugle car son optique n'est pas la même que la vôtre, et s'il vous offre un bifteck dans la «tranche»[2]
20 en disant que «c'est aussi bon que le faux filet»[2] ne le croyez pas. S'il vous offre en revanche une araignée[2] baptisée «le morceau du boucher», croyez-le! Avec le boucher vous devez pratiquer une psychologie nuancée. Il n'est pas fatalement votre ennemi. Mais point n'est besoin que vous en fassiez votre

---

* Bifrons, 200 *recettes secrètes de la cuisine française*. Éditions du Cap, 1965.
[1] Ces rues sont célèbres pour leurs marchés et boutiques d'alimentation. Elles se trouvent: la rue Mouffetard dans le cinquième, la rue de Seine et de Buci dans le sixième et la rue Montorgueil dans le deuxième arrondissement. Les boutiques en «dur» sont celles qui sont installées au rez-de-chaussée des maisons; les «poussettes» sont les chariots qui viennent tous les matins s'installer au bord du trottoir, et repartent dans l'après-midi.
[2] Les noms de ces différents morceaux de bœuf sont pratiquement intraduisible car la viande n'est pas découpée en France de la même façon qu'aux États-Unis.

guide et le flattiez. Il aimera respecter en vous un client qui sait ce qu'il veut et s'entend à juger.   25

Les bons bœufs sont nivernais et charolais,[3] les bons veaux sont normands, les bons moutons de pré-salé[3], mais seuls quelques bouchers de luxe peuvent s'approvisionner selon ces normes. Il faudra parfois composer et accepter un bœuf engraissé trop vite au tourteau de luzerne, voire une vache rebaptisée ... La circonspection s'impose.   30

Le choix circonstancié d'un charcutier est également indispensable. De plus en plus la charcuterie est industrialisée. De grandes maisons fabriquent saucissons, jambons, pâtés. Il n'y a plus qu'à la campagne que le charcutier achète ses porcs au fermier, les abat, les prépare et fait de la charcuterie traditionnelle. Quelques rares maisons dans Paris font exception à la règle. 35

Il ne faut pas toutefois exagérer les difficultés. Le porc de qualité convenable est beaucoup plus facile à trouver que ne l'est le bœuf. On se contentera donc, en général, d'une bonne moyenne. Pour le poisson, les ménagères vigilantes savent que la fraîcheur se remarque à l'œil d'abord, à la fermeté du muscle dorsal ensuite; mais bien faire le marché c'est surtout profiter 40 d'arrivages. Il est inutile d'exiger des soles lorsqu'il y a eu tempête sur l'Atlantique et qu'on peut aussi bien se régaler d'une plie de la Manche ou d'un maquereau dieppois, voire de morue, ce poisson royal. Depuis un certain temps on vend beaucoup de congelés,[4] le saumon entre autres, ce n'est jamais une bonne affaire; il est préférable de manger du poisson moins noble. 45 Le «surgelé»[4] en revanche est acceptable, car il est frais par définition (daurade, aiglefin, cabillaud sont à recommander). Quant aux truites d'élevage laissez-les toujours aux restaurateurs, si vous êtes amateur de truite au bleu ou de truite meunière. Leur chair vous dégoûterait des vraies, celles des rivières normandes ou lozériennes, pyrénéennes ou alpines.   50

Un dernier conseil qui ne vaut, hélas! que pour les marchés de province: on a toujours intérêt à acheter les légumes au producteur local. Si vous ne mangez pas de laitues en février parce qu'à cette époque ce sont les jardins du Maroc qui les produisent, vous mangerez du pissenlit, de l'endive, de la betterave rouge; et vous mangerez bon. Même chose pour les haricots verts, 55 les pois, les céleris, les tomates et les artichauts. Les vraies primeurs[5] possibles sont bretonnes ou catalanes, vauclusiennes ou de la Manche, mais ne cherchez pas plus loin, ces voyages-là suffisent!

Quant à l'exotisme dans la gastronomie, là encore, méfiez-vous des produits imposés par une économie dirigée. Rappelez-vous que le développement des 60

[3] Le Nivernais, le Charolais, la Normandie sont trois régions particulièrement propices à l'élevage. Les prés-salés sont des prairies dans la baie du Mont Saint Michel (à l'angle que fait la Côte Bretonne avec la Côte Normande), qui sont recouvertes par la mer aux grandes marées. La baie du Mont Saint Michel, très plate, est célèbre par ces terrains qui sont à la fois mer et terre. Seule l'herbe y pousse et elle nourrit des moutons renommés, les moutons de prés-salés.

[4] *congelé* = frozen; *surgelé* = deep-frozen.

[5] Les primeurs sont des légumes qui poussent très tôt dans la saison (au printemps). Bien entendu ils poussent dans les régions au climat très doux, où il ne gèle pratiquement jamais en hiver (Bretagne, Normandie, Roussillon — région de Perpignan — ou Vaucluse).

agrumes s'est accompagné en Amérique de traitements chimiques. Le zeste d'un citron enduit de vernis peut être cause d'allergie. Ne soyez pas fermé à toute nouveauté, mais pensez qu'il y a autant de vitamines dans les nèfles que dans les avocats. Mais, au fait, avez-vous jamais mangé des nèfles? et
65 des crosnes et des cardons?[6]
   Allez donc au marché faire des découvertes.

QUESTIONS

1. Quelle est la définition du *marché* selon l'auteur?
2. Est-il souhaitable d'acheter sa viande ou son poisson au marché? Pourquoi?
3. Que pensez-vous de l'assimilation du «boucher de famille» au «médecin de famille»?
4. Pourquoi l'auteur dit-il qu'avec le boucher «il faut pratiquer une psychologie nuancée»?
5. Où la charcuterie est-elle meilleure, et pourquoi? (*l.* 1. à 13)
6. Comment savez-vous qu'un poisson est frais?
7. Que pense l'auteur du «congelé» et du «surgelé»?
8. L'auteur emploie l'expression: «vous mangerez *bon*». L'expression courante et correcte est: «vous mangerez *bien*», (avec l'emploi de l'adverbe après le verbe). Si l'auteur décide d'écrire «vous mangerez bon», c'est qu'il entend suggérer une idée précise. Essayez (en contexte) d'expliquer la différence entre ces deux expressions. (*l.* 55)
9. Que pense l'auteur des agrumes américains?
10. «Ne soyez pas fermé à toute nouveauté,» conseille l'auteur. D'après ce texte, quel type de nouveauté accepterait-il dans le domaine de l'alimentation?

SITUATIONS

1. Une ménagère française essaye de vous initier aux secrets du marché. Elle utilise les données du texte et vous réagissez en fonction de vos habitudes nationales. (Pour que la situation soit amusante, exagérez le plus possible le contraste entre les deux attitudes.)
2. Débat: Marché ou supermarché?
   (Un étudiant soutient que le marché, tel qu'il est décrit dans le texte est préférable—plus amusant, plus économique, produits plus frais, etc.; un autre soutient que le supermarché est plus fonctionnel, donc plus commode: produits standardisés, ensemble de toute l'alimentation dans un seul magasin, etc.; un troisième étudiant arbitre le débat.)

---

[6] *nèfles* = medlar; *crosnes* = edible tuber originally imported from Japan; *cardons* = cardoons. Ces trois plantes vous semblent sûrement étranges et vous sont probablement inconnues. Rassurez-vous, à la majorité des Français aussi.

3. Vous faites votre marché.

Dialogue avec des commerçants: (a) le boucher; (b) le charcutier; (c) le marchand de poisson; (d) le marchand de légumes.

Le client doit exagérer son personnage:

(il est ou bien très méfiant, ou bien très naïf, ou bien de mauvaise humeur, ou bien de bonne humeur, ou avare, ou dépensier, etc.).

COMPOSITIONS

1. Quel rôle le «marché» joue-t-il dans la vie de l'étudiant? [Ici, par *marché*, vous pouvez comprendre: «l'épicier du coin» ou tout magasin où vous achetez régulièrement quelque produit alimentaire.]
2. Le texte «Au marché» se termine par la phrase: «Allez donc au marché faire des découvertes». Imaginez que vous obéissez à cette phrase, et racontez vos découvertes en vous inspirant du texte, ou en utilisant seulement votre imagination.
3. Choisissez un des personnages suivants et décrivez sa visite au marché.
    (a) un obèse qui adore tout ce qui se mange
    (b) un maigre qui a horreur de toute nourriture
    (c) un chef de grand restaurant
    (d) une diéticienne
4. Dissertation plus difficile: quelles caractéristiques vraiment françaises (ou simplement différentes de vos habitudes nationales) ressortent de l'attitude de l'auteur devant les problèmes du marché.

Fenêtre II

Les Grands magasins*

Jean Cayrol. Né à Bordeaux en 1911. S'est fait connaître après la guerre avec
Je vivrai l'amour des autres qui a obtenu le Prix Renaudot en 1947. C'est un
des très bons écrivains actuels, plus connu pour ses romans: *Les Corps
étrangers* (1959), *Le froid du soleil* (1963), *Midi-minuit* (1966) et pour le
scénario de deux films tournés par Alain Resnais (*Nuit et brouillard* et
Muriel (1964)) que pour ses poèmes (*Les Mots sont aussi des demeures* (1952))
et ses essais (*De l'Espace humain* (1968)).

Le grand magasin se présente comme un aide-mémoire de notre existence
intime particulière; l'objet va par cette opération décisive qu'est l'achat,
assumer une fonction imprévue: une chemise changera l'homme qui la
prend, son comportement. Elle reflétera ses goûts et ses manies les plus
5 secrètes, elle le prendra au piège qui est ce besoin de renouvellement même
dans nos rapports les plus étroits et à «usage domestique».

Le grand magasin aide de cette manière maternelle ses clients pour cette
métamorphose et cette continuelle rénovation vestimentaire suivant les
principes admis par tous. L'acte d'achat peut aller de la prise brutale (occa-
10 sion, solde, etc.) aux hésitations les plus déconcertantes; tout dépend de
l'heure, de la foule, des besoins. La plupart du temps, c'est un rapt. Il suffit
que deux personnes soient sur le même article pour qu'immédiatement la
prise de possession devienne plus violente, inhumaine, intolérable.

D'autre part, le grand magasin fait attention à cette volatilité de l'esprit;
15 il a prévu l'échange, si féminin; on aura aussi ce recours en rapportant
l'article mal choisi avec des excuses plus ou moins extravagantes; mais il est
peu fait pour le caprice. Ce sont des endroits sérieux; ordinairement l'achat
est réfléchi; seules les soldes poussent la cliente à se conduire n'importe
comment et à se laisser guider par ses instincts les plus fantaisistes.

20 Il ménage les susceptibilités, met à l'abri celui qui, au détour d'une rue, est
entré avec ce besoin de trouver un objet qui puisse satisfaire sa nostalgie ou
sa fatigue du moment. Dans les grands magasins, le passant a l'impression
non pas de commettre un acte répréhensible (à cause d'un manque d'argent
par exemple), mais au contraire de transformer ses interdits en un acte

---

* Jean Cayrol, *De l'Espace humain*. (Paris, 1968).

licite et public. Dès le seuil franchi, il prendra part aux besoins d'autrui en 25
acceptant d'assouvir ses propres besoins.

Donc l'achat rétablit un déséquilibre psychique momentané. L'apprenti
client va jouer un rôle utilitaire, il entre dans un circuit, il choisit, il appelle
un vendeur, il s'impatiente on fait attention à sa volonté, il n'est plus
anonyme, il est réel, placé dans un milieu qui doit faire attention à son désir. 30
Il se manifeste en imposant sa personnalité, ses préférences: «Le rouge ne
me va pas», ou «Je veux un tapis qui fasse usage et qui aille avec ma salle à
manger de type espagnol», ou «Non, je désire une casserole émaillée», ou
«Je n'aime pas cette marque, leurs bas ne valent rien», etc.

Le calme vient après l'achat, on oublie qu'on est pressé, on est sûr de soi, 35
l'achat légalise votre sortie, atteste que votre passage a été souhaité.

Il peut exister aussi devant les comptoirs une lente et paresseuse déambulation. Le visiteur ou la visiteuse prend en main l'objet, le regarde, le rejette,
le reprend: pseudo-achat qui donne à la personne, grâce à son caprice, une
importance et un avantage sur autrui. 40

Le grand magasin, par son étendue et sa diversité, apporte aux hésitants
comme aux curieux le pouvoir d'apparaître dans une sérénité peut-être
factice, en tout cas salutaire, car il leur semble qu'ils se fondent dans un tout.
Mais la fatigue vient vite dans cette marche désordonnée entre les comptoirs,
l'écœurement, l'envie de fuir ces lieux où l'achat, à cause de ses variétés, 45
de ses différences de qualité et de prix, trouble: nous arrivons à en être
dépendants. Notre perspicacité est mise à l'épreuve. Notre aisance, parfois
amplifiée, s'amenuise; vient alors le désagrément de nos fonctions physio-
logiques: chaleur, essoufflement, besoins naturels, etc. Rompu par les montées
et les descentes, les erreurs de parcours, le client recherche d'une manière 50
trop nerveuse la sortie salvatrice. La foule l'entoure; le brouillage commence,
la déconvenue, l'épreuve, la protestation.

Il arrive que le grand magasin engendre vite en nous un tourment d'esprit:
«On m'y reprendra à venir ici un jeudi!»,[1] ou «Il n'y a jamais de vendeuse».
Le plus simple est de choisir son heure pour ne pas être atteint dans son 55
intégrité mentale et physique.

Le grand magasin, à l'encontre des supermag,[2] des drugstores,[3] etc.,
possède un passé, parfois il est né d'une famille et son anonymat d'aujourd'hui
n'a pas supprimé son individualité d'hier. Quelques-uns tiennent une place
privilégiée dans les quartiers car ils ont un *lignage* qui en impose.[4] Tel grand 60

---

[1] Le jeudi étant jour de congé dans les écoles primaires, les magasins sont souvent ce jour-là
encombrés d'enfants et de parents.
[2] *supermag* abréviation de «super-magasin» fait sur le modèle de «super-marché». Magasin
qui appartient à une chaîne nationale et correspond approximativement au «discount store»
américain.
[3] *drugstore* il y en a trois à Paris, tout à fait luxueux et décorés avec beaucoup de recherche
sinon de goût. Le nom est américain, l'idée aussi, mais le résultat typiquement parisien.
[4] Les principaux grands magasins de Paris sont nés dans la deuxième moitié du 19e siècle. Le
Bon Marché en 1852, Le Louvre en 1855, Le Printemps en 1865, La Samaritaine en 1869 et
Les Galeries LaFayette en 1889.

magasin sera coté pour les tissus, tel autre pour la literie, tel autre enfin pour la maroquinerie, etc. Nous sommes loin des monoprix[5] où l'achat se fait dans un espace resserré: les comptoirs se touchent, on peut avoir une main sur une chemise et l'autre sur une casserole. Le manque d'espace amène
65 vite une accélération des achats, donc un mépris.

Autrefois, comme on disait, les grands magasins *suivaient* certains articles pendant des années et les vieilles personnes vivaient dans la permanence de leurs achats. Le grand magasin engendre une attirance particulière pour son sérieux, se fait monde berceur, cristallin, mémorable où l'acheteur se sent
70 attendu. On le maintient dans un subtil assujettissement par les étalages fastueux, les catalogues, les livraisons dans les lointaines banlieues. Il n'est pas considéré comme un client de passage, mais comme un connaisseur qui participe à la bonne marche d'une affaire surtout quand il devient actionnaire de la Société.

75 On aime le grand magasin pour sa continuité à travers les générations qui parallèlement à lui furent obligées de se mettre au goût du jour et de vivre avec leur temps. Il devient l'image sereine de l'évolution d'une société où la cellule familiale n'est jamais contestée, mais au contraire a une place de choix et une modernité avenante.

QUESTIONS

1. Pourquoi le grand magasin se présente-t-il «comme un aide-mémoire de notre existence intime»? (*l.* 1 et 2).
2. Comment l'auteur définit-il l'acte d'achat? (deuxième paragraphe).
3. «Ordinairement l'achat est réfléchi». Que veut dire l'auteur exactement? (*l.* 18). Est-ce *toujours* vrai?
4. «L'achat rétablit un déséquilibre psychique momentané». Que veut dire cette phrase dans ce contexte? (*l.* 27).
5. Qu'est-ce qu'un «pseudo-achat»? (*l.* 39).
6. Comment se manifeste la fatigue qu'éprouve le client d'un grand magasin au bout d'un certain temps?
7. Qu'est-ce qui différencie le grand magasin des supermag, des drugstores (*l.* 57) et des monoprix (*l.* 62)?
8. Pourquoi le grand magasin peut-il exercer sur ses clients une «attirance particulière»? (*l.* 68).
9. Pour quelles raisons aime-t-on le grand magasin?
10. Pouvez-vous résumer en quelques phrases l'attitude de Jean Cayrol envers le grand magasin?

---

[5] *monoprix*   équivalent de «5 & 10» américain (Kresge, Woolworth, etc.). Pour ce qui est de la qualité, des prix et de la présentation de la marchandise, c'est un magasin intermédiaire entre les «supermag» et les grands magasins.

SITUATIONS

1. Vous discutez avec trois amis des mérites respectifs d'un grand magasin, d'un supermag, d'un drugstore, et d'un monoprix. (atmosphère, variété des marchandises, qualités, prix, clientèle)
2. Scène au service des échanges: L'employé et la cliente. La cliente essaie de rendre un article quelconque, pour une raison franchement fantaisiste, et l'employé, pris entre ses consignes («Le client a toujours raison») et sa mauvaise humeur, hésite sur l'attitude à prendre. Ce dialogue doit être drôle: faites preuve d'imagination.
3. Reportage dans un grand magasin, pour la télévision. Deux journalistes font l'émission, qui consiste en une visite à différents rayons et en interviews avec des vendeurs et des clients. Le tout doit donner une idée précise d'un grand magasin, de ses employés et de sa clientèle.

COMPOSITIONS

1. «La place du grand magasin dans la société de consommation». Vous traitez ce thème en choisissant un des points de vue suivants:
    (a) vous cherchez à recruter du personnel parmi les étudiants;
    (b) vous écrivez un pamphlet contre la société de consommation;
    (c) vous êtes un petit commerçant qui se plaint de la concurrence déloyale de la grande entreprise anonyme;
    (d) vous êtes un client fidèle et enthousiaste.
2. Développez et discutez le dernier paragraphe du texte: «On aime le grand magasin pour sa continuité à travers les générations . . .»
3. Vous êtes psycho-sociologue, et vous faites l'inventaire des différents types «d'acte d'achat» (c.f. paragraphes 2 et 3 du texte). Rédigez votre devoir, comme si vous y relatiez une expérience ou des observations que vous avez faites vous-même.

3 *Charpente*

L'Expression des quantités

A. Comment s'informer

1. Chaque fois qu'on peut répondre précisément par un nombre, on emploie **combien**. (Sauf pour les mesures, voir plus bas B)

   Combien serons-nous à déjeuner? Nous serons six.
   Combien de biftecks avez-vous commandés? J'en ai commandé six.

2. Pour le temps et les dates: *combien*.

   Combien de temps avez-vous passé à table? Deux heures.
   Le *combien* sommes-nous aujourd'hui? Le dix.

   Ne pas confondre:
   Quel jour sommes-nous? Lundi.
   Quelle est la date? Le 10 avril.
   Depuis combien de temps êtes-vous ici? Depuis deux mois.
   Depuis quand êtes-vous ici? Depuis le 10 avril.

B. Quantités précises

Pas de problèmes: elles s'expriment par des chiffres. Par exemple, dans le cas de mesures:

Quelle est la longueur de cette pièce?	Elle a cinq mètres *de long*. Cinq mètres.
De quelle largeur est la terrasse du café?	Elle a au plus deux mètres *de large*. Deux mètres, au plus.
De quelle hauteur est la Tour Eiffel?	Elle a trois cents mètres *de haut*. Trois cents mètres.
Quel est le poids de cette escalope?	Elle pèse 300 grammes. Trois cents grammes.

C. Quantités imprécises

1. Masse et nombre *non-définis*

   Emploi du partitif (dans une phrase affirmative ou interrogative)

40

	le	du	un, des
masse et nombre	j'aime *le* café (le café en général)	je veux *du* café	donnez-moi *un* café (une tasse de café)
masse	j'aime *l'*argent (en général)	je veux *de l'*argent	
nombre	j'aime *les* fleurs (en général)		donnez-moi *des* fleurs (10, 12, beaucoup *de* fleurs)
	masse ou nombre défini	masse non-définie	nombre non-défini

Remarquez: *du* café, un peu *de* café
    *de l'*argent, un peu *d'*argent   ⎫
    de la moutarde, un peu *de* moutarde ⎬ adverbe + *de*
    des fleurs, beaucoup *de* fleurs   ⎭

Emploi du partitif dans une phrase négative (après **pas, jamais, plus**)

	du	pas de	en
singulier	donnez-moi *du* homard	nous n'avons pas *de* homard	nous n'*en* avons *pas*
pluriel	donnez-moi *des* fruits	nous n'avons plus *de* fruits	nous n'*en* avons *plus*

Attention: dans certains cas limités, on emploie **du, des** après **pas, jamais, plus:**

EXEMPLES: On ne boit pas *de* vin.
    On ne boit pas *du* vin rouge avec le poisson. (Phrase implicite: on boit *du* vin [blanc], mais *pas rouge*.)
    Je n'ai jamais mangé *d'*escargots.
    Je n'ai jamais mangé *des* escargots comme ceux-là. (Phrase implicite: j'ai mangé *des* escargots, mais *pas comme ceux-là*.)

De après les adverbes de quantité:

de	du, des
un peu *de* pain	un peu *du* pain d'hier
beaucoup *d'*alcools	la plupart *des* alcools
assez *de* temps	la plupart *du* temps
beaucoup *de* clients	bien *des* clients

Nuances

1. *Petites quantités*

Adjectifs ou pronoms

certains   *Certians* élèves ont mal compris la question.
plusieurs   Nous sommes *plusieurs* à dîner.
plus d'un   *Plus d'un* restaurant est fermé en août.
quelques   J'ai *quelques* tables libres. (adjectif) J'en ai
quelques-uns   *quelques-unes* de libres. (pronom)

Noms

une gorgée   *Une gorgée* de whisky n'a jamais fait de mal à personne.
un doigt   Voulez-vous encore du vin? *Un doigt.*
une goutte   *Une goutte.*
une larme   *Une larme.*
une cuillerée   Finis ta soupe: tu n'en a plus que quelques *cuillerées.*

Adverbes de quantité

peu   Il y a *peu* d'hôteliers consciencieux.
guère   Vous n'avez *guère* mangé. Vous avez peu mangé.
                    Je n'ai *guère* le temps de faire la cuisine.

2. *Grandes quantités*

Expressions diverses

quantité de   *Quantité de* gens achètent des voitures pour ne pas avoir
une quantité de l'air plus pauvres que le voisin.
nombre de   *nombre d'*auberges accueillent discrètement les amoureux.
une foule de   Il invoqua *une foule de* prétextes pour ne pas venir.
un tas de   Il trouvait toujours *un tas* (ou *des tas*) *d'*excuses pour
                    ne pas faire son travail.

Adverbes de quantité

beaucoup   *Beaucoup de* Français détestent le lait.
bien du (des)   Le garçon s'est donné *bien du* mal.
                    Bien des Américains détestent le vin.
pas mal de   *Pas mal de* gens sont venus au banquet.
trop de   *Trop de* gastronomes sont gloutons.

3. *Quantités approximatives*

le suffixe -*aine*   Je reviendrai dans une *huitaine.*
ajouté aux chiffres   Je reviendrai dans une *quinzaine.*
jusqu'à 100   Nous avons vidé une *douzaine* de bouteilles.
                        Il y a une *vingtaine* d'années, on mangeait pour pas
                        cher.

Quel âge a le chef? La *trentaine*. (environ 30 ans, peut-être 28, peut-être 32)

Expressions

environ	Il faudra attendre *environ* 20 minutes.
autour de	Il gagne *autour de* mille francs par mois.
près de	Il y a *près de* (= presque) 40 minutes que j'attends.
à peu près	Cet hôtel doit avoir *à peu près* dix chambres. (= 9, 10, 11)
vers	Nous l'attendons *vers* le 15 mai. (le 14, le 15, le 16)
entre	Quel âge a-t-elle? *Entre* vingt et trente ans.
moins de	Combien de temps faut-il pour cuire une dinde? Je ne sais
plus de	pas au juste; *moins de* dix heures, mais *plus de* quatre.

Matériau

Hôtel et restaurant

L'hôtel

demander TARIF *m.*	à un lit	HÔTEL *m.* routier
retenir CHAMBRE *f.*	à deux lits	AUBERGE *f.* de la jeunesse
occuper	avec salle de bains	PALACE *m.*
	avec pension	PENSION *f.* de famille
avoir SOMMEIL *m.*	«Bonne NUIT *f.*»	*se faire réveiller*
sommeiller		*faire* la grasse matinée
dormir		
ne pas fermer l'ŒIL		se plaindre de BRUIT *m.*
		FANTÔME *m.*
		PUCES *f.*

Au restaurant
Le service

MAÎTRE d'HÔTEL *m.*	*accueillir* CLIENTÈLE *f.*	BISTROT *m.*
	faire asseoir	LIBRE-SERVICE *m.*
	trouver TABLE *f.* libre	CASSE-CROÛTE *m.*
GARÇON *m.*	*prendre* COMMANDE *f.*	

mettre COUVERT *m.* (NAPPE *f.*, COUTEAU *m.*, ASSIETTE *f.*, etc.)

apporter MENU *m.* touristique, à la carte

CARTE *f.* des vins: APÉRITIF *m.*

«POUSSE-CAFÉ» *m.* (liqueur)

servir
se ·servir de (utiliser)
servir à (*être* utile)

SOMMELIER *m. déboucher*
BOUTEILLE *f. verser* à boire

La cuisine

CHEF *m.* de cuisine	*faire* CUISINE *f.* succulente	bourrative: ÉTOUFFE-
	raffinée	CHRÉTIEN
	roborative	
RECETTE *f.*		*éplucher* LÉGUMES *m.*
PLAT *m.*	*cuire* longtemps GÂTE-SAUCES *m.*	*assaisonner* SALADE *f.*
		laver VAISSELLE *f.*
CUISINIER *m.*	*faire cuire* à petit feu	

Les plats

LES HORS-D'ŒUVRE les amuse-gueule, pâtés, cochonnailles, charcuterie, crevettes, langoustines, oursins, huîtres, escargots, assiette anglaise

En pleine poire[1]

LE PLAT DE VIANDE	steak, entrecôte (bien cuit, à point, saignant, bleu), rôti, gigot d'agneau, rosbif, ragoût, blanquette, bœuf mode, volaille, gibier (faisan, lièvre)
LES LÉGUMES	artichauts, haricots, petits pois
LA SALADE	la vinaigrette (assaisonner la salade)
LE FROMAGE	camembert, port salut, chèvre
L'ENTREMET	une crème renversée
LE DESSER1	un fruit, une glace, une pâtisserie

La clientèle

avoir FAIM de loup
crever de

                                           CRÈVE-LA-FAIM *m.*

avoir, les yeux plus gros que le VENTRE   *être* goulu, glouton

se régaler   gourmand, GOURMANDISE *f.*
faire bonne, (piètre) CHÈRE   gourmet, GASTRONOMIE *f.*

                                   gros BUVEUR *m.*
l'eau en *vient* à la   ivre, soûl, IVRESSE *f.*
garder pour la bonne BOUCHE
faire la fine

boire un   COUP   *se mettre* au régime
tenir le   CFINTURE *f.*

se sôuler   *suivre* RÉGIME *m.*

avoir le HOQUET   RESTAURATEUR *m.*
      une INDIGESTION   *assaisonner* NOTE *f.*

CLIENT *m. payer* ADDITION *f.*   *donner* COUP *m.* de fusil
              NOTE *f.*   d'HÔTEL

---

[1] *La poire*: en argot, la figure.

LEXICOTEST

A. Expliquez par une phrase la différence entre:
1. Un coup de vin et un coup de fusil.
2. Boire un coup et tenir le coup.
3. Un gourmand, un gourmet et un glouton.
4. Un bistrot et un libre-service.
5. Un ragoût et un rosbif.
6. Une recette et une réception.
7. Faire bonne chère et faire un repas cher.
8. Un très gros buveur et un buveur très gros.
9. Assaisonner la salade et assaisonner la note.
10. Cuire et cuisiner.

B. Formation de mots composés. Former le mot et l'expliquer.

EXEMPLE: amuser + la gueule = un amuse-gueule, un hors-d'œuvre.

1. pousser + le café
2. casser + la croûte
3. étouffer + un chrétien

4. crever + la faim
5. gâter + les sauces

C. Niveaux de langue: Remplacez les expressions soulignées par des expressions plus familières, choisies dans la liste à droite.

1. Vous voulez boire beaucoup, mais, mon pauvre Monsieur, vous *ne gardez pas la tête claire.*
2. Allez, donnez un repas gratuit à *ce misérable*, vous ferez une bonne action.
3. Il était déjà *ivre* à cinq heures.
4. Il ne mange pas tous les jours, il *se passe de repas* un jour sur deux.
5. Cet enfant a *moins d'appétit qu'il ne croyait:* il ne finit pas ce qui est dans son assiette.
6. J'*ai une faim de loup* ce soir.
7. Ses repas sont bons, mais *il vous fait payer des prix exorbitants.*
8. J'ai apporté *mon sandwich* pour faire un déjeuner rapide à midi.
9. Je n'aime pas ce plat: *il est trop bourratif.*
10. Madelon, apportez *les liqueurs après le dîner.*

(a.) un étouffe-chrétien
(b.) les yeux plus gros que le ventre
(c.) soûl
(d.) tenir le coup
(e.) c'est le coup de fusil
(f.) le pousse-café
(g.) crève-la-faim
(h.) crever de faim
(i.) se serrer la ceinture
(j.) casse-croûte

EXERCICES (Oral)

A. *Jeu structural.*

1. J'ai commandé des hors-d'œuvre. *Répétez.*

   ———————— pas ——————————————

   ———————————— beaucoup ————————————

   ——————————————————————— la bière.

   Nous ——————————————————————

   ———————— boire ——————————————

   ———————————— une grande partie de ————————

   ——————————————————————— le vin.

2. Beaucoup de sommeliers détestent le vin.
   Répétez.

   La plupart ————————————————————

   ———————— gastronomes ————————————

   ———————————————— redemandent ————————.

   Trop ————————————————————————

   ———————————————— abusent ————————————

   ——————————————————————— les serveuses.

B. Remplacez les expressions soulignées par des pronoms.

1. Donnez-moi *une bouteille.* Donnez-m'en une.
2. Prenez assez *de pain.*
3. Ne mangez surtout pas trop *de gâteaux.*
4. Faite-leur cuire deux *œufs.*
5. Retenez-moi *une chambre* à deux lits.
6. Laissez *un pourboire à la femme de chambre.*
7. Laisse *un pourboire au chasseur.*
8. Ne laissez pas *de pourboire au gérant.*
9. Apportez-moi *un plat* qui sorte de l'ordinaire.
10. Dites-nous s'il y a assez *de sel.*

C. *Conversation dirigée.*

1. Demandez à X. le poids du gigot.
   Donnez-lui le poids approximatif en kilos.
2. Demandez à Y. combien de temps il faut faire chambrer le vin.
   Répondez-lui qu'il n'y a pas de vin ce soir.
3. Demandez à Z. la longueur de la table.
   Donnez-la-lui en mètres.
4. Demandez au gérant les heures d'ouverture de son établissement.
   Répondez-lui par un horaire fantaisiste.

EXERCICES (Écrit)

A. Faire des phrases avec les éléments «déshydratés» suivants:

1. Manger / midi / les Français / la plupart / beaucoup
2. Aimer / volaille / moins / poisson
3. Bien des / vin / Américains / boire / s'habituer
4. Trop / dormir / boire / au volant / automobilistes / avant / conduire
5. Ne pas vouloir / crème / aimer / café / noir
6. Large / table / avoir / deux mètres
7. Guère / avoir vu / gastronomes / trop / maigres
8. Bistrots / la plupart / fermer / journée / une partie
9. Ne pas avoir / fruits / encore / assez
10. Peu / faire la cuisine / femmes / aussi bien / hommes

B. Imaginez un dialogue entre un client et un garçon au restaurant. Le client demande des plats, et le garçon prend la commande, mais il revient en disant que le restaurant n'a plus aucun des plats que le client a commandés. Il lui propose du pain sec et du coca-cola, que le client n'aime pas.

C. Même situation, mais la difficulté ne provient pas de l'absence des plats en question, mais essentiellement de la quantité ridicule de chaque portion. Le client se plaint au gérant, qui répond.

Se délecter des paroles de quelqu'un

Fenêtre I

Soyez bons pour les clients!*

JAMES DE COQUET (baron). Né à Bordeaux en 1898. Son prénom anglais est
fréquemment donné dans cette région. Journaliste au *Figaro* depuis 1921.
(Y a été successivement critique dramatique, grand reporter et chroniqueur
judiciaire.) Tient dans *Le Figaro littéraire* la chronique gastronomique. Le
texte suivant est extrait de *Propos de table* qui rassemble les meilleures de
ces chroniques. A aussi publié des reportages (*Le Procès de Riom*) et des
biographies (*Brillat-Savarin*). Détail amusant : il est membre de l'association
«Les Fils de la Révolution Américaine», de l'Académie des psychologues du
goût (mais oui, ça existe) et de l'Académie des vins de Bordeaux.

Ce n'était certainement pas un mauvais garçon. Sa figure poupine, posée
sur sa veste blanche comme sur le marbre d'une triperie disait assez qu'il
était sans méchanceté. Il ne me voulait pas de mal. Mais il ne me voulait
pas de bien non plus. Aussi ce déjeuner provincial, dans une maison bien
côtée, fut comme une partie de cache-tampon.   5
«Garçon, cette entrecôte est immangeable.
—Pourquoi, monsieur?
—Parce que je n'ai pas de fourchette. Et cette bouteille est imbuvable.
—J'ai trouvé: c'est parce qu'elle n'est pas débouchée! . . .»
Tantôt c'était le pain qui manquait, ou le sel, ou la moutarde, ou le 10
couteau pour le fromage. Chaque fois, il enregistrait ma demande avec
beaucoup de complaisance et repartait chercher ce qui manquait. Rien que
pour mon seul déjeuner, il fit cinq cents pas inutiles. Avec toute l'énergie
qu'il gaspillait on eût fait tourner un moulin.
Ce n'était pas un mauvais garçon, je le répète. Il se faisait seulement une 15
conception erronée de son rôle. Il se considérait comme un organe de transmission entre la cuisine et moi, comme un rouage. Il travaillait à la chaîne,
sans se douter d'ailleurs que le travail à la chaîne demande infiniment plus
de précision, plus de rigueur, sous peine de paralyser toute l'usine. Si nous
avions joué un jeu, comme il le croyait peut-être, et qu'il eût dû donner un 20
gage à chaque manquement—tantôt sa cravate et tantôt sa veste—, il eût
terminé son service nu comme un ver.
Inviter quelqu'un à dîner, a-t-on dit, c'est se charger de son bonheur

---

* James de Coquet, *Propos de table*. Paris, Hachette, 1964.

pendant toute une soirée. Servir un repas à quelqu'un, c'est également se
25 charger de son bonheur et de son bien-être pendant tout le temps qu'il est à
table. Malheureusement, ceux qui exercent le métier de serveur s'imaginent
trop souvent que ce serait déchoir que de dorloter le client.

Qu'un médecin palpe leur foie, qu'un dentiste plombe leurs dents, qu'une
vendeuse soit à leurs pieds pour leur essayer des chaussures, qu'un comique
30 fasse tous les soirs les mêmes grimaces pour les faire rire, qu'un cheminot
conduise la locomotive pendant qu'ils dorment dans leur wagon, ils trouvent
ça tout naturel. Jamais le fameux boulanger de Sully-Prudhomme, qui veut
qu'on fasse son pain soi-même, ne traverse leurs rêves. Mais ils trouvent
insupportable de donner la pâture à un inconnu.

35 Aux Etats-Unis, à peine est-on assis à une table de restaurant qu'une
serveuse vous apporte une carafe d'eau glacée et, une autre, du pain et du
beurre. C'est comme si l'on avait déclanché un mouvement d'horlogerie en
mettant son séant sur la chaise. Grâce à quoi, la maison a pris possession de
vous. Bien entendu, il ne faudrait pas demander que l'eau ne soit pas glacée
40 ou que le pain soit grillé. Ce n'est pas prévu dans l'organisation et il faudrait
en référer à des instances supérieures, ce qui prendrait 24 heures. Mais, pour
tout ce qui est normal, la poire à la mayonnaise, la grillade et l'*ice-cream*,
ça marche comme sur des roulettes, sans un à-coup. Le système est tellement
au point qu'il peut fonctionner n'importe où, avec un personnel de n'importe
45 quelle couleur. Il m'est arrivé de déjeuner sous toutes les latitudes dans des
restaurants américains. J'ai toujours vu l'eau glacée, le pain et le beurre
arriver avec la même ponctualité, apportés par des mains aztèques ou puerto-
ricaines, et accompagnés du même sourire dans des faces noires, rouges ou
jaunes. Le directeur français d'un palace américain qui venait de s'ouvrir
50 au Salvador m'a confié: «Nous avons fait répéter notre personnel pendant
deux mois avant qu'il entrât en fonctions. On a même appris aux serveuses
comment il fallait se coiffer et s'habiller».

De ce côté-ci de l'Atlantique, ça n'aurait aucun charme de manger un
poulet aux morilles servi par des robots. Pour ma part, je préfère de beaucoup
55 la restauration du stade artisanal à celle qui est industrialisée. Seulement, il
faut opter pour un style ou pour l'autre. Dans le premier cas, il faut être
avec le client comme la poule avec ses poussins quand elle leur coupe les
vers en trois. Et dans le second, il faut le servir avec une précision mécanique,
ce qui n'empêche pas de penser à tout autre chose en déposant devant lui
60 deux cents grammes de viande grillée et trente-deux centilitres de vin sans
appellation.

Je crois d'ailleurs que le garçon dont je vous parle n'était fait pour aucune
des deux formules et qu'il ferait mieux de s'établir client.

QUESTIONS

1. Qu'est-ce qui suggère, dans l'apparence du garçon qu'il est sans méchanceté? À quoi est-il comparé? (*l.* 1 à 3).

2. Pourquoi l'auteur décrit-il son déjeuner comme une partie de cache-tampon? (*l.* 5 à 13).
3. Quelle conception le garçon se fait-il de son rôle? (*l.* 16 à 20).
4. Est-il vraiment «nu comme un ver» à la fin du repas?
5. Expliquez la phrase: «Inviter quelqu'un à dîner, c'est se charger de son bonheur pour toute une soirée» (*l.* 23 à 24). Qué pensez-vous de cette conception du bonheur? (ou de la gastronomie?)
6. Pourquoi l'auteur énumère-t-il ces cinq professions? Qu'ont-elles en commun? (*l.* 28 à 32).
7. Que pensez-vous de cette description d'un restaurant américain? (*l.* 35 à 52).
8. Exercice de substitution: (*l.* 41 à 43).
   La phrase:
   «Mais pour tout ce qui est normal, la poire à la mayonnaise, la grillade et l'*ice-cream*, ça marche comme sur des roulettes»
   s'applique à un restaurant américain. Récrivez-la, en remplaçant les trois plats du milieu, de sorte qu'elle s'applique à:
   (a) un restaurant français
   (b) un restaurant chinois
   (c) un restaurant italien
   (d) un restaurant typiquement étudiant de votre pays.
9. Quelle différence l'auteur fait-il entre la restauration artisanale, et la restauration industrialisée? Imaginez des exemples précis; et expliquez les conséquences qui en découlent pour le service.
10. Pourquoi l'auteur nous dit-il à la fin que le garçon «ferait mieux de s'établir client», alors qu'il commence le texte par la phrase: «Ce n'était certainement pas un mauvais garçon»? [P.S. pensez aux deux sens du mot garçon.]

SITUATIONS

1. Trois personnages: le client, le garçon, le patron du restaurant.
   Scénario: développez la situation décrite dans le texte (*l.* 6 à 14), en choisissant le type de restaurant que vous voulez (français, américain, de luxe, bistrot, etc.) mais en conservant le personnage du garçon inefficace. À la fin du repas le client appelle le patron et lui fait quelques observations sur la qualité du service.
2. Trois personnages: deux clients et un garçon.
   Deux clients timides mangent pour la première fois dans un restaurant de luxe et sont «terrorisés» par un garçon snob et méprisant.
3. Un ménage français vient dîner pour la première fois dans un restaurant américain qui ressemble à celui décrit par l'auteur (*l.* 35 à 52). Imaginez les réactions de ce ménage, soit:
   (a) sous forme de dialogue avec le personnel qui sert;

(b) sous forme de dialogue avec des amis français à qui ils racontent leur aventure.

COMPOSITIONS

1. Vous êtes allé déjeuner dans un restaurant très original, où, pour chaque erreur dans le service, le garçon (ou la serveuse) doit donner en gage un des vêtements qu'il porte. [Vous prenez au pied de la lettre la suggestion de l'auteur, *l.* 19 à 22]. Racontez votre repas en choisissant un ton:
   (a) enthousiaste (style *Playboy*)
   ou (b) comique
   ou (c) scandalisé (sermon)
   ou (d) naturel
2. Développez et illustrez la formule de James de Coquet: «Il faut être avec le client comme la poule avec ses poussins quand elle leur coupe les vers en trois».
3. Récrivez le texte de James de Coquet, mais en l'intitulant: «Soyez bons pour les garçons!»

Fenêtre II

Un Hôtel*

MICHEL BUTOR. Né à Mons-en-Bareul dans le Nord de la France en 1926.
Après des études philosophiques, a enseigné le français à l'étranger: en
Égypte, en Angleterre, en Grèce, en Suisse et, aux États Unis, à Bryn Mawr
dans les universités de Buffalo, de Northwestern et du Nouveau Mexique.
Ses quatre premiers romans: *Passage de Milan* (1954), *L'Emploi du temps*
(1956) *La Modification* (1957) et *Degrés* (1960) sont des œuvres importantes
qui ont beaucoup contribué au succès public du «Nouveau roman». Butor a
déjà publié une œuvre considérable et variée: une autobiographie (*Portrait de
l'artiste en jeune singe*, 1967), un opéra (*Votre Faust*, 1962, musique de Henri
Pousseur), des recueils de critiques (*Répertoire*) et des poèmes stéréophoniques:
Mobile, 6.810.000 litres d'eau par seconde.
L'Emploi du temps dont est extrait ce passage, se passe à Manchester où
Butor a enseigné; le personnage principal (Revel) est un Français qui vient
d'arriver, sachant à peine l'anglais, et découvre la ville.

Nous nous sommes arrêtés devant un porche à colonnettes couvert d'une
épaisse couche de peinture blanchâtre, au-dessus duquel, pendue à sa potence
par des chaînes, l'enseigne, un grand écrou hexagonal doré, se balançait.

Au guichet de la réception, James s'est entretenu pendant longtemps avec
une jeune fille aux cheveux trop blonds, aux offensantes lunettes d'écaille, 5
et moi, perdu dans cette conversation rapide, j'en attendais le résultat en les
regardant tour à tour, souriant pour me donner une contenance.

À la fin, lentement, James Jenkins s'est tourné vers moi, et m'a dit,
s'efforçant d'articuler bien distinctement, conscient de son rôle d'interprète:

«La chambre retenue pour vous est au troisième. Ils n'en ont pas d'autre. 10
Cela ne vous ennuie pas?»

J'ai approuvé de la tête: j'ai inscrit mon nom et mon numéro de passeport sur le registre à la page du mardi 2 octobre; puis James a insisté pour
monter ma valise, et l'a déposée dans la petite pièce, sur le petit lit.

—Est-il possible de prendre ses repas dans cet hôtel? 15

—Non, monsieur Revel, le petit déjeuner seulement. Mais vous avez un
restaurant pas très loin, la jeune fille vous indiquera.

—Merci, Jenkins, à demain, Jenkins.

---

* Michel Butor, *L'Emploi du temps*. Paris, Éditions de Minuit, 1957.

Il n'y avait pas de table; la fenêtre donnait sur un mur de briques au fond
20 d'une cour.

Je me disais en me déshabillant dans la salle de bains de l'étage: «Je
ne puis pas rester ici, je ne dois pas rester ici, je suis perdu si je reste ici,
dès demain je vais me mettre en quête d'un logement meilleur».

Quand je me suis couché ce matin-là, ma montre marquait dix heures et
25 demie, quand je me suis levé l'après-midi, six heures.

QUESTIONS

1. Quels détails révèlent le talent d'observation du romancier?
2. Pour quelle raison Revel remarque-t-il tant de détails?
3. Expliquez «trop blonds» (*l.* 5).
4. Relevez tous les détails qui, en s'accumulant, amènent Revel à dire: *je suis* PERDU *si je reste ici*.
5. Avez-vous déjà eu, dans un hôtel où vous étiez descendu après un assez long voyage, une impression semblable? Racontez ce qui vous est arrivé.
6. Le sentiment de Revel est dû (*a*) au fait qu'il ne parle pas l'anglais, (*b*) à l'absence d'un restaurant dans l'hôtel, (*c*) à sa fatigue, (*d*) à la médiocrité du logement, (*e*) à son instabilité mentale. Expliquez.

SITUATIONS

1. Jouez, à livre fermé, la scène entre la réceptionniste de l'hôtel et James Jenkins (*conversation rapide*), puis entre Jenkins et Revel, enfin le lendemain quand Revel veut aller dîner.
2. Deux clientes impossibles demandent une chambre, mais rien ne leur plaît: dialogue avec la réceptionniste.
3. Situation inverse: deux clients timides finissent par accepter une mansarde minuscule sous les toits, dans un hôtel étrange, vieux et sale.

COMPOSITIONS

1. Exercice d'expansion: triplez la longueur du deuxième paragraphe, en gardant toutes les expressions.
2. Dans le même style que le texte de Michel Butor, imaginez que Revel se présente le lendemain dans un palace pour y louer une chambre. Suivre le plan du texte (au guichet, visite de la chambre, réflexions de Revel).

4

Charpente

L'Expression de la qualité

Première partie : la comparaison

A. | **L'identité :** *le même* |

1. *Identité de nature*

   (a) Objet identique à lui-même.

tel quel	Le propriétaire lui a dit : «Fichez le camp», *tel quel*. (= exactement dans ces termes) La maison est en mauvais état ; je l'ai achetée *telle quelle*. (= dans le même état)
tel que	Je l'ai retrouvée *telle que* je l'avais quittée.
suivant	On l'a construite *suivant* vos plans.
selon	Les appartements sont classés *selon* leur prix.
conformément à	Le loyer est de 5000 francs, *conformément à* nos accords.

   (b) Objet identique à un autre objet.

le même	Dans cet H.L.M. tous les ameublements sont *les mêmes*.
tel	*Tel* père, *tel* fils. Certains architectes, *tel* Le Corbusier, préfèrent le béton.

2. *Identité de degré et de quantité*

aussi . . . que	Nos maisons en bois nous semblent *aussi* confortables *que* celles en pierre. (. . . *ne* semblent *pas aussi* confortables *que* . . .)
pas si . . . que	MAIS : Cet hôtel n'est *pas si* confortable *que* ça.
autant de . . . que	Cette maison a *autant de* pièces *qu'*un château. (= le même nombre de pièces)

Elle a aussi *autant de* charme *que* lui. (= la même quantité)

autant que   *Autant que* je sache, elle est louée.

dans la mesure où   (= *dans la mesure où* je le sais)
Dans la mesure du possible, nous tâcherons de vous loger.

à mesure que   *À mesure que* les gratte-ciels poussent, les espaces verts disparaissent.

plus . . . plus   *Plus* il fait chaud, *plus* il y a de risques d'incendie.
moins . . . moins

d'autant plus . . .   Il nous faut *d'autant plus* d'espace *que* nous atten-
que   dons encore un enfant.

ATTENTION: Place de l'adverbe *aussi* marquant l'identité; jamais en tête de phrase.

aussi   Il paie *aussi* le loyer.
Il paie le loyer, lui *aussi*.

B. | **La ressemblance proche:** *pareil à* |

Ces deux maisons *se ressemblent*: celle-ci *ressemble à* celle-là.
(ATTENTION: ne confondez pas le verbe réciproque—dont le sujet est au pluriel—avec le verbe *ressembler à* qui ne peut pas être réfléchi.)

Jazz ou architecture moderne, c'est *pareil*, je n'y comprends rien.
Plus de fenêtres. On *dirait que* les architectes veulent mettre les hommes en prison.
Ce n'est pas *ainsi qu'*ils l'entendent: la lumière artificielle est plus efficace que le jour.
D'après vous l'efficacité est tout ce qui compte. (= à votre avis)
Comme on fait son lit, on se couche.

Deuxième partie : la différence

adjectif ou adverbe	*en plus*: SUPÉRIORITÉ	*en moins*: INFÉRIORITÉ
bon	La vie est *meilleure, plus* saine, à la campagne *que* dans les villes.	Oui, la vie est *moins bonne*, moins saine dans les villes.
	La campagne est *la meilleure de* toutes les solutions aux problèmes d'urbanisme.	Mais on s'amuse *moins* à la campagne *qu'*à la ville.

adjectif ou adverbe	*en plus*: SUPÉRIORITÉ	*en moins*: INFÉRIORITÉ
mauvais	Non, c'est *la pire*, car elle masque entièrement le problème. Habiter ces taudis est *pire* que tout.	La cuisine américaine est *moins mauvaise* que je ne m'y attendais.
le plus, le moins	Ce que j'aime *le plus*, c'est rester chez moi.	Ce qui me plaît *le moins*, c'est le ménage, la cuisine, les corvées.
bien	On dort *mieux* la conscience tranquille. *Le mieux*, c'est de se coucher tard.	Je dors *encore moins bien que* vous.
plus, moins	La cité universitaire est *plus* accueillante *que* je ne me l'étais imaginé.	Mais elle l'est *moins que* nos cités américaines.
assez	Vous vous donnez *trop* de mal, *beaucoup trop*.	Mais non, je n'en fais *pas* encore *assez*.
verbes	Le confort américain *surpasse* tout. Les gratte-ciels de New York *dépassent* facilement la Tour Eiffel. Mais Paris l'*emporte sur* New York *en* charme et *en* beauté.	Paris *est en retard* sur New York pour le téléphone. Paris *le cède* à New York *en* hauteur.
locution	J'aime ma chambre *de plus en plus*. (chaque jour *un peu plus*) (prononcez [*plys*])	Il y a *de moins en moins* d'étudiants qui choisissent la cité. La plupart préfèrent une chambre en ville.

Troisième partie : la qualification

On peut qualifier un **nom** de trois manières :
(1) par un ou plusieurs *adjectifs*
(2) par un ou plusieurs autres *noms*
(3) par une *proposition relative*.

A. L'adjectif

Cas général: changement de valeur

L'adjectif *change* de valeur quand on modifie sa place :
Après le nom il est plutôt descriptif.
Avant le nom il est plutôt moral ou affectif, ce qui vient souvent de l'accent de hauteur placé au milieu de la phrase :

EXEMPLE :

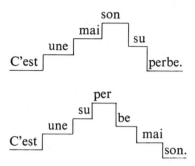

Cas particuliers: changement de sens.

Un certain nombre des adjectifs les plus courants changent de *sens* quand on modifie leur place :

Après le nom	**Avant** le nom
Nous habitons une *maison ancienne*. (elle est très vieille; elle est même classée monument historique.)	Nous habitons notre *ancienne maison*. (C'est un immeuble moderne; nous l'avions quitté et nous y sommes revenus.)
Le concierge est un *homme brave*. (il n'a pas peur des cambrioleurs)	Le concierge est un *brave homme*. (il rend de petits services aux locataires)
Je trouve que c'est un *appartement cher*. (= coûteux)	Je rentre dans mon *cher appartement*. (= que j'aime bien)
Le *mois dernier* il y a eu une panne de chauffage. (en février, nous sommes en mars)	Le *dernier mois* . . . (Nous sommes restés 4 mois et la panne a eu lieu le quatrième mois.)
Le locataire est un *homme jeune*. (il a l'air jeune, dynamique)	Un *jeune homme* a loué la chambre. (entre 18 et 25 ans)
Il a payé le *jour même*. (exactement le jour dit)	Il a payé le *même jour*. (que moi)
C'est un touriste d'*âge moyen*. (environ quarante ans)	C'est un touriste du *Moyen Age*. (il revient des Croisades)
Elle a des *meubles nouveaux*. (= de conception nouvelle)	Elle a de *nouveaux meubles*. (elle vient de changer son ameublement.)

J'ai un *pensionnaire pauvre.*
(il n'a pas le sou pour payer sa
pension)

J'ai un *pauvre pensionnaire.*
(moralement pitoyable, il s'ennuie
malgré son argent)

Je voudrais louer pour l'*année*
prochaine.
(en 1972—nous sommes en 1971)

Je voudrais louer la *prochaine année.*
Pas 1972, mais 1973.
(celle qui suit)

Je veux dormir dans des *draps*
propres.
(il faut les laver, vos draps)

Je veux dormir dans mes *propres*
draps.
(ceux que j'ai apportés, ils sont à moi)

Nous avons loué à une *dame seule.*
(elle est veuve ou divorcée)

Nous avons loué à une *seule dame.*
(les autres locataires sont des
messieurs)

Il habitait dans un *quartier vilain.*
(c'était laid et triste)

Il habitait dans un *vilain quartier.*
(prostitution, cambriolages, attaques
nocturnes, etc.)

B. Le nom

1. *L'apposition*

Elle semble de plus en plus fréquente, peut-être sous l'influence des langues germaniques. Notez que c'est le deuxième nom qui a la fonction adjectivale par rapport au premier. C'est le contraire de ce qui se passe en anglais.

une table-gigogne (dont une partie s'emboîte dans l'autre)
un lit-cage (qui se plie)
une fenêtre-guillotine (ou fenêtre anglaise)
un coin-salle à manger (un coin qui sert de salle à manger)

2. *Le* DE *adjectival et le* DE *relationnel*

Distinguez:

une vraie *maison de ministre* (une très belle demeure, digne d'un ministre)
la vraie *maison du ministre* (c'est là qu'il habite, ce n'est pas une fausse adresse)
Comparez et expliquez:

de adjectival (qualifie seulement) l'expression forme un syntagme:	*de* relationnel (exprime un rapport de possession, etc.)
nom + de + nom	nom + de + article + nom
une maison *de* campagne une maîtresse *de* maison	l'air *de la* campagne le maître *de la* maison

la femme *de* ménage   les dépenses *du* ménage
la salle *d'*eau   le bruit *de l'*eau

3. *La préposition* à

Elle exprime une relation soit de *but pratique* (à + infinitif) soit de forme
ou de destination (à + nom):

la chambre *à* coucher, le fer *à* repasser, la machine *à* laver
une table *à* rallonge, la planche *à* pain, la nappe *à* carreaux, une habitation
à loyer modéré.

C. La proposition relative

Reportez-vous à la charpente No. 14.

Matériau

La Maison

Un immeuble

habiter GRATTE-CIEL *m.* «Quand le BÂTIMENT va, tout va!»

faire construire MAISON *f.* particulière
bâtir HÔTEL *m.* meublé
PAVILLON *m.* de banlieue
TAUDIS *m.*
BIDONVILLE *m.*
H.L.M. *m.* habitation *f.* à loyer modéré

PROPRIÉTAIRE *m./f.* *posséder* APPARTEMENT *m.* bien situé
réparer ensoleillé
entretenir spacieux
meubler de plusieurs pièces *f.*
exigu
à louer
en location

LOCATAIRE *m./f.* *louer*
sous-louer
signer BAIL *m.* d'un an
emménager
pendre la CRÉMAILLÈRE (s'installer)
payer LOYER *m.* mensuel
trimestriel

CHARGES *f.*
ASCENSEUR *m. tomber*
en panne
VIDE-ORDURES *m.*
CHAUFFAGE *m.*
central

CRISE *f.* du logement *se loger* CHAMBRE *f.* CITÉ *f.* universitaire
partager PAVILLON *m.*
international

CAMARADE *m.* de CHAMBRE
VOISIN, (E) de PALIER *m.*   (même ÉTAGE *m.*)

Un intérieur

FEMME *f.* d'intérieur	bonne MÉNAGÈRE *f.*	MAÎTRESSE *f.* de maison
FEMME de MÉNAGE	BONNE *f.*	
faire le	PARQUET *m.*	APPAREILS *m.* ménagers
balayer		ASPIRATEUR *m.*
frotter		MACHINE *f.* à laver
cirer		*faire* la VAISSELLE
astiquer		
rendre propre (≠ *salir*)		
secouer TAPIS *m.*		
PIÈCE *f.*	MURS *m.* tapissés	TAPISSERIE *f.* PAPIER *m.*
	peints	peint
	PLAFOND *m.*	PEINTURE *f.*
		FENÊTRE *f.*
	PLANCHER *m.*	RIDEAU(X) *m.*
AMÉNAGEMENT *m.* intérieur	*se délasser*	MEUBLES *m.*
		AMEUBLEMENT *m.*,
		meubler
SALLE *f.* de SÉJOUR	*se réunir*	
	se reposer	FAUTEUILS *m.* SOFA *m.*
	recevoir	
à manger	BUFFET *m.*	LAVABO *m.* BAIGNOIRE *f.*
de BAIN	*prendre* BAIN *m.* DOUCHE *f.*	SERVIETTE *f.* GANT *m.*
	faire TOILETTE *f.*	
	aller aux W.C.	
CHAMBRE *f.* à coucher	*se retirer*	LIT *m.* MATELAS *m.*
	se coucher	DRAPS *m.* OREILLER *m.*
		COUVERTURE *f.* AR-
		MOIRE *f.* PLACARD *m.*
CUISINE *f.*	*faire cuire*	«FRIGO» *m.* ÉVIER *m.*
	chauffer	
	bouillir	CUISINIÈRE *f.* à gaz,
	brûler	FOUR *m.* PLACARDS *m.*
	casser	VAISSELLE *f.*
		CASSEROLES *f.*
ENSEMBLIER *m.*		*ranger* meuble de
décorer		RANGEMENT *m.*
arranger		
assortir		
avoir du GOÛT *m.*		
CAMBRIOLEUR *m.*		
pénétrer dans		
voler		
cambrioler		

Un discours bien construit

LEXICOTEST

A. Par une phrase explicite montrez la différence entre :

1. ranger et faire cuire
2. une femme d'intérieur et une femme de ménage
3. un sous-sol et une sous-location
4. une salle d'eau et de l'eau sale
5. un meublé et un ameublement
6. la cité et un pavillon de banlieue

B. Modifiez chaque nom souligné par un des adjectifs suivants et complétez la phrase pour bien préciser le sens de l'adjectif :

nouveau, vieux, ancien, cher, brave, propre, neuf

1. Il faut construire des *immeubles*. . .
2. Mettez une *nappe*. . .
3. Nous avons un *concierge*. . .
4. Je préfère vivre dans mon *intérieur*. . .
5. Il y a sous ce piano de la *poussière*. . .
6. Quoi! le *frigo* ne marche pas. . .

C. Traduisez en français, dans le contexte français du Matériau 4.

1. What's good for General Motors is good for the country.
2. I live on the second floor.
3. I'm renting an apartment with pink wallpaper!
4. The washing machine broke down again.
5. It's a country house with sash windows.

Ce que vous dites m'éclaire

EXERCICES (Oral)

A. Préposition *de*. Complétez les phrases suivantes.

1. (amoureux) C'est un vrai nid____.
2. (architecte) Ça ressemble à une maison____.
3. (architecte) Voyons, ce n'est pas la maison____, c'est le pavillon ____ Allemagne à la Foire Commerciale____Europe du Nord.
4. Pourquoi avez-vous mis ____ avant Europe du Nord?
5. Parce que c'est un *de* ____relation.
6. Mais on dit bien une carte____Europe, un hôtel____luxe, un propriétaire ____immeubles!
7. Oui, mais c'est L'Hôtel ____Europe, l'étage ____milliardaires, le propriétaire____ immeubles les plus chics____ Cannes.
8. On dit aussi le maître ____hôtel et le propriétaire____hôtel.
9. Et une loge____concierge, mais la crise____logement.
10. Vos explications sont claires comme de l'encre____Chine. Je vais acheter un livre____français ou une grammaire____ français actuel.

B. Comparez les objets mentionnés:

1. Un gratte-ciel est grand. Et un pavillon de banlieue?
2. Le style Louis XV est élégant. Et le style empire?
3. Un évier est dur. Et un oreiller?
4. La cave est utile. Et le grenier?
5. Les ascenseurs français sont bons. Et les ascenseurs américains?

Un pavillon de banlieue est moins grand qu'un gratte-ciel.

6. Une machine à laver coûte cher. Et une bonne?
7. La cuisinière fait bien la cuisine. Et la concierge?
8. Le chauffage central chauffe bien la maison. Et un poêle à charbon?
9. Un immeuble rapporte beaucoup. Et un taudis?
10. Un appartement lui plairait beaucoup. Et un pavillon?

C. Traduisez rapidement:

1. The more apartments I visit the less I like them.
2. The longer you wait the more you will pay.
3. The higher the floor, the stiffer the rent.
4. I resent the rent increase all the more as no repairs are made.
5. Our dormitory has the smallest rooms.
6. The landlady's shower works no better than ours.
7. The elevator's out of order again.
8. My dorm resembles a prison.
9. I like my dorm less and less.
10. More and more students live in apartments.

D. Complétez les phrases suivantes:

1. J'ai vu plus_____ trois hôtels, tous complets.
2. J'en ai vu plus_____toi, d'autant plus_____ j'ai plus_____ imagination_____toi.
3. La plus belle fille_____monde ne peut donner _____ce qu'elle a.
4. Oui, mais j'en connais plus_____une qui ne le sait pas.
5. En moins_____une semaine vous avez fait de cet appartement pire _____une étable et moins_____taudis.

EXERCICES (Écrit)

A. Joignez les deux phrases au moyen *d'autant plus, plus. . .plus, dans la mesure où, à mesure que.*

1. Un lit repose bien. Le sommier est ferme.
2. Je frotte les meubles. Ils brillent.
3. La salle à manger semble grande. Elle est vide.
4. Le loyer augmente. Le propriétaire vieillit.
5. Elle fait la cuisine. Son mari est gourmand.
6. On est nombreux. On s'amuse.

Un lit repose bien d'autant mieux que le sommier est ferme.

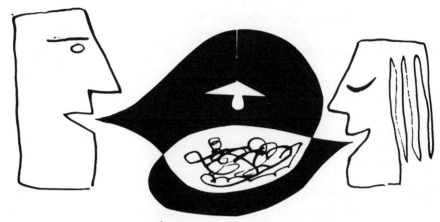

Éclairer des propos confus

7. On astique les meubles. Les beaux-parents sont invités.
8. Il est heureux. Sa femme est un cordon bleu.
9. Il mange. Il a faim.
10. On a du confort. On devient exigeant.
11. L'ascenseur marche bien. Il n'y a personne dedans.

B. Composez une annonce à insérer dans la colonne «Appartements à louer» d'un grand journal. (Modèle: «À louer Gd ap. cinq ch. sdb, chauff. central, asc. vide-ordures, 2450 f. mois.») Imaginez la lettre d'un étudiant américain qui cherche une petite chambre de bonne très bon marché. (Employez beaucoup d'expressions de comparaison.)

C. Avantages et inconvénients de vivre dans une caravane (= une maison sur roues) comme le font plus d'un million d'Américains.

Fenêtre I

Un Appartement trop petit*

GEORGES PÉREC. Son premier roman *Les Choses* (1965), très remarqué, a
obtenu le Prix Renaudot. *Un Homme qui dort* (1968), plus réussi que *La
Disparition* (1969), annonce une œuvre originale et intéressante. Un des espoirs
de la littérature actuelle.

Ils vivaient dans un appartement minuscule et charmant, au plafond bas,
qui donnait sur un jardin. Et se souvenant de leur chambre de bonne—un
couloir sombre et étroit, surchauffé, aux odeurs tenaces—ils y vécurent
d'abord dans une sorte d'ivresse, renouvelée chaque matin par le pépiement
des oiseaux. Ils ouvraient les fenêtres, et, pendant de longues minutes, 5
parfaitement heureux, ils regardaient leur cour. La maison était vieille,
non point croulante encore, mais vétuste, lézardée. Les couloirs et les escaliers
étaient étroits et sales, suintants d'humidité, imprégnés de fumées graisseuses.
Mais entre deux grands arbres et cinq jardinets minuscules, de formes
irrégulières, pour la plupart à l'abandon, mais riches de gazon rare, de 10
fleurs en pots, de buissons, de statues naïves même, circulait une allée de
gros pavés irréguliers, qui donnait au tout un air de campagne. C'était l'un
de ces rares endroits à Paris où il pouvait arriver, certains jours d'automne,
après la pluie, que montât du sol une odeur, presque puissante, de forêt,
d'humus, de feuilles pourrissantes. 15
Jamais ces charmes ne les lassèrent et ils y demeurèrent toujours aussi
spontanément sensibles qu'aux premiers jours, mais il devint évident, après
quelques mois d'une trop insouciante allégresse, qu'ils ne sauraient suffire
à leur faire oublier les défauts de leur demeure. Habitués à vivre dans des
chambres insalubres où ils ne faisaient que dormir, et à passer leurs journées 20
dans des cafés, il leur fallut longtemps pour s'apercevoir que les fonctions
les plus banales de la vie de tous les jours—dormir, manger, lire, bavarder,
se laver—exigeaient chacune un espace spécifique, dont l'absence notoire
commença dès lors à se faire sentir. Ils se consolèrent de leur mieux, se
félicitant de l'excellence du quartier, de la proximité de la rue Mouffetard 25
et du Jardin des Plantes, du calme de la rue, du cachet de leurs plafonds bas,
et de la splendeur des arbres et de la cour tout au long des saisons; mais,

---

* Georges Pérec, *Les Choses*. Paris, Julliard, 1965.

à l'intérieur, tout commençait à crouler sous l'amoncellement des objets, des meubles, des livres, des assiettes, des paperasses, des bouteilles vides.
30 Une guerre d'usure commençait dont ils ne sortiraient jamais vainqueurs.

Pour une superficie totale de trente-cinq mètres carrés, qu'ils n'osèrent jamais vérifier, leur appartement se composait d'une entrée minuscule, d'une cuisine exiguë, dont une moitié avait été aménagée en salle d'eau, d'une chambre aux dimensions modestes, d'une pièce à tout faire—biblio-
35 thèque, salle de séjour ou de travail, chambre d'amis—et d'un coin mal défini, à mi-chemin du cagibi et du corridor, où parvenaient à prendre place un réfrigérateur de petit format, un chauffe-eau électrique, une penderie de fortune, une table, où ils prenaient leurs repas, et un coffre à linge sale qui leur servait également de banc.
40 Certains jours, l'absence d'espace devenait tyrannique. Ils étouffaient. Mais ils avaient beau reculer les limites de leur deux pièces, abattre des murs, susciter des couloirs, des placards, des dégagements, imaginer des penderies modèles, annexer en rêve les appartements voisins, ils finissaient toujours par se retrouver dans ce qui était, leur seul lot : trente-cinq mètres carrés.
45 Des arrangements judicieux auraient sans doute été possibles : une cloison pouvait sauter, libérant un vaste coin mal utilisé, un meuble trop gros pouvait être avantageusement remplacé, une série de placards pouvait surgir. Sans doute, alors, pour peu qu'elle fût repeinte, décapée, arrangée avec quelque amour, leur demeure eût-elle été incontestablement charmante, avec sa
50 fenêtre aux rideaux rouges et sa fenêtre aux rideaux verts, avec sa longue table de chêne, un peu branlante, achetée aux Puces,[1] qui occupait toute la longueur d'un panneau, au-dessous de la très belle reproduction d'un portulan, et d'une petite écritoire à rideau second Empire, en acajou incrusté de baguettes de cuivre, dont plusieurs manquaient, séparait en deux plans de
55 travail, pour Sylvie à gauche, pour Jérome à droite, chacun marqué par un buvard rouge, une même brique de verre, un même pot à crayons ; avec son vieux bocal de verre serti d'étain qui avait été transformé en lampe, avec son décalitre à grains en bois déroulé renforcé de métal qui servait de corbeille à papier, avec ses deux fauteuils hétéroclites, ses chaises paillées,
60 son tabouret de vacher. Et il se serait dégagé de l'ensemble, propre et net, ingénieux, un chaleur amicale, une ambiance sympathique de travail, de vie commune.

Mais la seule perspective des travaux les effrayait. Il leur aurait fallu emprunter, économiser, investir. Ils ne s'y résignaient pas. Le cœur n'y
65 était pas : ils ne pensaient qu'en termes de tout ou rien. La bibliothèque serait de chêne clair ou ne serait pas. Elle n'était pas. Les livres s'empilaient sur deux étagères de bois sale et, sur deux rangs, dans des placards qui n'auraient jamais dû leur être réservés. Pendant trois ans, une prise de courant demeura défectueuse, sans qu'ils se décident à faire venir un électricien, cependant

---

[1] *Les Puces* le marché aux Puces, où l'on vend des objets d'occasion.

que couraient, sur presque tous les murs, des fils aux épissures grossières et 70
des rallonges disgracieuses. Il leur fallut six mois pour remplacer un cordon
de rideaux. Et la plus petite défaillance dans l'entretien quotidien se traduisait
en vingt-quatre heures par un désordre que la bienfaisante présence des
arbres et des jardins si proches rendait plus insupportable encore.

Le provisoire, le statu quo régnaient en maîtres absolus. Ils n'attendaient 75
plus qu'un miracle. Ils auraient fait venir les architectes, les entrepreneurs,
les maçons, les plombiers, les tapissiers, les peintres. Ils seraient partis en
croisière et auraient trouvé, à leur retour, un appartement transformé,
aménagé, remis à neuf, un appartement modèle, merveilleusement agrandi,
plein de détails à sa mesure, des cloisons amovibles, des portes coulissantes, 80
un moyen de chauffage efficace et discret, une installation électrique invisible,
un mobilier de bon aloi.

Mais entre ces rêveries trop grandes, auxquelles ils s'abandonnaient avec
une complaisance étrange, et la nullité de leurs actions réelles, nul projet
rationnel, qui aurait concilié les nécessités objectives et leurs possibilités 85
financières, ne venait s'insérer. L'immensité de leurs désirs les paralysait.

QUESTIONS

1. Comment s'appellent les deux personnages du texte?
2. Où vivaient-ils avant d'emménager dans leur appartement?
3. Pourquoi vécurent-ils d'abord «dans une sorte d'ivresse»? (*l.* 4).
4. Quels sont les «défauts de leur demeure»?
5. Quels en sont les avantages?
6. De combien de pièces se compose l'appartement?
7. Pourquoi tout ce paragraphe est-il écrit au conditionnel? (*l.* 45 à 63).
8. «Le provisoire, le statu quo régnaient en maîtres absolus.» (*l.* 75). Que veut dire cette phrase?
9. Quel miracle attendent les deux personnages?
10. Pourquoi ne font-ils rien pour améliorer leur appartement?

SITUATIONS

1. Discussion entre le propriétaire d'un appartement et son locataire.
   (a) Précisez le type de l'appartement: vétuste, neuf, meublé, bon marché, onéreux, etc.
   (b) Définissez le caractère général de la discussion: amical, poli, hostile.
   (c) Essayez de couvrir, dans votre discussion, tous les aspects des relations entre un propriétaire et son locataire.
2. Trois étudiants partagent un appartement. Chaque étudiant vient, à tour de rôle, se plaindre de ses deux camarades, au propriétaire.

3. Discussion sur les mérites respectifs des différents types de logements ouverts aux étudiants. (Résidences universitaires; appartement; club, type «fraternity» ou «sorority»). Montrez le pour et le contre de chaque situation, en basant vos arguments sur la situation telle qu'elle existe dans votre université.

COMPOSITIONS

1. Rédigez six annonces, toutes différentes. Trois sont écrites par un étudiant qui cherche l'appartement idéal. Trois autres sont écrites par un propriétaire qui cherche le locataire parfait.
2. Reconstituez la psychologie du locataire d'un appartement en décrivant minutieusement l'appartement (meubles, livres, tableaux, affiches, etc.).
3. «La configuration du mobilier est une image fidèle des structures familiales et sociales d'une époque».
   Réfléchissez aux implications de cette phrase et rédigez les réflexions qu'elle vous suggère.
   (Pour vous aider pensez à ceci:
   l'intérieur français bourgeois typique, c'est l'ensemble salle à manger/ chambre à coucher. Chaque pièce a une destination stricte qui correspond aux diverses fonctions de la cellule familiale. Pouvez-vous en dire de même de l'intérieur américain typique de la classe moyenne?)

Fenêtre II

L'Espace conditionne nos humeurs*

PAUL SIVADON est directeur de l'Institut psychiatrique Marcel Rivière,
clinique psychiatrique modèle à Paris.
TANNEGUY DE QUÉNÉTAIN, né en 1925, est depuis 1950 un des principaux
collaborateurs de la revue *Réalités* où il se consacre généralement aux enquêtes
sur la vie des idées.

Pour que le territoire familial, le nid, soit sécurisant,[1] il est bon d'abord
qu'il y ait deux issues, ce qui permet de fuir; sinon que la porte d'entrée soit
suffisamment vaste pour que deux personnes puissent y tenir de front: on
peut donc sortir quand l'autre entre. Il faut également qu'il y ait un seuil,
un vestibule, c'est-à-dire une zone intermédiaire entre le monde extérieur et   5
le territoire familial. Dès que le seuil de la salle de séjour est franchi il est
beaucoup plus difficile de mettre à la porte un inconnu sans être grossier
que si on le maintient dans le vestibule. Dans la salle de séjour il devient
l'hôte. Les représentants de commerce le savent bien, qui estiment avoir
partie gagnée quand ils ont réussi à se faire admettre au-delà du vestibule.   10
On peut remarquer que l'appartement prolétaire type, frustrant au maximum,
n'a pas d'escalier de service, une seule porte d'entrée petite, pas de vestibule,
des plafonds bas qui maintiennent le prolétaire dans sa position subalterne.
La dépersonnalisation est encore accentuée lorsque le logement est situé
tout près du lieu de travail; les deux pôles de la vie—la famille et le travail—   15
sont alors confondus au profit d'un seul: l'usine.

Il est malsain, psychologiquement, d'être logé trop près de son lieu de
travail; il faut établir une distinction entre le nid et le terrain de chasse,
créer une relation dynamique entre deux espaces différents. Les dentistes et
les ménagères qui ne sortent pas font des névroses[2] du fait d'un manque de   20
diversification de l'espace. C'est pourquoi le fait d'habiter un pavillon ou
un appartement dans un HLM est secondaire en lui-même. Ce qui est important,
c'est de pouvoir quitter l'univers du pavillon ou du HLM. Le pavillon est

---

* Interview du Professor Sivadon, par Tanneguy de Quénétain. *Réalités*, Mars, 1968.
[1] *sécurisant*   néologisme technique—qui donne un sentiment de sécurité; le contraire est «angoissant».
[2] *font des névroses*   en termes médicaux on dit «faire une maladie» pour «souffrir d'une maladie». La névrose est une angoisse anormale guérissable. (La psychose est bien plus grave.)

charmant pour l'homme qui rentre de son travail. Mais l'est-il toujours
25 pour sa femme? On remarque que les femmes qui habitent les pavillons ne
font jamais leur marché pour la semaine, mais préfèrent aller tous les jours
chez les commerçants car c'est la seule façon, pour elles, d'entrer en contact
avec le monde extérieur et de diversifier leur espace.

De même, l'immeuble dans un grand ensemble[3] est vivable si on peut en
30 sortir, si l'on part en week-end dans sa petite maison de campagne ou si
l'on est à proximité d'un paysage urbain différent. Le rôle des magasins, des
vitrines, est très important pour donner un sentiment de sécurité, notamment
les vitrines des magasins d'alimentation et des magasins de luxe. Il faut
pouvoir rêver en regardant ces vitrines. Car on peut également s'évader
35 d'un espace par le rêve. D'où l'importance, dans un ensemble d'immeubles
modernes, de ce qui peut favoriser le rêve: non seulement les vitrines des
magasins, mais les jeux d'eau, les jeux de lumière. Et il est regrettable que
dans la plupart des appartements modernes l'on ait supprimé le feu de
l'âtre[4] qui, à la fois, rassure, réchauffe et alimente les songeries.[5]
40 Les préférences de chacun pour tel ou tel type d'espace sont fonction non
seulement de ses tendances à l'agoraphobie[6] ou à la claustrophobie,[7] mais
aussi des empreintes de lieux qui l'ont marqué dans son enfance ou à certains
moments capitaux de sa vie. Du fait de la révolte œdipienne contre les
parents, ce sont plutôt les lieux habités par les grands-parents qui servent de
45 référence, plus ou moins consciemment, dans le choix d'un logement et d'un
jardin. En sens inverse, il y a les mauvais souvenirs liés à tel ou tel type
d'espace, qui alimentent les phobies.

Lorsqu'un client demande à un architecte ou à un décorateur de lui
construire ou de lui aménager son territoire familial, l'architecte doit: (1)
50 être conscient, si possible, de ses propres tendances à l'agoraphobie ou à la
claustrophobie pour ne pas imposer ses goûts abusivement au client; (2)
déceler les tendances du client et deviner qu'en préférant telle forme, tel
assortiment de couleurs, le client cherche à recréer un environnement qui
lui est cher ou à en rejeter un qui lui est odieux; (3) satisfaire le client mais
55 pas totalement, sinon le client d'abord enchanté risque ensuite de s'ennuyer
dans un univers sécurisant à l'excès. Au sein[8] même de l'appartement il
faut recréer l'opposition entre le coin-refuge qui satisfait notre besoin de
sécurité et l'espace aventureux que réclame notre exigence de liberté.

QUESTIONS

1. Trouvez dans le texte dix (10) équivalents du mot *maison*, et expliquez-les.
2. Quelle utilité psychologique l'auteur trouve-t-il (a) au vestibule? (b) à

---

[3] *un grand ensemble* un groupe d'immeubles complexe.
[4] *l'âtre* on y allumait le feu familial, soit dans la cuisine, soit dans le salon.
[5] *les songeries* les rêveries que l'on fait éveillé. Songer: rêver.
[6] *l'agoraphobie* vertige que donne un espace ouvert, une place, une rue.
[7] *la claustrophobie* angoisse que donne un lieu clos.
[8] *au sein de l'appartement* à l'intérieur. Ce cliché convient au thème sécurisant, pourquoi?

l'escalier de service? (c) à la porte d'entrée très large? (d) au plafond haut?

3. Expliquez pourquoi le prolétaire peut être dépersonnalisé par son logement. (*l.* 11 à 16).
4. Pourquoi en France les dentistes font-ils souvent des névroses?
5. Donnez une explication de la vogue continue des petits commerces d'alimentation en France.
6. Par quels moyens peut-on rendre vivable un grand ensemble?
7. Expliquez: un paysage urbain différent (*l.* 31).
8. Dites comment la plupart des gens choisissent un logement et quelles raisons inconscientes peuvent guider leur choix.
9. Quels sont les deux pôles psychologiques de la vie et les deux espaces différents qui les représentent?
10. Quelle leçon avez-vous tirée de ce texte en ce qui vous concerne personnellement?

SITUATIONS

1. Deux étudiants jouent le rôle de l'architecte et du client. (*l.* 48 à 58). Pour varier, jouez la scène entre un architecte agoraphobe et un client claustrophobe, ou vice-versa.
2. Le comité de votre université qui se charge de faire construire une cité d'étudiants a été très impressionné par la lecture du texte du Professeur Sivadon. Jouez une réunion de travail de ce comité avec les architectes.
3. Pour ou contre le concept du petit Collège universitaire «résidentiel» (à la fois lieu de travail et logement).
4. «Vivable si on peut en sortir». Essayez d'appliquer cette formule aux ghettos des grandes villes, et discutez les circonstances qui favorisent les insurrections.

COMPOSITIONS

1. Faites l'analyse de votre logement d'étudiant en prenant comme modèle les lignes 11 à 19.
2. Décrivez votre «territoire de famille» selon les critères du psychiâtre: (a) sécurité (b) distance du lieu de travail (c) diversification de l'espace (d) ce qui favorise le rêve.
3. Logement et névroses. Choisissez soit un étudiant, soit un prolétaire du ghetto, soit une brave bourgeoise qui s'ennuie chez elle, et étudiez sa psychologie en fonction de son logement.
4. Psychanalyse de votre chambre: ce qu'elle révèle de vos tendances. (Utilisez le maximum de verbes du texte. Commencez par en faire la liste avant d'écrire votre composition.)

5

Charpente

L'Expression du temps

Les temps du verbe

A. Pour exprimer ⸢ le présent ⸣ **on peut employer**

le présent   Qu'est-ce qu'on *joue* au Rex? (actualité)
Les Français *aiment* les films italiens. (généralité)
Le samedi, je *vais* au cinéma. (habitude)
Je *suis en train de* regarder la télé. (progrès de l'action)

À valeur d'atténuation et de politesse:

l'imparfait   Je *venais* vous demander une faveur. (= je viens . . .)

le futur   Je vous *avouerai* que je ne suis pas de votre avis. (= je vous avoue . . .)

le conditionnel   Je *voudrais* vous confier un secret: je suis paresseux. (= je veux . . .)

B. Pour exprimer ⸢ le futur ⸣ **on peut employer**

le présent   Ce soir, je *passe* vous prendre à sept heures.
Je *reviens* dans un instant.
Je *suis* de retour dans une heure.

aller + *infinitif*   Je *vais* me promener.
Je *vais* aller au cinéma.

le futur   Je *serai* de retour dans une heure.

le futur antérieur   Partez, dans cinq minutes je vous *aurai rejoint*.
Dans deux mois, j'*aurai économisé* assez d'argent pour aller au théâtre! (le résultat est considéré comme acquis)
Quand j'*aurai fini* mon devoir, je sortirai.
Je vous rendrai ce livre quand je l'*aurai lu*.

le passé composé   Soyez patient, j'*ai fini* dans deux minutes. (= j'aurai fini)

le conditionnel	Je savais qu'il ne *partirait* pas sans me téléphoner.
(futur passé)	(= il ne partira pas, je le sais)

Emploi du futur (Rappel)

1. Employez le futur après **quand, dès que, aussitôt que** :

   PRÉSENT : Je vais au cinéma quand j'ai de l'argent.

   FUTUR : J'irai au cinéma quand j'aurai de l'argent.

2. Prononciation du futur

Consonne + [re]	[rl], [br], [dr], [ǝre]
Vous passez →Vous pass*e*rez (3 syll.)	Vous parlez →Vous párlerez (4 syll.)
Vous repassez →Vous repass*e*rez (4 syll.)	Vous célébrez →Vous célébrerez (5 syll.)

3. Usage : bien différencier le futur immédiat et le futur.

   Je vais essayer de vous expliquer le film. (tout de suite)

   J'essayerai de vous l'expliquer. (un de ces jours)

C. Pour exprimer | le passé | **on peut employer**

le passé simple :
(Le temps de la narration et de l'histoire : effet de distance et d'objectivité)

À neuf ou dix heures ce soir-là, il *alla* au cinéma ; il *entra*, il *paya* sa place, il *suivit* l'ouvreuse, à qui il *laissa* un généreux pourboire, et il *s'assit* au dernier rang d'orchestre.

le passé composé :
(Je raconte le résultat présent d'une action passée)

Tiens, *il est sorti*, pensa-t-elle. Elle partit au cinéma.

(Je raconte quelque action dans une lettre ou dans une conversation)

À neuf heures hier, je *suis allé* au cinéma, et j'*ai vu* un film formidable. Je ne *me suis* pas *ennuyé*.

l'imparfait :
(C'est le temps des verbes qui accompagnent, conditionnent, ou commentent l'action principale : aller au cinéma)

(Hier soir, il *pleuvait*, j'*étais* seul, je *m'ennuyais*, et comme j'*avais* encore quinze francs, je *pouvais* sortir.) Je suis donc allé au cinéma. (C'*était* une riche idée, car on *jouait* un film formidable.)

(C'est aussi le temps qui marque une répétition de l'action principale, ou dénote une habitude)	Chaque fois que je *m'ennuyais*, ou qu'il *pleuvait*, j'*allais* au cinéma. (J'en ai même pris l'habitude; j'y *allais* tous les soirs. Je *m'asseyais* à la même place, au dernier rang d'orchestre.)

Emploi : contraste passé composé-imparfait

1. Il pleuvait. J'ai pensé que tu ne viendrais pas. Je suis donc allé au cinéma. C'était une bonne idée, n'est-ce pas?
   (*Actions principales*: penser, aller. *Accompagnement et commentaire*: pleuvoir, être une bonne idée.)

2. Hier il a plu toute la soirée, comme ce soir. J'étais seul, je pensais que tu ne viendrais pas. Je suis donc allé au cinéma. Cela a été une bonne idée, puisque j'y ai rencontré des amis.
   (*La narration*: il a plu, je suis allé . . . j'ai rencontré. Tous ces verbes sont sur le même plan, comme l'idée d'aller au cinéma, envisagée du point de vue de l'action qui en a résulté: la rencontre. *Le commentaire psychologique*—j'étais seul, je pensais—est à l'imparfait. Fondamentalement le passé composé est *narratif*, et l'imparfait est *descriptif*.)

le plus-que-parfait	
(On a deux actions-cadres mais un fait —la pluie— a précédé l'autre)	Il *avait plu* vers sept heures, et les cinémas étaient pleins de monde. J'ai quand même pu trouver un fauteuil.
(Deux actions répétées, mais l'une —la fin de la pluie— précédait l'autre)	Quand la pluie *avait fini* de tomber, les gens sortaient des cinémas.
le passé antérieur	
(Un fait s'est passé avant un autre)	Quand la pluie *eut fini* de tomber, les gens sortirent. (passé antérieur-passé simple)
(On peut dire aussi:)	Quand la pluie *a eu fini* de tomber, les gens sont sortis. (passé surcomposé-passé composé)
(On entend également ceci, qui est incorrect:)	Quand la pluie eut fini de tomber, les gens sont sortis. (passé antérieur-passé composé)
le présent	
(Récit plus vivant)	Hier, je *sors* pour aller au cinéma, quand il *se met* à pleuvoir. En deux minutes je *suis* trempé. Voilà sans doute la cause de mon rhume.

venir de + *infinitif*	Je *viens de* voir, ce soir-même, un nouveau film, sensationnel. Il *vient de* sortir, ce mois-ci.
le futur antérieur (Supposition dans le passé)	Il n'est pas venu: il *sera allé* au cinéma. (= il est sans doute allé au cinéma)

Matériau

Répondre du tac au tac

Les Distractions

Le temps

se distraire	*être* oisif
s'amuser	occupé
s'ennuyer	actif, inactif
	apathique
	dynamique

passer
perdre du TEMPS *m.*   à + *inf.*

avoir le   de + *inf.*
trouver le   TEMPS   long

Les sorties

sortir	COPAIN, COPINE	amusant	*traiter*	GAUCHERIE *f.*
inviter		amical	*agir*	avec GENTILLESSE *f.*
régaler		gentil		DÉLICATESSE *f.*
		sérieux		GROSSIÈRETÉ *f.*
		délicat		
accompagner	PARTENAIRE *m./f.*		*taquiner*	

raccompagner

se moquer   *rire de*
consoler   *pleurer*
se confier

BAL *m.*
SURPRISE-PARTIE *f.*
SOIRÉE *f.*

danser enlacés
       à distance
boire

se confier
animer FÊTE *f.*
être BOUTE-EN-TRAIN *m.*
faire tapisserie

La conversation

parler volontiers
bavarder
causer
échanger

TON *m.* familier
       autoritaire
       insinuateur
PROPOS *m.* anodins
       aigres
       violents
       déplacés
       grossiers

être bavard
       loquace
MOULIN *m.* à PAROLES
insinuer LANGUE de VIPÈRE *f.*

se disputer
s'injurier
prendre à partie

jurer gros MOTS *m.*
dire
lâcher

se taire
bouder
garder SILENCE *m.*
écouter
avoir OUÏE *f.* fine

MUTISME *m.*

religieux
discret

rester muet
       taciturne
       sourd, SURDITÉ *f.*

«Il n'est pire sourd que celui qui ne veut pas entendre.»
«Ça entre par une oreille et ça sort par l'autre.»

plaisanter BLAGUE *f.*
«*blaguer*»

faire bon MOT *m.*
       PLAISANTERIE *f.*
       RÉPARTIE *f.*

être hâbleur
       disert
       plein d'esprit
       spirituel

répondre du tac au tac

poser ÉNIGME *f.*
jouer aux CHARADES *f.*
donner sa langue au chat
deviner

Les cartes

faire PARTIE *f.* de

jouer aux CARTES
battre
donner

BELOTE *f.*
POKER *m.*
BRIDGE *m.*
AS *m.*
ROI *m.*
REINE *f.*

annoncer COULEURS *f.* CARREAU
                    CŒUR
                    TRÈFLE
                    PIQUE

retourner	VALET *m.*
ramasser	FOU *m.*

ouer aux DAMES *f.*
      ÉCHECS *m.*

observer RÈGLE *f.* du JEU *m.*
violer

être bon   JOUEUR *m. gagner*
    mauvais   *perdre*
         TRICHEUR *m.*

La télévision

O.R.T.F. OFFICE *m.* de la radio-télévision française   les deux CHAÎNES *f.*
allumer TÉLÉ *f.*   petit ÉCRAN *m.*
éteindre
être rivé à
SPEAKER *m. présenter*   INFORMATIONS *f.*   *bourrer* le crâne
                      ÉMISSION *f.* sportive   *casser* TÊTE *f.*
                      REPORTAGE *m.* télévisé   PIEDS *m.*
                      SPECTACLE *m.* de variétés
avoir l'embarras du CHOIX

La conversation

LEXICOTEST

A. Faire une phrase complète avec les mots ou expressions suivants:

1. taquiner	5. oisif	8. faire tapisserie
2. langue au chat	6. tricheur	9. boute-en-train
3. propos	7. émission	10. langue de vipère
4. bouder		

B. Complétez les phrases suivantes avec l'expression «passe son temps à . . .»
1. Un boute-en-train . . .
2. Un moulin à paroles . . .
3. Une langue de vipère . . .
4. Un tricheur . . .
5. Un grossier personnage . . .
6. Un speaker . . .
7. Un valet . . .
8. Un casse-pieds . . .
9. Un plaisantin . . .
10. Un bon copain . . .

C. Langage figuré. Remplacez les expressions en italiques par des expressions figurées choisies dans la liste à droite. Ensuite, trouver l'illustration dessinée par Grégoire et la commenter.
1. Ce monsieur *engage une conversation* avec cette dame.
2. Elle semble *aimer beaucoup* toutes ses paroles.
3. Il a une conversation *bien documentée et sérieuse*.
4. Il est *très bavard*.
5. Mais ses paroles sont *claires et expliquent tout*.
6. Elle lui répond *avec vivacité et à propos*.

a. du tac au tac
b. lumineuse
c. un moulin à paroles
d. boire les paroles
e. lier conversation
f. solide

D. Niveaux de langue. Remplacez les expressions *en italiques* par l'expression plus familière indiquée dans la liste à droite.
1. Ce qu'*on s'est ennuyé* chez sa copine!
2. Elle a essayé de nous *influencer* avec ses idées politiques.
3. Ah! cette Joséphine, *quelle bavarde*!
4. Et puis grossière, elle disait «*zut!*» tout le temps.
5. Il n'y a pas moyen de *plaisanter* avec elle.
6. Si vous allez chez elle, vous allez vous *ennuyer.*

a. casser les pieds
b. bourrer le crâne
c. se barber
d. moulin à paroles
e. merde
f. blaguer

EXERCICES (Oral)

A. *Questions.* Répondez avec l'expression de temps *en italiques*, en employant le temps du verbe convenable.
1. *L'année dernière.* Quand avez-vous parlé à cette vedette?
2. *Le samedi.* Quel jour alliez-vous au cinéma?

R. J'ai parlé à cette vedette l'année dernière.

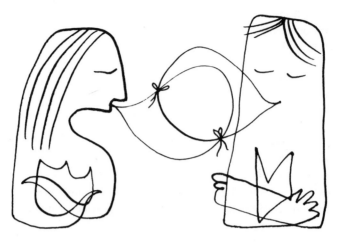

Lier conversation

3. *Souvent.* Combien de fois avez-vous vu tourner un film?
4. *À chaque occasion.* Les spectateurs ont-ils applaudi souvent?
5. *Ce matin.* Quand as-tu regardé la télévision?
6. *À minuit.* A quelle heure la représentation s'est-elle terminée?
7. *La semaine dernière.* Quand a-t-on commencé les prises de vue?
8. *En semaine.* À quel moment est-ce que cette émission était au programme!
9. *De temps en temps.* Elle regardait tout le temps la télé?
10. *En 1958.* Quand avez-vous vu ce film policier?
11. *En 1949.* Quand cette vedette était-elle très applaudie?
12. *Tous les jeudis.* Vous alliez voir des westerns alors?

B. *Transformation.* Modifiez chaque phrase en y ajoutant l'expression de temps *en italiques.*

1. Je donne un pourboire à l'ouvreuse. *Hier soir . . .*

    R. Hier soir, j'ai donné un pourboire à l'ouvreuse.

2. Je consulte le programme. *Hier après-midi . . .*

3. Les spectateurs applaudissent. *Chaque fois qu'on montrait le dessin animé* . . .
4. On éteint. *Quand le film a commencé* . . .
5. Je m'endors. *Après le documentaire sur la maladie du sommeil* . . .
6. Je m'ennuie bien. *Hier soir* . . .
7. Je vais voir deux films par semaine. *D'habitude, l'an dernier* . . .
8. J'aime les westerns. *En ce temps-là* . . .
9. Je crois que vous viendrez au cinéma. *Avant-hier* . . .
10. On s'amuse comme on peut. *Le dimanche* . . .

C. Racontez votre dernier week-end.

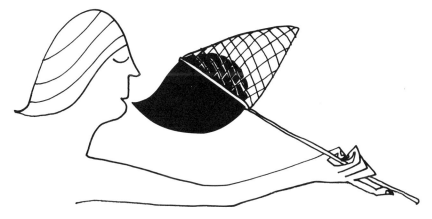

Ne pas laisser perdre un bon mot.

EXERCICES (Écrit)

A. Mettez le paragraphe suivant au passé.

Nous n'entrons pas. Non loin de là deux autres salles nous attirent. Nous hâtons le pas. Il est préférable d'arriver avant que la séance ne soit commencée. L'affiche du Raspail manque d'attrait : un documentaire, un film policier. — Non! Reste le Régina. Notre envie de passer la soirée au dehors est si forte que je sens bien que nous verrons le film du Régina quel qu'il soit. Quelle chance! On projette un ancien film de Charlie Chaplin : *Les Temps modernes*. Isabelle l'a déjà vu une fois, mais elle consent à le revoir. La salle à demi éclairée n'est qu'à demi remplie. Dans cette pénombre les spectateurs parlent à mi-voix. À l'heure précise, le panneau sur lequel sont inscrits les slogans publicitaires s'enroule. La musique des haut-parleurs nous tire de notre engourdissement que la patience, le silence, la fatigue de la journée aussi, transforment déjà en une sorte de léthargie. Le son tonitrue, crève l'écran d'où il semble surgir. Doucement la lumière des lampes meurt. Les premières images s'éclairent.

B. Complétez les phrases suivantes avec un verbe au temps du passé convenable:

1. Avant d'entrer dans la salle de jeu
2. Vous avez triché quand
3. Vous ne m'avez pas dit qui
4. Hier la télévision
5. Quand j'étais petit, je n'
6. Oui, mais vous n'auriez pas compris ce qui
7. On a pensé que l'influence de la télé
8. Au moment où l'astronaute alunissait,
9. Je ne le fais plus maintenant, mais je
10. Ce que je n'ai pas aimé en prison, c'est que

C. Racontez votre dernier week-end sous forme d'une lettre (utilisez les expressions du matériau 5, les distractions).

De la conversation jaillit la lumière

Grève!*

RENÉ GOSCINNY. Humoriste très populaire, père du *Petit Nicolas* et surtout du célèbre *Astérix*. Ce texte est extrait d'un recueil de chroniques de télévision: *Interludes*.

Il est question, ces jours-ci, d'arrêts de travail à l'O.R.T.F., et cela m'a remis en mémoire la première grève que j'ai subie en tant que téléspectateur.

Dès le palier,[1] avant d'ouvrir la porte de mon appartement, ce soir-là, j'avais été surpris par un grand silence. Je reviens chez moi, en général, vers: «Bonne Nuit les Petits»[2] et, dans l'ascenseur, je perçois déjà la musiquette 5 caractéristique. Mais là, rien. Inquiet, j'entrai chez moi, et je restai sidéré par l'étrange spectacle qui m'attendait: les lumières étaient allumées dans la salle à manger; c'était pourtant l'heure du dîner.

«Qui est malade? demandai-je, angoissé.

—Ben, m'expliqua-t-on, c'est la grève. Tu ne lis pas les journaux?» 10

C'est vrai, à force d'y collaborer, je les lis de moins en moins, les journaux. Je ne lis que ce que j'y écris, pour y corriger, trop tard, le passé simple de mes verbes, que je n'ai jamais su utiliser correctement. . . .

«Et alors, demandai-je, qu'allons-nous faire?

—Nous allons manger», me fut-il répondu.[3] 15

Je n'avais pas faim. Une boule d'angoisse obstruait ma gorge, et la lumière crue[4] qui baignait les aliments me les rendait étranges, hostiles et peu appétissants.

---

* René Goscinny, *Interludes*. Paris, Denoël, 1966.
[1] *le palier* la partie de l'étage qui se trouve devant la porte.
[2] *Bonne Nuit les Petits* une émission pour les enfants qui passe vers sept ou huit heures, avant les informations.
[3] *me fut-il répondu* m'a-t-on répondu. L'inversion est obligatoire dans une parenthèse avec les verbes *dire* (me dit-il), *répondre* (me répondit-il), etc.
[4] *crue* violente et désagréable.

Nous commençâmes le dîner dans un silence inhabituel, ...
20 De temps en temps nous tournions la tête vers le petit écran, sombre et muet, témoin mort de nos tristes agapes.

Les voix chères de commentatrices, commentateurs, petits enfants passionnés de chicorée[5] et correspondantes du Télex-Consommateurs[6] s'étant tues, nous essayâmes de les supplanter en engageant une conversation.
25 Mais de quoi parler? N'étant pas téléspectateurs passifs, c'est le petit écran, encore, qui nous fournissait les sujets de discussion:

«Oh! C'est encore celle-là! Je peux pas la voir!»[7]

«Si je l'attrapais, ce petit monstre, c'est à pleines poignées que je la lui ferais bouffer[8], sa chicorée!»
30 «Du fenouil à ce prix? J'aimerais bien savoir où!»

«Et allez donc! Voilà encore ce minable[9] qui vient nous bourrer le crâne!»

Nous engageâmes, tout de même, une conversation quelconque. Quelle erreur! Nous étions tous nerveux, comme des intoxiqués privés de drogue. Les propos, marmonnés d'abord d'une voix indifférente, se firent bientôt
35 acides, puis aigres, pour devenir, enfin, violents. Piques, pointes et reproches nous conduisirent rapidement à un mutisme boudeur.

Après les pruneaux, auxquels je trouvai une drôle de couleur, nous allâmes nous asseoir dans cette portion de salle à manger que le gérant de notre immeuble insiste à qualifier de «living»,[10] et où, pour ne pas le contredire,
40 nous avons placé quelques fauteuils autour d'une table basse en verre où tout le monde se cogne les genoux.

Et justement, ils étaient là, les fauteuils, à leur place, autour de la table basse, alors que, tous les soirs, ils sont disposés en rang, face au récepteur.

Nous nous trouvâmes mal assis, mal dans notre peau, gênés d'être face à
45 face, bêtement.

«Je vais chercher les cartes, dis-je. On pourrait jouer à n'importe quoi ... à la manille, par exemple.»

Mais le seul jeu que nous possédons a un défaut: il manque un coin au valet de cœur. Or, il n'existe aucun jeu, à ma connaissance, qui puisse se
50 passer de valet de cœur. Bien sûr, il y a le joker, qui peut remplacer une carte défaillante, mais, comme il est moins utilisé que les autres cartes, il est beaucoup plus neuf, et même vu de dos, on sait qu'avec sa face grimaçante, il essaie de jouer les valets de cœur, cet imbécile. Nous ne pûmes donc pas jouer aux cartes.

---

[5] *la chicorée* produit de remplacement du café. On peut voir à la télé française des publicités pour la chicorée, le café, le sucre, les assurances, etc., mais pas pour une marque donnée.

[6] *Télex-Consommateurs* Émission qui indique le prix courant des produits (par exemple le fenouil) que les consommateurs trouveront au marché.

[7] *je (ne) peux pas la voir* je la déteste (familier).

[8] *bouffer* manger (vulgaire).

[9] *Ce minable* ce speaker d'aspect misérable (familier).

[10] *le living* mot franglais qui signifie la salle de séjour.

J'essayai de faire des mots croisés, mais j'abandonnai bien vite devant un 55
petit champignon de douze lettres, et j'eus beau[11] regarder, je ne trouvai
que quatre erreurs parmi les sept que le dessinateur avait faites volontairement
en recopiant son dessin original.

Il pleuvait si fort que c'eût été de la folie de sortir; je décidai alors de
téléphoner à tous mes amis pour leur demander de venir chez moi. Mais, 60
répondant, sans doute, à un appel plus pressant que le mien, ils étaient
déjà sortis tous les deux.

Alors, tant pis, je pris un livre, et je commençai à lire.

QUESTIONS

1. Qu'est-ce qu'une grève? (*l.* 1 à 2)
2. Expliquez la surprise de l'auteur, ce soir-là, à son retour du travail. (*l.* 4–10).
3. Qu'est-ce qui l'intéresse quand il lit les journaux? Pourquoi? (*l.* 12 à 13).
4. Relevez tous les passés simples du texte et remplacez-les par des passés composés (oralement). L'effet est-il différent au passé composé?
5. Expliquez l'humour de la ligne 20.
6. Qu'est-ce que la télévision apporte à cette famille? (*l.* 25 à 32).
7. Quelle idée avez-vous des repas en France? Et de celui-ci? (*l.* 33 à 36).
8. Si les meubles d'un appartement révèlent les habitudes et les loisirs des locataires, quelles observations feriez-vous en entrant (a) chez l'auteur (38 à 43) (b) chez un(e) camarade de cité.
9. Aimez-vous jouer aux cartes? Expliquez la difficulté technique rencontrée par la famille ce soir-là. Quelle solution proposez-vous? (48 à 54).
10. Quelles distractions trouvez-vous dans les journaux?
11. Expliquez l'humour des lignes 59 à 63.

SITUATIONS

1. La télévision reste-t-elle une drogue pour les Américains comme pour les Français décrits dans ce texte humoristique?
2. Un partisan de la télé française (contrôle et financement de l'état, informations dirigées, deux chaînes, pas d'interruption des émissions par la publicité, nombreuses émissions culturelles) la défend contre un partisan de la télé américaine (financement commercial, chaînes multiples, etc.).

---

[11] *j'eus beau regarder*   j'ai regardé en vain.

COMPOSITIONS

1. Avec les adjectifs suivants, pris dans le texte, faites dix phrases décrivant les attitudes d'un téléspectateur devant certaines émissions: sidéré, angoissé, intoxiqué, passionné, muet, gêné, grimaçant, défaillant, indifférent, boudeur.
2. Racontez au passé votre émission télévisée préférée (avec beaucoup de conjonctions de temps).

Fenêtre II

Le Bal*

EDGAR MORIN. Né en 1921. Depuis 1951, poursuit au Centre National de la Recherche Scientifique des études de sciences humaines. Qu'il s'agisse de la politique (*Autocritique*), de la culture (*L'Esprit du temps*) ou du cinéma (*Le Cinéma, ou l'homme imaginaire*), Edgar Morin a toujours refusé de se laisser enfermer dans les limites d'une discipline et il a cherché à unir les démarches de l'historien, de l'ethnographe et du sociologue pour saisir une société en pleine mutation.

En 1965, le twist est évidemment très connu, le surf a son élite d'experts, le let-kiss, danse collective à figures, rassemble une forte minorité chorégraphique, mais le jerk qui couve encore dans ses foyers parisiens et tropéziens,[1] demeure ignoré. Les filles sont en pantalons ou toilettes, légèrement fardées. Les garçons sont en tenue soit coquette (complet mode, 5 chemise claire rayée, cravate mince), soit décontractée.[2] Les plus jeunes ruraux[3] portent un complet fatigué, et les populaires[3] de 14 ou 16 ans gardent le blouson de simili-cuir. Près du bar sont agglutinés des gars sans fille, en majorité ruraux; ils boivent, jusqu'à ce que, légèrement enivrés, quelques-uns s'enhardissent sur la piste. Sur les banquettes, des filles font 10 tapisserie. Des filles dansent entre elles. Il y a des dragueurs,[4] des flirteurs,[4] surtout chez les 18 à 19 ans et les plus délurés sont les plus urbanisés. Des couples s'embrassent en dansant. On voit des mains sur des croupes. Progressivement, le vacarme, la danse, la boisson chauffent le bal. La liesse se déploie après minuit avec l'ivresse qui n'est pas seulement alcoolique, 15 mais aussi pleinement ludique. Les lancers de serpentins et de confettis

---

* Edgar Morin, *Commune en France: La Métamorphose de Plodémet*. Paris, Arthème Fayard, 1967.
[1] La mode en France est bien sûr dominée par Paris. St. Tropez, célèbre petit port méditerranéen, est depuis une quinzaine d'années le rendez-vous d'été de la «société» parisienne à la mode.
[2] *décontractée* se dit d'habitude du corps, et par extension de l'attitude. Ici c'est la traduction exacte de «casual».
[3] *les ruraux* mot de sociologue pour «paysan»; *les populaires* jeunes de milieu populaire, c'est à dire qui ont un métier manuel.
[4] *dragueur* garçon qui se promène dans le but de ramasser une fille qu'il ne connaît pas et de passer la soirée ou la nuit avec elle; *flirteur* néologisme qui désigne un garçon pour qui les rapports avec les filles sont une sorte de jeu sentimental.

s'intensifient, les jeux se mêlent à la danse (danse du tapis,[5] danse où la
fille invite le garçon). Une farandole s'enchaîne et se déchaîne. Les bals se
terminent par nécessité à 2 heures du matin, l'euphorie se disperse, et il ne
20   reste que quelques éclats de verre, parfois un peu d'urine rustique . . .

Le bal n'est pas seulement le haut-lieu de l'ivresse collective, c'est le
terrain privilégié où l'approche amoureuse se forme et s'aguerrit, c'est aussi
une grande foire aux épousailles depuis que les règles de la parenté et les
impératifs familiaux ont cessé de régir les mariages. Toutefois, sitôt épanouie,
25   la fonction matrimoniale se réduit, non seulement pour les jeunes urbanisés
qui ont d'autres rencontres, d'autres liaisons, mais aussi pour les derniers
jeunes ruraux, qui ont tant besoin de trouver femme, mais que dédaignent
les filles, même et surtout celles de la campagne, qui n'aiment plus qu'on
leur danse sur les pieds, et qui regardent par-dessus leur épaule le jeune
30   marin, le futur instituteur. Moule traditionnel où se coulent les contenus
nouveaux, macédoine culturelle où la culture rustique-plébéienne se dissout
en se mêlant à la culture urbaine, le bal est une institution-clé de l'adolescence,
à la fois étape dans le temps de la formation personnelle et extase dans
l'instant de la communion collective.

35   Les ingrédients du bal—musique, danse, boisson, relations entre garçons
et filles, chaleur collective—sont les mêmes qui vont nourrir les divertisse-
ments de l'été. Les plus aisés, les plus évolués, les plus âgés (18 à 19 ans)
vont se lancer dans le sillage d'aînés de plus de 20 ans (exerçant tous une
profession extérieure à la commune) vers une petite dolce vita, errance de
40   plaisirs en désirs avec une prédominance des plaisirs dansants, alcoolisés
et amoureux. Bien que ses débuts soient récents et restreints, cette petite
dolce vita est un pôle d'attractions et d'aspirations, vers quoi vont les
tentatives week-endières[6] des 18 à 19 ans des couches moyennes ou populaires.
Elle substitue à l'idéal des vacances-détente l'idéal des vacances-ivresse.
45   La dolce vita ne s'intègre plus dans le bal, mais l'intègre dans une errance de
bal en bal jusqu'aux bals lointains qui ferment aux heures avancées de la
nuit, et après fermeture, pousse jusqu'à une boîte de Douarnenez[7] ou Audierne
où se lèvera le petit matin.

Avec l'argent et l'âge, la boîte[8] tend à détrôner le bal. Les boîtes des ports
50   ont tantôt le style cave,[8] tantôt le style pseudo-marin ou pseudo-bistrot,
toutes avec tabourets et tables grossièrement taillés, pseudo-archaïques. Les
tenues sont beaucoup plus décontractées, beatnikisantes[9] que dans les bals,

---

[5] *danse du tapis* Danse en rond. Une personne, debout, au centre, tient un tapis (mouchoir)
et va choisir un (une) partenaire dans la ronde, l'attire au centre. Les deux s'agenouillent,
s'embrassent (on éteint parfois les lumières), et celui qui a été choisi reste au centre avec le
tapis, et on recommence ainsi de suite; le dernier reste sur le tapis.
[6] *week-endières* néologisme qui n'a que le mérite de montrer à quel point le mot week-end
est passé dans l'usage courant.
[7] *Douarnenez, Audierne* ports de pêche situés dans le voisinage du village de Plodémet.
[8] *boîte* = boîte de nuit; *style cave* allusion aux *caves* de St. Germain des Prés où au lendemain
de la guerre, vers 1945, a commencé la mode des boîtes de nuit modestes pour jeunes.
[9] *beatnikisantes* néologisme délirant, amusant, mais à n'utiliser ou imiter que très prudemment!

les filles sont en pantalon, les garçons en chandail (l'été fut frais) et sans cravate. On danse sur disques. Il y a, comme dans les bals, prépondérance des danses amoureuses. 55

Les surboums[10] privées, d'introduction récente, encore mal vues des parents, sont à la limite de la clandestinité et réunissent une société qui s'est choisie: comme dans les boîtes, s'y retrouvent des adolescents de la «caste supérieure»: des estivants, des jeunes de plus de 20 ans. La surboum se tient dans un lieu discret (maison libérée par l'absence de parents, grange 60 aménagée). On y met des décorations «originales», on y sert des choses «amusantes»: fondue,[11] barbecue, buffet-cocktail, whisky, avec, en 1965, la sangria introduite par le *leader* aristo. On danse sur du jazz de style (Sydney Bechet, Miles Davis, Ray Charles) et des airs à succès. Le slow domine, danse aux bougies ou sans lumières. On flirte en dansant. Il y a parfois des 65 jeux quelque peu lubriques (gage pour le couple le moins intime, jeu du «photographe», jeu du «gros nœud»).[12] Parfois un couple disparaît, revient plus tard. La surboum, qui peut s'achever au petit matin, est une invitation à l'amour alors que le bal est une invitation au flirt.

Avertissement

Ce texte est extrait d'une longue enquête sociologique effectuée sur les 70 métamorphoses d'un petit village breton, Plodémet. Il est écrit dans un style qui vous déroutera car il mélange le jargon sociologique aux effets littéraires, et le vocabulaire savant au langage familier. Ce n'est pas un modèle à imiter. Nous l'avons pourtant retenu car il a un très riche contenu culturel. Toutes les observations qui y sont consignées reposent sur une longue étude très ré- 75 barbative (interviews, enregistrements au magnétophone, histoire et économie de la région, attitudes politiques, etc.), et doivent donc être traitées non comme les opinions individuelles d'un auteur, mais comme les conclusions solides d'une enquête très scientifiquement menée.

QUESTIONS

1. Quelles sont les danses énumérées au début de ce texte? Les connaissez-vous? Pouvez-vous les décrire rapidement?
2. Quelle est, pour les garçons, la tenue coquette?

---

[10] *surboum* mot qui a remplacé «surprise party». L'atmosphère en est ici assez bien décrite, et permet de comprendre qu'il ait fallu inventer un mot nouveau pour un divertissement nouveau. La surboum est née de l'émancipation des jeunes.

[11] *fondue* plat montagnard (suisse et savoyard). Fromage fondu que l'on mange en y trempant du pain. Le *barbecue*, le *buffet cocktail* et le *whisky* témoignent de l'influence américaine propagée autant par les revues françaises (comme ELLE par exemple) que par les films américains.

La *sangria* est une boisson espagnole faite de vin rouge sucré et rafraîchi où baignent des fruits variés. Elle est introduite par le «leader aristo» parce que, comme tout français un peu «au courant» il est allé passer des vacances en Espagne.

[12] Inutile de décrire ces jeux: le mot lubrique suffit.

3. Quelle différence d'attitude y a-t-il au bal entre les ruraux et les «urbanisés»?
4. Comment se termine le bal? Vers quelle heure?
5. Quelle est la fonction sociale essentielle du bal? [c.f. *l.* 21 à 34.]
6. Quels sont les ingrédients du bal?
7. Qu'est-ce que la «dolce vita» dans ce texte? (D'où vient l'expression?)
8. Qu'est-ce qu'une boîte? Dans quels cas la boîte tend-elle à détrôner le bal?
9. Qu'est-ce qu'une surboum?
10. Quelles différences y a-t-il entre le bal et la surboum?

SITUATIONS

1. Discussion du texte: «Quelle image ce texte donne-t-il des distractions à la campagne pour les jeunes?»
2. Exploitation:
   «Comparez les distractions à la campagne en Bretagne, et dans votre région».
   (a) Relevez toutes les références à l'Amérique (vocabulaire, danses, musique).
   (b) Comment expliquez-vous ces «emprunts» culturels?
3. Débat:
   «La jeunesse actuelle est-elle désaxée?»
   Deux positions bien nettes doivent s'affronter:
   (a) Oui. Ce qui caractérise la jeunesse c'est le mouvement hippie, l'usage des drogues, la révolution sexuelle, la libération des tabous sociaux.
   (b) Non. Ce qui est typique de la jeunesse actuelle, c'est la contestation politique, la révolte contre l'autorité, le désir d'assumer des responsabilités réelles dans la société, afin de l'améliorer.

COMPOSITIONS

1. Décrivez un bal typiquement universitaire en imitant le plus possible le texte de Morin.
2. Vous assistez à un bal, ou à une surboum, exactement semblables à la description qu'en donne le texte. Décrivez votre réaction en essayant de bien analyser le «choc culturel» que vous ressentez. [Écrivez soit à la troisième personne, soit en disant «je».]
3. «L'importance des distractions dans la vie quotidienne».
   Vous traitez ce sujet sur l'un des modes suivants:
   (a) sérieux (sous forme d'enquête sociologique)
   (b) comique (humour à la Pfeiffer)
   (c) moraliste (sermon à l'église)
   (d) pédant (l'histoire du sujet dans la civilisation occidentale)
   (e) exotique (un martien visite la terre pour la première fois)

6 *Charpente*

La Mesure du temps

La durée. La date

Pour mesurer le temps on peut insister soit sur la longueur d'une action, soit sur le point du temps où cette action se situe : soit la durée, soit la date.

A. La durée

Pour indiquer la longueur d'une action (la durée) on peut se placer à deux perspectives :
1. Par rapport au moment où l'on parle :

| Depuis |

Idée simple et générale

MODÈLE A : On se place au présent pour parler de l'action qu'on est en train de faire ou qu'on va faire.

Présent : {J'*attends* le car *depuis* une heure.
            {Je *pars pour* deux ans.

MODÈLE B : On se place à un moment du passé pour parler de l'action qu'on était en train de faire ou qu'on allait faire.

Imparfait : {J'*attendais* le car *depuis* une heure, quand vous
             { m'avez offert une place dans votre auto.
             {Je *partais pour* deux ans.

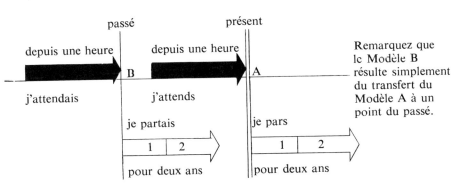

Nuances et précisions

| **Depuis** |

Après *depuis* on peut trouver une durée[1] exprimée

par un chiffre $\begin{cases} \text{minute,} & \text{heure,} & \text{jour} \\ \text{semaine,} & \text{mois,} & \text{an (année)} \end{cases}$

ou par une expression approximative $\begin{cases} \text{longtemps} \\ \text{peu} \\ \text{peu de temps} \\ \text{un moment, etc.} \end{cases}$

ou par une date[2] qui marque le début de l'action qui continue.

EXEMPLES: Je suis sur ce quai *depuis* 35 minutes.
Je suis sur ce quai *depuis* 2h25. (Il est 3 heures.)
Je suis sur ce quai *depuis* qu'on a annoncé le train.

ATTENTION: Ce passé composé indique le point de départ de l'action principale. Remarquez que l'action principale est au présent: **Je suis sur ce quai.** (Modèle A) Au passé cela donne:
   J'**étais** sur ce quai *depuis* qu'on *avait annoncé* le train. (Modèle B)

| **Il y a . . . que** | met la durée en valeur par l'intonation. Comparez:

MODÈLE A: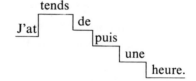

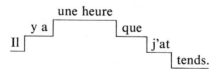

MODÈLE B: $\begin{cases} \text{J'attendais } \textit{depuis} \text{ une heure.} \\ \textit{Il y avait} \text{ une heure } \textit{que} \text{ j'attendais.} \end{cases}$

| **Voilà . . . que** | est un équivalent de *Il y a . . . que.*

---

[1] Depuis + une durée: en anglais *for*.
[2] Depuis + une date: en anglais *since*.

Action négative + **depuis**

EXEMPLES: Il n'est pas passé un seul train *depuis* ce matin.
Je n'ai pas vu un seul train *depuis* le début de la grève.

Pourquoi le verbe principal au passé composé? On ne parle pas d'une action qu'on est en train de faire. On parle d'une action qu'on n'a pas faite. On nie cette action à différents moments du passé: Je n'ai pas vu de train à 8 heures, à 9 heures, à midi, etc.

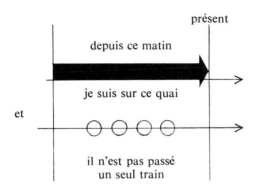

2. Sans rapport avec le moment du discours (la durée ne dépend plus du moment où je parle)

Idée simple et générale

| **pendant** |

MODÈLE C: action accomplie dans le passé.
Passé composé: Hier, j'ai attendu ce sacré car *pendant* une heure.

MODÈLE D: action à accomplir dans l'avenir.
Futur: Demain j'espère que j'attendrai *pendant* moins longtemps.

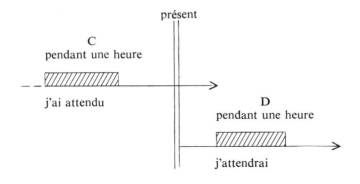

Nuances et précisions

| durant | est l'équivalent de *pendant*, avec peut-être une insistance supplémentaire sur la durée:

MODÈLE C: *Durant* des heures j'ai regardé les trains passer.

Avec certains verbes (vivre, habiter, travailler, jouer) on peut omettre la préposition:

MODÈLE C: J'ai vécu *quatre ans* à Paris.
MODÈLE D: Je vivrai *quatre ans* à Paris.

| en |

| en l'espace de |

MODÈLE C: Le Train Bleu a fait Paris-Marseille *en* 6 heures.
MODÈLE D: *En l'espace* de deux heures vous volerez de Paris à New York.

En diffère de *pendant* par l'accent mis sur la rapidité de l'action.

B. La date

La date sert à situer une action dans le temps.

1. *Date précise*

avant-hier	l'avant-veille	(le 13)
hier	la veille	(le 14)
aujourd'hui (maintenant)	(date précise)	(le 15 avril)
demain	le lendemain	(le 16)
après-demain	le surlendemain	(le 17)

Il viendra **à** trois heures.
Il viendra **le** 10 janvier.
Il est venu lundi **à** quatre heures.
Il est né **en** 1926.
Il est arrivé **en** février.
Il arrivera **au** printemps, **au** mois de mai.
Il partira **en** automne, **en** hiver, **en** été.

(a) action présente

Il est *trois heures.*
C'est *aujourd'hui* le 20 octobre.
C'est aujourd'hui *dimanche.*

(b) action passée

> *Il y a* cent ans, on voyageait sans passeport.
> J'ai enregistré ma malle *il y a* quinze jours.
> La grève a commencé *le* premier avril.
> Le train a déraillé *un* vendredi 13.

(c) action future

> *À partir de* demain, je ne prends plus l'avion.
> *Dorénavant* je prendrai une fusée.
> *Dès* demain je m'occupe des billets.
> *Dans* trois jours, je pars pour Londres.
> J'y serai *jusqu'au* 15 du mois prochain.

2. *Date indéterminée*

Il arrivera *dans les premiers jours* d'août.
On a changé les prix *dans le courant* du trimestre.
Nous voyagerons beaucoup *au cours de* l'hiver. (*à plusieurs occasions*)
On a électrifié le réseau *dans les années cinquante*. (1950-1959)

3. *Répétition périodique*

Le dimanche, il y a des billets de week-end.
Toutes les cinq minutes ça s'arrêtait.
En été je reste sur la plate-forme de l'autobus.
Chaque année, en mai, c'est la grève des cheminots.
Un train *sur deux* est en retard. (un train à l'heure, puis un train en retard, etc.)

C. Valeur générale

On exprime aussi le temps dans une phrase au moyen d'adverbes et de locutions adverbiales. Attention à la place des adverbes au passé:

EXEMPLES: Il est *souvent* en retard.

Il a *souvent* été en retard.

jamais	N'oubliez *jamais* de garder votre billet: vous ne pourriez pas sortir de la gare.
toujours	Gardez *toujours* votre billet jusqu'à la sortie.
pour toujours	Parce que j'ai échoué au permis de conduire, je suis *pour toujours* condamné à prendre le métro ou un taxi.
à jamais	Vous voilà *à jamais* piéton.

de longtemps   On ne me reverra pas *de longtemps* dans ce pays sans transports publics.

de loin en loin   *De loin en loin* on voit passer une caravane de
de temps en temps   chameaux. (= rarement)

actuellement   *Actuellement* les étudiants jouissent d'une réduction sur le prix des transports publics. (= à l'heure actuelle, maintenant)

d'un moment à l'autre   Mais ce privilège peut leur être enlevé *d'un moment à l'autre.* (= de façon imminente)

RÉCAPITULATION

Questions	*Réponses*
Depuis quand . . .? Depuis combien de temps . . .?	J'attends *depuis* ce matin. J'attends *depuis* vingt minutes.
Pendant combien de temps . . .?	J'ai attendu *pendant* vingt minutes.
En combien de temps . . .?	On a fait le trajet *en* une heure.
Dans combien de temps . . .?	L'autobus sera là *dans* dix minutes.
Quand . . .?	Il est passé ce matin.
Il y a combien de temps . . .?	Il est passé *il y a* un quart d'heure.

Matériau

Transports et communications

Postes et Télécommunications: P. et T.

peser LETTRE *f.*
timbrer
poster
oblitérer TIMBRE *m.*
envoyer PNEUMATIQUE *m.*
    TÉLÉGRAMME *m.*
    MANDAT *m.*

PAQUET *m.* enveloppé
    cacheté
    ficelé

en recommandé
en port dû

annoncer→NOU-
    VELLE *f.*

faire APPEL *m.* téléphonique
recevoir COUP *m.* de téléphone
acheter JETON *m.*

(local, régional, interurbain)
en P.C.V. (payable à l'arrivée)

Société Nationale des Chemins de Fer: S.N.C.F.

acheter BILLET *m.*

de première, de seconde

aller-simple
aller-retour
avec couchette

louer PLACE *f.* au
    GUICHÈT *m.*

enregistrer gros BAGAGES *m.*
assurer

TICKET *m.*
QUAI *m.*

DÉPART en retard
ARRIVÉE selon HO-
    RAIRE *m.*

livrer à domicile

attendre TRAIN *m.*
annoncer
prendre
attraper
manquer

RAPIDE *m.*
EXPRESS *m.*

CORRESPONDANCE *f.*

consulter INDICA-
    TEUR *m.*

monter WAGON *m.*
s'asseoir COMPARTIMENT *m.*
jeter VOYAGEURS *m.*

FUMEURS *m.*
NON-FUMEURS *m.*
ennuyeux par FENÊTRE *f.*

se délasser COULOIR *m.*

aller
rouler
dérailler

lentement: son train-train
vite: à fond de train

Le métro et l'autobus

STATION *f.* →de métro

VOYAGEUR *m. monter*
descendre

ARRÊT *m.* →d'autobus
chercher

PLACE *f.* assise
debout

dans AUTOBUS *m.*

CONDUCTEUR *m. conduire*
RECEVEUR   *m. poinçonner*→   TICKET *m.*
plein tarif
tarif étudiant
famille nom-
breuse

RESQUILLEUR *m.*   *resquiller*

FOULE *f.*   HEURES *f.* de pointe   *être* bondé
AFFLUENCE *f.*   complet
plein à cra-
quer
serré

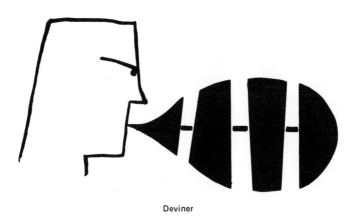

Deviner

LEXICOTEST

A. Complétez les phrases suivantes avec le mot exact qui convient (plus d'une réponse est possible):

1. Achetez vos billets au _____ numéro trois.
2. Si vous avez de gros colis, il faut les faire _____.
3. Ce n'est pas tout de _____, il faut arriver à _____.
4. C'est un _____ non-fumeurs.
5. Le _____ va poinçonner votre billet.

6. Voyager sans billet cela s'appelle _____.
7. Mettez votre valise dans le _____ au dessus de la _____.
8. Ce n'est pas au conducteur de _____ votre billet.
9. C'est aux heures de _____ que les autobus sont bondés.
10. Si ce train prend du retard, vous raterez la _____.

B. Grève totale des transports. Complétez les phrases avec les verbes d'action appropriés: (remplacer, chômer, fonctionner, rouler, marcher, etc.)

1. les trains ne
2. aucun métro ne
3. les voyageurs sont forcés de
4. les gares sont
5. des camions militaires
6. aux heures de pointe, on
7. les taxis ne
8. le commerce
9. le ministre des transports
10. les Parisiens

C. Expliquez les expressions suivantes au moyen des équivalents indiqués:

1. aller son train-train
2. un boute-en-train
3. aller à fond de train
4. je suis en train de lire
5. au train où vont les choses
6. se mettre en train

(l'allure, la vitesse, la bonne humeur, l'action en progrès, l'activité, l'action qui commence)

EXERCICES (Oral)

A. *Rappel de structure.*

midi

J'attends la correspondance depuis midi. *Répétez.*
_____ trois heures du matin.
_____ il fait nuit.
_____ hier soir.
_____ je ne sais plus quand.

deux heures
1   2

Il y a deux heures que je suis sur ce quai. *Répétez.*
_____ un bon moment _____
_____ trois quarts d'heure _____
_____ longtemps _____
_____ une éternité _____

Quand l'autorail est-il passé? Il y a une heure.
_____ _____ un bon bout de temps.
_____ _____ deux jours.
_____ _____ à peine cinq minutes.

B. *Exercice sur les temps.*
Mettre les phrases ci-dessus au passé.

EXEMPLE: J'attendais la correspondance depuis midi, quand vous êtes
arrivé.

C. *Jeu structural.*
Cela fait dix minutes que le train roule.
Depuis _____
_____ midi _____
_____ l'autorail _____
Il y avait trois heures _____

D. *Conversation dirigée.*
Demandez au chef de gare quelle est la durée de l'arrêt.
Répondez: Pendant . . .

Demandez au receveur quand on arrivera à destination.
Répondez: Dans . . .

Demandez à votre ami à partir de quand il sera en Floride.
Répondez-lui que vous y serez quand il arrivera.

E. Complétez chaque phrase par une action au temps demandé par l'expression (depuis, pendant, en, dans, il y a)
   1. Dans deux ans les fusées . . .
   2. En cinquante minutes . . .
   3. Depuis longtemps les trains américains . . .
   4. Voilà des années que nous . . .
   5. Pendant la grève, nous . . .
   6. Dans combien de temps le train . . .
   7. Depuis quand est-ce que vous . . .
   8. En combien de temps pouvez-vous . . .
   9. Il y a deux ans, je . . .
  10. Il y a deux ans que je . . .

EXERCICES (Écrit)

A. Traduisez, en utilisant soit *depuis* soit *pendant* selon le cas. (Observez
bien le temps du verbe, c'est lui qui est déterminant.)
   1. Sir, We have been waiting for one hour.
   2. Yesterday we waited for two hours.
   3. Young lady, the railroad has been here since 1850. So, two hours . . .
   4. Our bags! They have been at the station for a week.
   5. Since when?
   6. They have been here since last Monday, since they arrived.
   7. The station was closed for two days last week.

Ce sont des paroles en l'air

8. And during the week-end. You have not been here since Thursday.
9. Sorry, I have received no bags, *no bags*, for a month.
10. But, Sir, I have been asking you for those bags since they arrived.
11. We were on strike for ten days two weeks ago.
12. Perhaps your bags arrived during the strike.

B. Faites une phrase complète avec les élements «déshydratés» suivants:
1. une heure / mettre / bagages / consigne.
2. trente minutes / train / aller / Versailles / Paris.
3. faire la queue / guichet / pendant / quinze minutes.
4. faire la queue / guichet / depuis / un quart d'heure.
5. attendre / passage à niveau / cinq minutes / train / passer.
6. vingt minutes que / attendre la correspondance / haut-parleur / an-noncer / train / une heure de retard.
7. autobus / complet / longtemps / je / vouloir / y monter.
8. se délasser / couloir / cinq minutes / accident / arriver.
9. une heure que / être dans le train / mais comme / aller à Vladivostock / y être / six jours.
10. vingt ans / contrôleur / poinçonner / tickets / huit heures / jours.

C. Voici une partie d'un poème de Guillaume Apollinaire:

LA PETITE AUTO

> Le 31 du mois d'août 1914
> Je partis de Deauville un peu avant minuit
> Dans la petite auto de Rouveyre.

>   *   *   *

> Et quand après avoir passé l'après-midi
> Par Fontainebleau
> Nous arrivâmes à Paris
> Au moment où l'on affichait la mobilisation
> Nous comprîmes mon camarade et moi
> Que la petite auto nous avait conduits dans une époque nouvelle
> Et bien qu'étant déjà tous deux des hommes mûrs
> Nous venions cependant de naître.

(Calligrammes)

À propos de ce poème, posez dix questions contenant les expressions de temps suivantes:

1. Quand . . .
2. À quel moment . . .
3. Depuis combien de temps . . .
4. Dans le courant de quelle journée . . .
5. En combien de temps . . .
6. À partir de quel moment . . .
7. Dorénavant . . .
8. Depuis combien de temps . . .
9. À quelle occasion . . .
10. Il y a combien de temps . . .

Fenêtre I

Dans le Métro*

JACQUES PERRET. Né en 1901. Auteur de nombreux romans et nouvelles d'une très vive bouffonnerie comique. (*Le Caporal épinglé*, 1947.)

C'est justement dans le métro, en dépit du caractère anonyme et uniformément barbare des cohues,[1] qu'on peut noter un trait particulièrement original de l'usage français. Le métro de Paris est le seul au monde à vous donner un si gracieux spectacle autant d'amoureux merveilleusement seuls dans la foule et préoccupés de leurs effusions avec une aussi fière ignorance 5 du public, lequel, au demeurant,[2] s'en attendrit quelquefois et, plus généralement, s'en fiche.[3] Un baiser qui a pris un bon départ à la Porte de la Chapelle fera aisément longue et radieuse carrière jusqu'à Vaugirard, aux heures creuses comme aux heures pleines. Et s'il commence à la Porte de Vincennes, non seulement il résistera aux remous du Châtelet mais se confirmera sous 10 les étouffements de la Concorde, changera de ligne à l'Étoile et reprendra son élan jusqu'à Edgar Quinet sous la protection de mille témoins qui, tous, plus ou moins, en ont fait autant. Ce n'est pas de l'impudeur, c'est de la gentillesse collective, et le témoignage d'une saine ignorance des refoulements freudiens. La France est par bonheur un pays pauvre en complexes et voilà 15 une des clefs de son savoir-vivre. On s'embrasse beaucoup à Paris, et pas plus dans les coins que sur les bancs, dans les gares, à l'ombre des monuments vénérables, sur la plate-forme de l'autobus, place de l'Opéra, au soleil et sous la pluie, au bistrot, sous les réverbères et même sur le passage clouté pour peu que l'envie vous en prenne;[4] non seulement vous ne risquez 20 pas de contravention mais, si l'agent est dans un bon jour,[5] il suspendra quelques secondes le flot des voitures pour vous encourager à prendre votre temps. Il n'est pas interdit à l'hôte étranger de profiter de ces bienheureuses latitudes. Mais il en rêve parfois inconsidérément pendant le voyage qui

---

* Jacques Perret, «La France vue par un Français», Extrait du *Savoir-Vivre International*, 1950. Collection «Le Monde en Couleurs», Odé, Paris.
[1] *cohues* foules.
[2] *au demeurant* au fond, tout compte fait.
[3] *s'en fiche* s'en moque (familier).
[4] *pour peu que l'envie vous en prenne* si l'on a la moindre envie (de s'embrasser).
[5] *dans un bon jour* de bonne humeur.

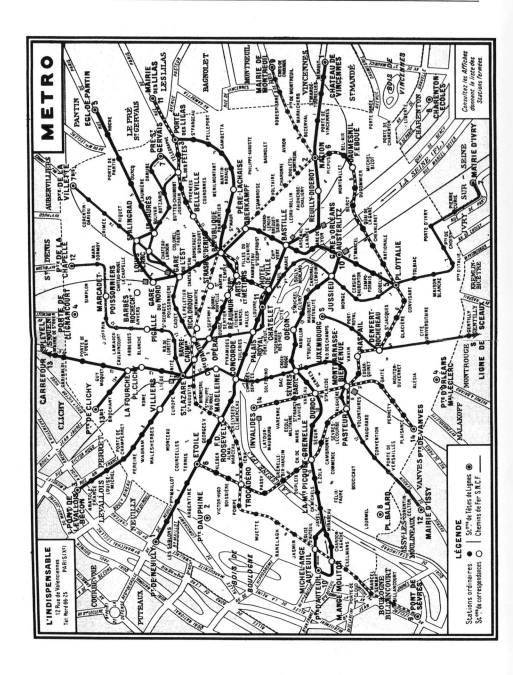

l'amène en France et, sur la foi de littératures malveillantes ou de films idiots, 25
pourrait croire que les filles françaises vous tombent sous la bouche comme
alouettes rôties.[6] Cela peut arriver, mais ce n'est pas la règle. En quelques
pays on préfère échanger, inaperçu, un baiser qui n'engage à rien; en France
on le donne à ciel ouvert et il n'est jamais insignifiant.

QUESTIONS

1. «en dépit . . . cohues» (*l.* 1 à 2). Expliquez et développez cette remarque
   sur la foule des grandes villes.
2. «s'en fiche» (*l.* 7). Pourquoi cette indifférence? Quelle est votre réaction
   personnelle?
3. Expliquez «heures creuses . . . pleines». (*l.* 8 à 9).
4. Que savez-vous des lieux ou personnages évoqués par les noms de stations?
   (Prenez un Dictionnaire Larousse.)
5. Quelle est la cause de ces «remous et étouffements»? (*l.* 10 à 11).
6. Que pensez-vous de l'explication donnée aux lignes 13 à 16? Développez-
   la ou attaquez-la.
7. Quels risques courent ceux qui s'embrassent ainsi? (*l.* 21 à 24).

SITUATIONS

1. Une partie de la classe défend «le gracieux spectacle» contre l'autre
   moitié qui le réprouve.
2. Un étranger égaré converse avec des Français; ils lui indiquent comment
   rejoindre son hôtel en métro (préparer un itinéraire sur la carte). L'étranger
   s'étonne du spectacle et de «l'impudeur» des rues; les Français le rassurent.
3. Jeu de charades avec des noms de stations de métro.
4. Scène des lignes 19 à 23, mais l'agent et les automobilistes sont dans un
   mauvais jour.
5. Interview d'un éminent psychologue au sujet des transports parisiens.

COMPOSITIONS

1. Pastichez les lignes 1 à 13 en remplaçant le métro par la plate-forme d'un
   autobus.
2. Grève du métro. Lettre de protestation d'un jeune homme et de sa
   fiancée: les inconvénients de la grève.
3. Différences entre les transports publics: vos préférences et leurs raisons.
   (Ceci peut être traité sur le plan international: Français et Américains en
   métro, en autobus, en train; attitudes différentes; ce qu'elles révèlent.)

---

[6] *vous tombent sous la bouche comme alouettes rôties* vous tombent dans les bras déjà conquises.

Fenêtre II

Une Gare*

Voir notice biographique p. 53 (3, fenêtre 2).
Degrés, dont est extrait ce passage, est un roman très complexe, organisé autour des relations que se tissent entre les élèves d'une classe de lycée, leur professeur et leur famille.

Il n'y avait que trois ou quatre voyageurs dans mon wagon, car ce n'était pas le grand train direct, celui que j'aurais dû prendre, celui à l'arrivée duquel on m'attendait, et que j'avais manqué de quelques minutes à Euston, c'est pourquoi j'en avais été réduit à attendre indéfiniment ce convoi postal
5 dans une gare de correspondance.

Si j'avais su à quel point son heure d'arrivée était incongrue dans la vie d'ici, je n'aurais pas hésité, certes, à retarder mon voyage d'un jour, en télégraphiant mes excuses.

J'ai l'impression que je pourrais retrouver avec une exactitude absolue la
10 place qu'occupait mon unique lourde valise dans le filet, et celle où je l'ai laissée tomber, entre les banquettes, au travers de la porte.[1]

J'ai posé mes pieds sur le quai presque désert, et je me suis aperçu que les derniers chocs avaient achevé de découdre ma vieille poignée de cuir, qu'il me faudrait soigneusement appuyer le pouce à l'endroit défait, crisper
15 ma main, doubler l'effort.

J'ai attendu; je me suis redressé, les jambes un peu écartées pour bien prendre appui sur ce nouveau sol, regardant autour de moi: à gauche, la tôle rouge du wagon que je venais de quitter, l'épaisse porte qui battait, à droite, d'autres voies, avec quelques éclats de lumière dure sur les rails, et
20 plus loin, d'autres wagons immobiles et éteints, toujours sous l'immense voûte de métal et de verre, dont je devinais les blessures au-delà des brumes; en face de moi enfin, au-dessus de la barrière que l'employé s'apprêtait à fermer juste après mon passage, la grande horloge au cadran lumineux marquant deux heures.

25 Je lisais au-dessus des portes: «Renseignements», «Billets», «Bar», «Chef de gare», «Sous-chef de gare», «Consigne», «Salle d'attente de

---

* Michel Butor, *L'Emploi du temps.* Paris, Éditions de Minuit, 1957.
[1] *au travers de* la valise empêche le passage.

première classe» (j'ai tourné la poignée, j'ai tenté d'ouvrir), «Salle d'attente de deuxième classe» (même insuccès), «Salle d'attente de troisième classe» (c'était allumée à l'intérieur).

QUESTIONS

1. Énumérez les actions de la première phrase, dans l'ordre chronologique où elles se sont produites.
2. Relevez tous les détails accumulés pour donner l'impression de la lourdeur de la valise.
3. Pourquoi le voyageur cherche-t-il à entrer dans une salle d'attente? Va-t-il attendre une correspondance?
4. Justifiez le titre du roman dont vous lisez un extrait.
5. Examinez soigneusement le temps des verbes. Expliquez l'emploi du passé composé et de l'imparfait. (consulter de nouveau la Charpente 5).

SITUATIONS

1. La conversation s'engage entre les quatre voyageurs. Revel (le héros du livre) explique pourquoi il voyage dans ce train postal. Chacun des trois autres donne une explication de sa propre présence.
2. En partant, vous avez dû vous asseoir sur votre valise pour pouvoir la fermer. En descendant sur le quai, au milieu de la foule, les serrures cèdent et ... Racontez collectivement.
3. Roman policier collectif se déroulant dans une gare. Chaque étudiant ajoute une phrase à cette histoire dont chaque partie se déroule derrière une des portes énumérées au dernier paragraphe: «Renseignements, Billets,» etc.

COMPOSITIONS

1. Dans le style volontairement incolore de cette page, racontez un voyage en train que vous avez fait. Ensuite racontez le même voyage en inventant des incidents comiques (par exemple, le monsieur qui se réveille deux gares trop tard, etc.).
2. Que préférez-vous: voyager en train, en voiture ou en avion lorsque vous rentrez chez vous ou à l'université?
3. Faites par écrit la Situation 3 commencée en classe.

7

Charpente

L'Expression des rapports de temps

A. Conjonctions

On se sert de conjonctions ou de locutions conjonctives pour marquer le rapport.

1. *L'action de la principale a lieu* **en même temps** *que l'action de la subordonnée*

Idée simple et générale

Quand (ou **lorsque,** d'emploi plus littéraire)

MODÈLE A : actions parallèles et de même durée (longue ou courte) : le temps des deux verbes est identique.

Présent : Quand je *voyage*, je *suis* heureux.
Passé : Quand le douanier m'*a appelé*, j'*ai ouvert* ma valise.
Passé : Quand je *voyageais* en Russie, j'*avais* un passeport en règle.
Passé répétition : Quand son mari *partait* en voyage, elle *pleurait*.
Futur : Quand je *serai* millionaire, je *ferai* le tour du monde.

MODÈLE B : actions dont l'une est plus courte que l'autre ; les deux verbes sont à deux temps différents du passé : passé composé (ou passé simple) et imparfait.

EXEMPLE : Quand je *voyageais* en Russie, j'*ai eu* une aventure curieuse.
Quand le douanier m'*a appelé*, je *dormais*.

Nuances et précisions

MODÈLE A OU B | **Pendant que** + présent, futur, imparfait durée longue |

Présent : Les passagers *attendent* sur le pont pendant que le bateau *accoste*.
Passé : Les passagers *attendaient* sur le pont pendant que la bateau *accostait*.
Un passager *est tombé* à l'eau pendant que le bateau *accostait*.
Futur : Les passagers *attendront* sur le pont pendant que le bateau *accostera*.

> **Au moment où** + présent, futur, imparfait, passé composé
> durée courte et précise

(**Comme** + imparfait pour le passé: langue plus recherchée)

Présent: Au moment où il *débarque*, elle s'*évanouit*.
Passé: Au moment où il *a débarqué*, elle s'*est évanouie*.
Au moment où il *débarquait*, elle s'*est évanouie*.
Futur: Au moment où il *débarquera*, elle s'*évanouira*.

MODÈLE A		*Les temps des deux verbes sont identiques*
Deux actions durent ensemble. Accent sur la longueur de la durée	**Tant que** **aussi longtemps que**	**Tant que** la mer *est* mauvaise, j'*ai* le mal de mer. **Tant que** ce *sera* possible, il *voyagera*.
Deux actions évoluent ensemble	**à mesure que** (**au fur et à mesure que**: insiste davantage sur la longueur du processus)	Le paysage s'*éloigne* **à mesure que** l'avion s'*élève*.
Deux actions se répètent ensemble	**chaque fois que** **toutes les fois que** (Ce dernier plus insistant)	Elle *pleure* **chaque fois que** son mari *part* en voyage.
MODÈLE A OU B		
Nuance d'opposition dépendant souvent du sens des autres mots de la phrase	**tandis que** **alors que** **pendant que**	**Tandis que** je le *croyais* en Europe, il *voyageait* au Japon. **Pendant que** les marins *travaillent*, les passagers s'*amusent*. **Alors que** je le *croyais* marin, il *était* pilote de ligne.

2. *L'action de la principale a lieu* **après** *l'action de la subordonnée*

Idée simple et générale

Après que + Indicatif	Nous *détachons* nos ceintures seulement **après que** l'avion *a atterri*
Après + Infinitif passé	Nous *détachons* nos ceintures **après** *avoir atterri*.

(si le sujet de la principale
est le même que celui de
la subordonnée)

Quand + forme composée

EXEMPLES: *Présent*: Quand j'*ai fini* mon déjeuner, je *vais* sur le pont.
          Passé: Quand j'*avais fini* mon déjeuner, j'*allais* sur le pont.
          Passé: Quand j'*ai eu fini* mon déjeuner, je *suis allé* sur le pont.
          Futur: Quand j'*aurai fini* mon déjeuner, j'*irai* sur le pont.

Nuances et précisions

L'action principale vient vite après l'action subordonnée (progression d'urgence)	**une fois que**	. . . j'*ai eu fini* mon déjeuner, je *suis allé* sur le pont.
		. . . j'*ai fini* mon déjeuner, je *vais* sur le pont.
	dès que	. . . j'*ai fini* mon déjeuner, je *vais* sur le pont.
	aussitôt que (**sitôt que** . . .)	. . . j'*ai fini* mon déjeuner, je *vais* sur le pont.
Les deux actions ont eu lieu très vite l'une après l'autre	**à peine . . . que** (avec inversion)	**à peine** *ai*-je *avalé* la dernière bouchée **que** je *suis monté* sur le pont.
Une des actions est si précipitée que l'autre n'a pas encore eu le temps de se produire. (Mais l'intention de l'action principale précède l'action subordonnée.)	**ne . . . même pas . . . que** **ne . . . pas encore . . . que**	Je n'avais **même pas** *avalé* la dernière bouchée **que** je *suis monté* sur le pont.
Idée spatiale ajoutée	**du plus loin que** + indicatif ou subjonctif	. . . je *vois* le capitaine, je le *salue*. . . . qu'il m'en *souvienne*, j'*ai eu* le mal de mer.
Idée de point de départ + idée d'opposition	**depuis que**	. . . je *prends* l'avion, j'*ai* peur.
	depuis le temps que	. . . je *prends* l'avion, je ne *devrais* plus avoir peur.
+ idée de cause	**maintenant que**	. . . je *prends* l'avion, ma femme s'*inquiète*.

3. *L'action de la principale a lieu* **avant** *l'action de la subordonnée*

Idée simple et générale :

| **Avant que** + subjonctif | Nous attachons nos ceintures **avant que** l'avion *atterrisse.* |
| **Avant de** + infinitif | L'avion tourne plusieurs fois **avant** d'*atterir.* |

(si les deux sujets sont
la même personne)

Nuances et précisions

L'action principale
dure jusqu'au
commencement
de l'action
subordonnée

jusqu'à ce que
+ subjonctif

Elle a pleuré **jusqu'à ce que**
son mari *soit revenu.*
Elle pleure **jusqu'à ce que**
son mari *revienne.*

en attendant que
+ subjonctif

Elle lit **en attendant que** son
mari revienne.

jusqu'au moment où
+ indicatif

Elle tremble **jusqu'au
moment où** son mari
descend de l'avion.

en attendant le moment où
+ indicatif

Elle lisait **en attendant le
moment où** son mari
descendráit de l'avion.
Elle lit **en attendant le
moment où** son mari
descendra de l'avion.

avant que . . . (ne)

Dépéchez-vous de monter
avant que le bateau **(ne)**
parte.

B. Autres moyens que la conjonction

1. *L'action de la principale a lieu* **en même temps que** *celle de la subordonnée*

Participe présent

Voyageant en Russie, j'ai eu une aventure curieuse.

Proposition relative

Elle, *qui voyait arriver son mari*, se mit à courir
vers lui.

Propositions juxtaposées

Il *débarquait*, elle *s'évanouit*

Adjectif

Jeune, j'aimais les voyages.

Nom

Millionnaire, je ferais le tour du monde.

2. *L'action de la principale a lieu* **après** *l'action subordonnée*

Participe passé	Mon déjeuner *fini*, je vais sur le pont.
Proposition relative (avec le contraste des temps)	Elle, *qui avait vu son mari arriver*, se mit à courir vers lui.
Propositions juxtaposées (avec contraste des temps)	*L'avion a atterri, il roule sur la piste.*
Propositions coordonnées	J'ai fini mon déjeuner *et* je suis allé sur le pont.
Après + nom	Nous détachons nos ceintures *après* l'atterrissage.

3. *L'action de la principale a lieu* **avant** *l'action subordonnée*

Avant + nom   Nous attachons nos ceintures *avant* l'atterrissage.

Jusqu'à + nom   Elle a pleuré *jusqu'au* retour de son mari.

Matériau

Les Voyages

Une agence de voyage

voyager VOYAGE *m.*
              d'affaires
faire   d'agrément
partir en   de noces
     CROISIÈRE *f.*

réserver
retenir
confirmer
annuler   PLACES *f.*
payer
fréter   BILLET *m.* (de groupe)
            AVION *m.* (pour groupe)

faire   PRÉPARATIFS fébriles
bourrer VALISES *f.*
boucler

«avoir soif d'aventures»
«bâtir des châteaux en
    Espagne»

Le bateau

s'embarquer sur   PAQUEBOT *m.*
débarquer de
monter à bord de

prendre le LARGE *m.*
faire ESCALE *f.*

être malade
    amariné

avoir MAL *m.* de mer
   PIED *m.* marin

MER *f.* d'huile
    houleuse HOULE *f.* causer ROULIS *m.*
    grosse   VAGUE *f.*   TANGAGE *m.*
    démontée

mettre CEINTURE *f.*
   de sauvetage

faire bonne   TRAVERSÉE *f.*
    mauvaise
lancer SOS *m.* NAUFRAGE *m.*

arriver à bon port
couler
se noyer
périr en mer

L'avion

dans AVION *m*. à réaction   AILES *f*.
supersonique   CABINE *f*. pressurisée

s'envoler   TRAIN *m*.
décoller PISTE *f*. d'envol   TERRAIN *m*. d'atterrissage
voler   AÉROPORT *m*.
survoler PAYS *m*.
atterrir   *faire* ATTERRISSAGE *m*.   réussi
manqué *s'écraser* au sol

PASSAGER, ÈRE *mettre*   CEINTURE *f*. de sécurité   HÔTESSE *f*. de l'air
avoir   MAL *m*. de l'air

Le Tourisme

passer FRONTIÈRE *f*.   *demander* RENSEIGNEMENTS *m*.
DOUANE *f*.   *déclarer* BAGAGES *m*.   *fournir*
changer DEVISES *f*. (F. $ etc.)

DOUANIER *m*.   *fouiller*   *arrêter* TRAFIQUANT *m*. en drogues
ESPION *m*.

CONTREBANDIER *m*. *passer* en FRAUDE *f*.
payer AMENDE *f*.
DROITS *m*. de douane

TOURISTE *m*./*f*. *photographier*   CAMÉRA *f*.   PHOTOGRAPHE *m*.
PHOTOGRAPHIE *f*.
filmer   DIAPOSITIVE *f*.
FILM *m*.

faire AUTO-STOP *m*.
CAMPING *m*.
SÉJOUR *m*.

s'intéresser à PAYS *m*.   *être* dépaysé   CONTRÉE *f*. étrange
s'attarder   déçu   enchanteresse
s'attacher
s'installer   désenchanté   exotique
séjourner   enchanté   tropicale
ensorcelé   décevante
dégoûté   attachante
atterré   lointaine

les TROPIQUES *m*.   *visiter* ÎLE *f*.
VOLCAN *m*. en activité
COIN *m*. perdu

Prononcer des flots de parole

INDIGÈNE *m./f. s'enorgueillir*
se moquer
profiter de

LEXICOTEST

A. Quelle est la distinction entre:
1. Un photographe et une photographie
2. Une contrée et un pays
3. Une ceinture de sauvetage et une ceinture de sécurité
4. Une escale et une échelle
5. Atterrir et atterrer
6. Une caméra et un appareil de photo
7. Un train d'atterrissage et un terrain d'atterrissage
8. Un indigène et un indigent
9. L'auto-stop et l'autocar
10. Un château en Espagne et une auberge espagnole

B. Complétez les phrases avec le mot ou l'expression qui convient (une ou plusieurs solutions):
1. C'est l'hôtesse qui vous _____ à bord.
2. J'ai peur quand les avions _____ trop vite.
3. Les voyageurs prudents _____ leurs places à l'avance.
4. Le douanier: Qu'avez-vous à _____?
5. Le fraudeur: Rien. Vous pouvez _____ ma valise.
6. Le douanier: Une montre suisse! Vous allez payer _____.
7. Être amariné, c'est avoir _____.
8. Prendre le bateau c'est risquer de _____.
9. Oui, mais aller en avion vous expose à _____.
10. Si vous n'avez pas d'argent pour voyager, faites _____.

C. Donnez le contraire des mots ou notions suivants:
débarquer; confirmer une réservation; manquer un décollage; enchanteur;
avoir le mal de mer; un touriste; une mer houleuse

EXERCICES (Oral)

A. *Rappel de structure.*

1. Complétez avec
   tandis que
   quand
   au moment où   (À écrire au tableau)
   pendant que
   chaque fois que

   Elle s'est évanouie _____ le douanier a fouillé ses bagages.
   Elle s'est évanouie _____ le douanier fouillait ses bagages.
   Elle s'évanouissait _____ le douanier fouillait ses bagages.

2. Complétez avec
   aussi longtemps que
   lorsque   (À écrire au tableau)
   tant que
   pendant que

   J'avais le mal de mer _____ le bateau tanguait.
   J'ai eu le mal de mer _____ le bateau a tangué.
   J'ai eu le mal de mer _____ le bateau tanguait.

3. Complétez avec
   depuis que
   dès que
   après que   (À écrire au tableau)
   une fois que
   à peine . . . que
   aussitôt que

   On n'entend plus le moteur _____ l'avion a décollé.
   On n'entendit plus le moteur _____ l'avion eut décollé.
   _____ l'avion a décollé, on n'a plus entendu le moteur.

4. Complétez avec
   en attendant de
   en attendant que
   jusqu'à ce que   (À écrire au tableau)
   avant que
   avant de

   Les passagers s'amusent _____ le bateau accoste.
   Les passagers s'amusent _____ débarquer.
   Les passagers se sont amusés _____ le bateau n'accoste.

5. Complétez avec
   après
   après que   (À écrire au tableau)
   avant de
   avant que

Le contrebandier a pu sortir _____ avoir payé les droits.

Le contrebandier n'a pas pu sortir _____ avoir payé les droits.

Le contrebandier est sorti _____ le douanier l'eut obligé à payer les droits.

B. *Jeu structural.*

Apportez aux verbes les modifications rendues nécessaires par le changement de conjonction.

1. Ce passager a fait ses valises *chaque fois que* le bateau a fait escale. *Répétez.*

   Avant que . . .

   Dès que . . .

   En attendant que . . .

   Pendant que . . .

   Quand . . .

   Après que . . .

2. Le passager clandestin s'est inquiété *en attendant qu'*on soit au port. *Répétez.*

   Avant que . . .

   Pendant que . . .

   Dès que . . .

   Jusqu'à ce que . . .

   Une fois que . . .

   Depuis que . . .

3. *Tant que* je le pourrai, je voyagerai. *Répétez.*

   Depuis que . . .

   Aussitôt que . . .

   Jusqu'à ce que . . . (ne plus)

   Lorsque . . .

   Chaque fois que . . .

4. *Quand* l'avion est descendu, le bruit a augmenté. *Répétez.*

   Au fur et à mesure que . . .

   Aussitôt que . . .

   À peine . . .

   Chaque fois que . . .

   Depuis que . . .

   Avant que . . .

EXERCICES (Écrit)

A. Faites une phrase en utilisant les deux éléments donnés, auxquels vous ajouterez une proposition qui en complète le sens.

1. en attendant que   fouiller les bagages
2. après que   faire une bonne traversée

3. avant que	retenir des places
4. aussitôt que	s'allonger sur sa couchette
5. à peine . . . que	retirer la passerelle
6. jusqu'à ce que	l'avion (atterrir)
7. une fois que	entrer dans sa cabine
8. comme	aller voir le commissaire
9. depuis que	voyager en avion
10. après que	arpenter le pont
11. avant de	monter à bord
12. après	décoller

B. Chaque fois que c'est possible, réunissez les deux verbes en une seule phrase de sorte que les deux actions soient *simultanées*. (Utilisez toutes les conjonctions possibles.)

    (*a*) au présent

    (*b*) au passé

    (*c*) en contrastant un commentaire (imparfait)
        avec une action (passé composé)

Pas de parole déplacée !

Fenêtre I

Plume voyage*

Henri Michaux. Né en 1899 à Namur. Préparait sa médecine quand il
s'embarqua comme matelot. A vécu en Asie et en Amérique équatoriale.
Se mit à écrire en 1922 à la suite d'un pari. Révélé au grand public par Gide
en 1941 («Découvrons Henri Michaux»). A lu les mystiques et les saints.
A pratiqué la peinture (ses gouaches sont célèbres). C'est un des plus grands
poètes français vivants. *L'Espace du dedans* (anthologie, 1944) est une bonne
introduction à son œuvre.

Plume ne peut pas dire qu'on ait excessivement d'égards pour lui en
voyage. Les uns lui passent dessus sans crier gare,[1] les autres s'essuient
tranquillement les mains à son veston. Il a fini par s'habituer. Il aime
mieux voyager avec modestie. Tant que ce sera possible, il le fera.

Si on lui sert, hargneux, une racine dans son assiette, une grosse racine: 5
«Allons, mangez. Qu'est-ce que vous attendez?

—Oh, bien, tout de suite, voilà.»

Il ne veut pas s'attirer des histoires[2] inutilement. Et si la nuit on lui refuse
un lit:

«Quoi! Vous n'êtes pas venu de si loin pour dormir, non? Allons, prenez 10
votre malle et vos affaires, c'est le moment de la journée où l'on marche le
plus facilement.

—Bien, bien, oui . . . certainement. C'était pour rire naturellement. Oh
oui, par . . . par plaisanterie.»

Et il repart dans la nuit obscure. 15

Et si on le jette hors du train:

«Ah! alors vous pensez qu'on a chauffé depuis trois heures cette locomotive et attelé huit voitures pour transporter un jeune homme de votre âge,
en parfaite santé, qui peut parfaitement être utile ici, qui n'a nul besoin de
s'en aller là-bas, et que c'est pour ça qu'on aurait creusé des tunnels, fait 20
sauter des tonnes de rochers à la dynamite et posé des centaines de kilomètres
de rails par tous les temps, sans compter[3] qu'il faut encore surveiller la

---

* Henri Michaux, *L'Espace du dedans*. Paris, Gallimard, 1944.
[1] *sans crier gare* sans crier attention.
[2] *histoires* ennuis.
[3] *sans compter que* et de plus.

ligne continuellement par crainte des sabotages, et tout cela pour ...»

—Bien, bien. Je comprends parfaitement. J'étais monté, oh, pour jeter
25 un coup d'œil! Maintenant, c'est tout. Simple curiosité, n'est-ce pas. Et
merci mille fois.»

Et il s'en retourne sur les chemins avec ses bagages.

Et si à Rome il demande à voir le Colisée:

«Ah! non. Écoutez, il est déjà assez mal arrangé.[4] Et puis, après, Monsieur
30 voudra le toucher, s'appuyer dessus, s'y asseoir ... c'est comme ça qu'il ne
reste que des ruines partout. Ce fut une leçon pour nous, une dure leçon,
mais à l'avenir, non, c'est fini, n'est-ce pas.

—Bien! Bien! c'était. ... Je voulais seulement vous demander une carte
postale, une photo, peut-être ... si des fois ...»
35 Et il quitte la ville sans avoir rien vu.

Et si sur le paquebot, tout à coup le Commissaire du bord le désigne du
doigt et dit:

«Qu'est-ce qu'il fait ici celui-là? Allons, on manque bien de discipline là,
en bas, il me semble. Qu'on aille vite me le redescendre dans la soute. Le
40 deuxième quart[5] vient de sonner.»

Et il repart en sifflotant, et Plume, lui, s'éreinte pendant toute la traversée.

Mais il ne dit rien, il ne se plaint pas. Il songe aux malheureux qui ne
peuvent pas voyager du tout, tandis que lui, il voyage, il voyage continuellement.

QUESTIONS

1. Ils lui «passent dessus» (*l.* 2): (a) à pied, (b) en voiture, (c) en avion,
    (d) en train. Faut-il entendre cette expression littéralement?
2. Que veut dire exactement «hargneux» (*l.* 5)? Qui est hargneux?
3. Expliquez «on a chauffé cette locomotive» (*l.* 17 à 18).
4. «par crainte des sabotages» (*l.* 23). Quels sabotages? Où peut-on bien
    être?
5. Résumez les raisons de ne pas voyager en train.
6. Quelle est l'explication de l'existence des ruines? (*l.* 31).
7. Qu'est-ce qu'un commissaire du bord? Quelles sont habituellement ses
    fonctions? (*l.* 36).
8. Quel travail fatigant Plume fait-il dans la soute?
9. Quelle différence y a-t-il entre «siffler» et «siffloter» (*l.* 41)? Trouvez
    d'autres doublets semblables.
10. D'où vient l'humour du texte? Relevez des exemples précis de comique
    et tâchez d'expliquer pourquoi on rit. Quelle est la qualité de ce rire?
11. Sous l'humour n'y a-t-il pas un sens plus profond? Que symbolise le
    voyage?

---

[4] *mal arrangé*   en mauvais état.
[5] *deuxième quart*   tour de veille de quatre heures, par exemple de midi à seize heures.

12. Plume voyage continuellement à cause de (a) sa grande pauvreté, (b) sa grande opulence, (c) sa curiosité, (d) son désir de vivre à tout prix. Discutez chaque possibilité.
13. Expliquez le nom « Plume ».

SITUATIONS

1. Deux élèves incarnent l'un l'interlocuteur et l'autre Plume. Développez chaque dialogue en y ajoutant une dizaine de répliques dans l'esprit du texte. Pour vous faciliter le travail les cinq dialogues sont les suivants; (a) lignes 6 à 7, (b) lignes 10 à 14), (c) lignes 17 à 26, (d) lignes 29 à 34, (e) lignes 38 à 40.
2. Même exercice, mais cette fois Plume se rebelle et ne se laisse pas traiter ainsi.
3. Même exercice, mais l'interlocuteur est accueillant, aimable, modeste, alors que le voyageur est arrogant, insupportable, ne trouve rien de bien et pense que tous les « indigènes » sont des sauvages.
4. Un étranger visite votre université et vous lui servez de guide. Le dialogue s'engage entre vous deux.
5. Vous racontez à un ami un voyage réel ou imaginaire en France.

COMPOSITIONS

1. Plume écrit à sa mère en racontant ses souvenirs de voyage. (Dans cette lettre vous devez, en suivant le texte d'aussi près que possible, le récrire du point de vue de Plume.)
2. Développez en une page une des situations du texte, à votre choix, en la racontant toujours du point de vue de Plume.
3. Même devoir, mais cette fois, c'est un témoin qui raconte ce qui est arrivé à Plume.
4. Plume voyage en Amérique. En suivant le plan du texte, racontez les aventures de Plume aux États-Unis. Choisissez comme décor des cinq dialogues (voir Situation 1) des lieux typiquement américains qui, à votre avis, ne pourraient qu'intriguer Plume.
5. Faire dix phrases en ajoutant les expressions suivantes à une phrase du texte: « à mesure que, une fois que, jusqu'à ce que, avant de, avant que, depuis que, chaque fois que, à peine que, aussitôt que, en attendant que ».

Fenêtre II

Voyager*

SIMONE DE BEAUVOIR. Née à Paris en 1908. Professeur de philosophie de 1931 à 1943. Prix Goncourt en 1954 pour *Les Mandarins*. Son œuvre la plus connue est la trilogie de ses souvenirs: *Mémoires d'une jeune fille rangée* (1958), *La Force de l'âge* (1960) et *La Force des choses* (1963). Une des meilleures femmes écrivains du moment.

Voyager: ç'avait toujours été un de mes désirs les plus brûlants. Avec quelle nostalgie, jadis, j'avais écouté Zaza[1] quand elle était revenue d'Italie! Parmi les cinq sens, il y en avait un que je plaçais, de loin, au-dessus de tous les autres: la vue. Malgré mon goût pour la conversation, j'étais stupéfaite
5 quand j'entendais dire que les sourds sont plus tristes que les aveugles; je trouvais même le sort des gueules cassées[2] plus acceptable que la cécité, et s'il m'avait fallu choisir, j'aurais sans hésiter renoncé à avoir un visage pour garder les yeux. À l'idée de passer six semaines à me promener et à regarder, j'exultais. Cependant, j'étais raisonnable; l'Italie, l'Espagne, la
10 Grèce, j'irais sûrement, mais plus tard; cet été-là, sur les conseils de Nizan,[3] j'envisageais avec Sartre de visiter la Bretagne. Je n'en crus pas mes oreilles quand Fernand[4] nous suggéra de venir à Madrid; nous habiterions chez lui, et le cours de la peseta était si bas que nos déplacements ne nous coûteraient presque rien. Ni l'un ni l'autre nous n'avions jamais franchi la frontière et
15 quand nous aperçûmes à Port Bou[5] les bicornes vernis des carabiniers, nous nous sentîmes jetés en plein exotisme. Je n'oublierai jamais notre première soirée à Figueras;[6] nous avions retenu une chambre et dîné dans une petite *posada*; nous marchions autour de la ville, la nuit descendait sur la plaine et nous nous disions: «C'est l'Espagne».

---

* Simone de Beauvoir, *La Force de l'âge*. Paris, Gallimard, 1960.
[1] *Zaza* amie d'enfance de Simone de Beauvoir dont elle parle longuement dans ses *Mémoires d'une jeune fille rangée*.
[2] *gueules cassées* nom donné aux soldats de la guerre 14-18, gravement blessés au visage et souvent défigurés.
[3] *Nizan* ami de jeunesse de Sartre. Auteur de *Aden-Arabie* et *La Conspiration*. Mort en 1940 pendant la guerre.
[4] *Fernand* ami de Sartre et de Simone de Beauvoir qui habitait Madrid à cette époque.
[5] *Port Bou* village frontière entre la France et l'Espagne à l'est des Pyrénées.
[6] *Figueras* petit village catalan pas très loin de la frontière française.

Sartre avait converti en pesetas les derniers débris de son héritage:[7] ce 20
n'était pas grand-chose; sur les conseils de Fernand nous avions acheté des
kilometricos de première classe, sinon nous n'aurions pu monter que dans les
trains omnibus;[8] il nous resta à peine de quoi joindre les deux bouts, en
vivant chichement; peu m'importait: le luxe n'existait pas pour moi, même
en imagination; pour rouler à travers la Catalogne,[9] je préférais les autobus 25
de campagne aux pullmans touristiques. Sartre me laissait le soin de consulter les horaires, de combiner nos itinéraires; j'organisais le temps et l'espace
à ma guise: je profitai avec ardeur de cette nouvelle espèce de liberté. Je me
rappelais mon enfance: quelle histoire, pour aller de Paris à Uzerche![10]
On s'épuisait à faire les bagages, les transporter, les enregistrer, les surveiller; 30
ma mère s'emportait contre les employés de la gare, mon père insultait les
voyageurs qui partageaient notre compartiment, et tous deux se querellaient;
il y avait toujours de longues attentes affolées, beaucoup de bruit et beaucoup
d'ennui. Ah! je m'étais bien promis que ma vie serait différente! Nos valises
ne pesaient pas lourd, nous les remplissions, nous les vidions en un tourne- 35
main; que c'était amusant d'arriver dans une ville inconnue, d'y choisir un
hôtel! J'avais définitivement balayé tout ennui, tout souci.

Tout de même, j'abordai Barcelone avec un peu d'anxiété. La ville grouillait
autour de nous, elle nous ignorait, nous ne comprenions pas son langage:
quel moyen inventer pour la faire entrer dans nos vies? C'était une gageure 40
dont tout de suite la difficulté m'exalta. Nous descendîmes près de la cathé-
drale, dans une pension des plus médiocres, mais notre chambre me plut;
l'après-midi, pendant la sieste, le soleil dardait des feux rouges à travers les
rideaux d'andrinople,[11] et c'était l'Espagne qui brûlait ma peau. Avec quel
zèle nous la pourchassions! Comme la plupart des touristes de notre époque, 45
nous imaginions que chaque lieu, chaque ville avait un secret, une âme,
une essence éternelle et que la tâche du voyageur était de les dévoiler;
cependant, nous nous sentions beaucoup plus modernes que Barrès[12] parce
que les clés de Tolède ou de Venise, nous savions qu'il ne fallait pas les
chercher seulement dans leurs musées, leurs monuments, leur passé, mais 50
au présent, à travers leurs ombres et leurs lumières, leurs foules, leurs odeurs,
leurs nourritures: c'est ce que nous avaient enseigné Valéry Larbaud, Gide,
Morand, Drieu La Rochelle. Selon Duhamel,[12] les mystères de Berlin se

---

[7] *héritage* Sartre avait hérité quelque argent de sa grand-mère paternelle. (Le père de Sartre
est mort en 1905; c'est donc Sartre qui a hérité de sa grand-mère.)

[8] *omnibus* il y avait alors trois catégories de trains en Europe: les rapides qui ne s'arrêtaient
pas entre les grandes villes, les express qui s'arrêtaient peu, et les omnibus qui, comme leur
nom latin le suggère, s'arrêtaient à *toutes* les gares.

[9] *Catalogne* province du Nord-Est de l'Espagne. Capitale Barcelone.

[10] *Uzerche* ville du massif central où Simone de Beauvoir passait des vacances dans son enfance.

[11] *rideaux d'andrinople* rideaux de coton rouge. Il y a une nuance de rouge appelé «rouge
d'Andrinople» (ville de Turquie).

[12] *Barrès, Valéry Larbaud, Gide, Morand, Drieu La Rochelle, Duhamel* écrivains cités ici à
cause de leurs récits de voyage. Ces références littéraires sont intéressantes car elles montrent
à quel point le jeune Sartre et la jeune Simone de Beauvoir étaient déjà conscients de voir
la réalité en tant qu'écrivains. Le voyage raconté ici a lieu en 1931; Sartre a 26 ans et S. de
Beauvoir 23.

résumaient dans l'odeur qui flottait dans ses rues et qui ne ressemblait à
55 aucune autre; boire un chocolat espagnol, c'est tenir dans sa bouche toute
l'Espagne, disait Gide dans *Prétextes*; chaque jour, je me contraignais à
avaler des tasses d'une sauce noire, lourdement chargée de cannelle; je
mangeais des pavés de touron et de pâte de coing, et aussi des gâteaux qui
s'effritaient entre mes dents avec un goût de vieille poussière. Nous nous
60 mêlions aux promeneurs des Ramblas;[13] je respirais soigneusement l'odeur
moite des rues où nous nous égarions: des rues sans soleil auxquelles le vert
des persiennes, le coloris des linges suspendus entre les façades, prêtaient
une fausse gaieté. Convaincus d'après nos lectures que la vérité d'une ville se
dépose dans ses bas-fonds, nous passions toutes nos soirées au «Barrio
65 Chino»;[13] des femmes lourdes et gracieuses chantaient, dansaient, s'offraient
sur des estrades en plein air; nous les regardions, mais nous épiions avec
plus de curiosité encore le public qui les regardait: nous nous confondions
avec lui grâce à ce spectacle que nous voyions ensemble. Cependant, je tenais
aussi à remplir les tâches classiques du touriste. Nous montâmes au
70 Tibidabo,[13] et pour la première fois, je vis scintiller à mes pieds, pareille
à un grand morceau de quartz fracassé, une cité mediterranéenne. Pour la
première fois, je m'aventurai dans un téléférique qui nous hissa sur les
hauteurs de Monserrat.[13]

Nous nous y promenâmes avec ma sœur qui venait de faire un séjour à
75 Madrid, chez Fernand, et qui passa trois jours à Barcelone. À notre retour,
le soir, il y avait sur les Ramblas une agitation insolite, mais à laquelle nous
n'attachâmes pas d'importance. Le lendemain après-midi, nous partîmes
tous trois voir une église qui se trouvait dans un quartier populeux; les
tramways ne circulaient pas; certaines avenues étaient presque désertes.
80 Nous nous demandâmes ce qui se passait, mais avec mollesse, car nous
étions très occupés à repérer sur notre plan l'église, qui se dérobait. Nous
débouchâmes dans une rue pleine de monde et de bruit: les gens, accotés
aux murs, tenaient des conciliabules avec beaucoup de gestes et de grands
éclats de voix; deux policiers s'avançaient, au milieu de la chaussée, encadrant
85 un homme chargé de menottes; on voyait un car de police, au loin. Nous ne
savions presque pas un mot d'espagnol, nous ne saisîmes rien de ce que les
gens disaient: leurs visages n'étaient pas bons. Entêtés dans notre quête,
nous nous approchâmes cependant d'un groupe en effervescence et nous
prononçâmes, sur un ton interrogatif, le nom de l'église à laquelle nous nous
90 intéressions; on nous sourit et, avec une bonne grace charmante, un homme
dessina dans l'espace notre itinéraire; dès que nous eûmes remercié, ils
reprirent leur discussion. J'ai tout oublié de cette église; mais je sais qu'en
revenant de notre promenade nous avons acheté un journal et nous l'avons

---

[13] *Ramblas* la plus célèbre avenue de Barcelone; *Barrio Chino* quartier mal famé, situé près
du port et fréquenté par les marins; *Tibidabo* quartier situé sur la hauteur et qui domine
toute la ville et la mer; *Monserrat* petit massif montagneux situé au Nord-ouest de Barcelone
en contrefort des Pyrénées, où est construit un célèbre monastère.

déchiffré tant bien que mal. Les syndicats avaient déclenché une grève générale contre le gouvernement de la province. Dans la rue où nous avions demandé notre chemin on venait d'arrêter des militants syndicalistes: c'est l'un d'entre eux que nous avions aperçu, entre deux gendarmes; et la foule rassemblée sur la chaussée délibérait pour savoir si oui ou non elle allait se battre pour l'arracher à la police. Le journal concluait vertueusement que l'ordre était rétabli. Nous nous sentîmes très mortifiés: nous étions présents, et nous n'avions rien vu. Nous nous consolâmes en pensant à Stendhal et à sa bataille de Waterloo.[14]

QUESTIONS

1. Quel est celui des cinq sens que Simone de Beauvoir place au dessus de tous les autres? Êtes-vous d'accord?
2. Quelle définition de l'exotisme trouvons-nous dans le premier paragraphe?
3. Dans quelles conditions s'accomplit ce voyage?
4. Quelle différence Simone de Beauvoir décrit-elle entre ce voyage en Espagne avec Sartre, et les voyages de son enfance?
5. Pourquoi aborde-t-elle Barcelone avec «un peu d'anxiété» (*l.* 38)?
6. Quelle est l'attitude des touristes de cette époque?
7. Quelle différence d'attitude y a-t-il entre Barrès et les autres écrivains cités? Donnez des exemples.
8. «La vérité d'une ville se dépose dans ses bas-fonds.» Que signifie cette affirmation? Qu'en pensez-vous?
9. Quelles sont les tâches classiques du touriste à Barcelone?
10. Que se passe-t-il pendant que Simone de Beauvoir et Sartre, accomplissant leur tâche de touriste, vont visiter une église dans un quartier populeux?
11. «Nous nous sentîmes très mortifiés» (*l.* 100). Pourquoi écrit-elle cette phrase? Comment l'expliquez-vous?
12. Qu'est-ce que les nombreuses allusions à des écrivains vous apprennent sur l'auteur?

SITUATIONS

1. Trois étudiants discutent ensemble les voyages qu'ils ont faits. Qu'ont-ils vu? Qu'ont-ils appris?
   (Tout le monde aujourd'hui a voyagé, d'une façon ou d'une autre.)
2. Débat sur le thème: «La rapidité des transports et la multiplication des voyages ont supprimé l'exotisme.»
   (a) Cet étudiant soutient qu'il y a aujourd'hui encore des pays inconnus et que seul un voyage peut révéler ces pays.

---

[14] Dans *La Chartreuse de Parme* Stendhal décrit la bataille de Waterloo du point de vue du héros du livre: Fabrice del Dongo. À aucun moment Fabrice ne comprend ce qui se passe et ce n'est qu'une fois que tout est terminé qu'il apprend qu'il a bien assisté à la bataille.

(b) Cet étudiant soutient que tous les pays se ressemblent de plus en plus (l'architecture moderne est la même à Moscou et à Tokyo) et que le cinéma nous a déjà dévoilé tous les charmes de l'étranger.

3. Valeurs du tourisme.
   Débat où les positions suivantes seront discutées:
   (a) le tourisme est une industrie
   (b) le touriste moyen n'est qu'un robot, programmé par une agence de voyage
   (c) le vrai touriste doit voyager seul
   (d) on ne peut connaître une ville, ou un pays qu'en y habitant
   (e) les voyages ne vous révèlent jamais la vérité d'un pays ou d'une culture, car ils ne vous mettent en contact qu'avec l'extérieur et le superficiel

4. Vous avez trois semaines pour montrer les États-Unis à un Français. Discutez avec un camarade du voyage idéal qui lui permettra de se faire l'idée la plus juste de ce pays.

COMPOSITIONS

1. À la manière de Simone de Beauvoir, racontez votre découverte (réelle ou imaginaire) d'un pays étranger.
2. Discutez cette phrase du texte:
   «Chaque lieu, chaque ville a un secret, une âme, une essence éternelle, et la tâche du voyageur est de les dévoiler».
3. Pensez-vous que «la vérité d'une ville se dépose dans ses bas-fonds»?
4. Réfléchissez à la phrase de la fin du texte: «Nous étions présents, et nous n'avions rien vu». Est-ce vrai? Pourquoi? Que doit faire le voyageur qui est présent, pour «tout voir», c'est-à-dire «tout comprendre»?

Charpente

8

La Concordance des temps

1. Tableau général

LE VERBE PRINCIPAL COMMANDE L'INDICATIF

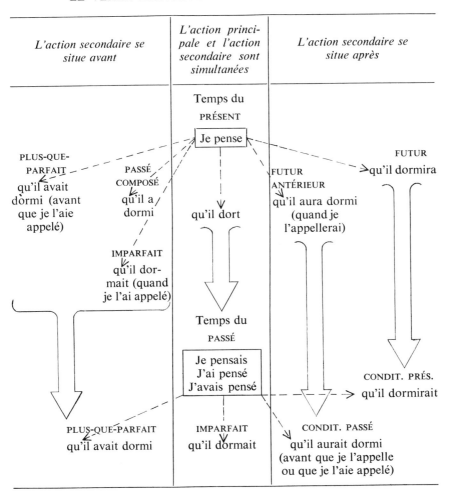

LE VERBE PRINCIPAL COMMANDE LE SUBJONCTIF

L'action secondaire se situe avant l'action principale	*Les deux actions sont simultanées*	*L'action secondaire se situe après l'action principale*
	PRÉSENT et PASSÉ	
SUBJONCTIF PASSÉ qu'il ait dormi	Je regrette Je regrettais J'ai regretté	PRÉSENT SUBJONCTIF qu'il dorme (plus tard)
	PRÉSENT SUBJONCTIF qu'il dorme	IMPARFAIT SUBJONCTIF (littéraire)
PLUS-QUE-PARFAIT SUBJONCTIF (littéraire) qu'il eût dormi (avant que je l'aie appelé)		qu'il dormît (au moment où je l'ai appelé)

NOTE: Lorsque le verbe principal est au futur, on trouve dans la proposition subordonée les mêmes temps que si le verbe principal était au présent. Ici encore le temps choisi dépend du contexte et du sens, et toutes les combinaisons ne sont pas toujours possibles.

2. Le style indirect

Après des verbes tels que **dire, déclarer, annoncer, répondre, demander, s'écrier,** on peut trouver:

soit une phrase au style direct, entre guillemets:
EXEMPLE: Il lui dit: «Tu es en retard!»

soit une phrase au style indirect, introduite en général par **que:**
EXEMPLE: Il lui dit qu'il est en retard.

Le passage du style direct au style indirect entraîne un changement de perspective, donc un changement de temps.

A. La phrase à mettre au style indirect est une déclaration ou une réponse

1. Quand le verbe principal est au **présent, futur** ou **conditionnel,** le seul changement consiste à supprimer les guillemets et à relier les deux propositions par **que.**

EXEMPLE: Le fermier dit: «Le blé pousse.»
Le fermier dit que le blé pousse.

2. Changement de temps. Si le verbe principal est à un temps du **passé**, il y a des changements de temps à opérer dans la proposition secondaire lorsqu'on passe du style direct au style indirect.
Le verbe principal peut aussi être *avait dit* ou *disait*.

(Présent)	1. Le fermier a dit: «Le blé pousse.»	
(Imparfait)	————	que le blé poussait.
(Imparfait)	2. Le fermier a dit: «Le blé poussait mal autrefois.»	
(Imparfait)	————	que le blé poussait mal autrefois.
(Passé composé)	3. Le fermier a dit: «Le blé a poussé trop vite.»	
(Plus-que-parfait)	————	que le blé avait poussé trop vite.
(Futur)	4. Le fermier a dit: «Le blé poussera bientôt.»	
(Conditionnel présent)	————	que le blé pousserait bientôt.

NOTE: Le conditionnel n'exprime pas ici une condition mais seulement le futur dans le passé.

B. La phrase à mettre au style indirect exprime un ordre

Quel que soit le temps du verbe principal, si le verbe de la phrase citée est un impératif de la deuxième personne, il deviendra un **infinitif** précédé de **de.**

EXEMPLES: Il m'a dit: «Laboure le champ.»
Il m'a dit de labourer le champ.

Il nous a dit: «Labourez le champ.»
Il nous a dit de labourer le champ.

Si l'impératif est à la première personne du pluriel, on est obligé de trouver, en style indirect, un autre moyen d'expression, afin d'éviter la confusion.

EXEMPLES: Il m'a dit: «Labourons le champ.»
deviendra
Il m'a dit que nous devions labourer le champ.
ou
Il m'a dit de labourer le champ avec lui.
ou
Il a proposé que nous labourions le champ ensemble.

C. La phrase à mettre au style indirect est une question

1. Si la phrase citée est une question avec **est-ce que** ou **inversion** (la réponse sera oui ou non), les deux propositions sont reliées par **si**.

   EXEMPLES: Il lui demande: «Est-ce que tu sais labourer?»
   ou «Sais-tu labourer?»

   devient

   Il lui demande s'il sait labourer.

   Je lui demande «Êtes-vous le patron?»
   Je lui demande s'il est le patron.

2. Si la phrase citée est une question avec **qu'est-ce que**, **qu'est-ce qui**, les deux propositions sont reliées par **ce que**, **ce qui**.

   EXEMPLES: La voisine nous demande: «Qu'est-ce que vous plantez ici?»
   La voisine nous demande *ce que* nous plantons ici.

   La voisine nous demande: «Qu'est-ce qui pousse là?»
   La voisine nous demande *ce qui* pousse là.

3. Avec des questions commençant par d'autres mots interrogatifs, on répète ces mots et on supprime l'inversion s'il y en a une.

   EXEMPLES: L'ouvrier nous demande: «Quand ferez-vous la récolte?»
   L'ouvrier nous demande quand nous ferons la récolte.

   L'ouvrier nous demande: «Quelle heure est-il?»
   L'ouvrier nous demande quelle heure il est.

   L'ouvrier nous demande: «Pourquoi faites-vous déjà la vendange?»
   L'ouvrier nous demande pourquoi nous faisons déjà la vendange.

D. Les changements de personne

Ils n'offrent pas de difficulté car ils sont analogues à ceux qui sont nécessaires en anglais pour les mêmes types de phrase.

EXEMPLES: Il me dit: «Je sème du persil.»
Il me dit qu'il sème du persil.

Il me dit: «Tu sais bien labourer.»
Il me dit que je sais bien labourer.

Matériau

Une histoire de pêche

La campagne

Le paysage

TERRAIN *m.* plat
accidenté, escarpé
en pente

SOL *m.* fertile
TERRE *f.* aride

La montagne

ALPINISME *m.* monter grimper GRIMPEUR *m. escalader*

(ROUTE *f.* en lacets) ALPINISTE *m.* CRÊTE *m.*
COL *m.* de montagne CORDÉE *f.* SOMMET *m.*
PIC *m.*

ÉLEVAGE *m.* PÂTRE *m.*
BERGER *m.*
PÂTURAGE *m.* *garder* TROUPEAU *m.* BÉTAIL *m.*
soigner BOVINS *m.*
MOUTON *m.*
BREBIS *f.*

ABATTAGE *m.* du bois BÛCHERON *m.* *paître* HERBE *f.*
CHALET *m.* *traire* VACHE *f.* laitière
FORÊT *m.* *abattre*
BOIS *m.* *couper* ARBRE *m.* HÊTRE *m.*
SOUS-BOIS *m.* CHÊNE *m.*
BOULEAU *m.*
ORME *m.*
PEUPLIER *m.*

La colline

VITICULTURE *f.* VIGNERON *m.* *cueillir* GRAPPE *f.*
VIGNE *f.* *vendanger*
VIGNOBLE *m.* *faire* VIN *m.* bon CRU *m.*
VITICULTEUR *m.*

La plaine

AGRICULTURE *f.* CULTIVATEUR *m.*   *cultiver*   CHAMP *m.*   CHARRUE *f.*
                PAYSAN *m.*   *labourer*   SILLON *m.*
                COOPÉRATIVE *f.*   *mécaniser* CULTURE *f.*   TRACTEUR *m.*
                agricole   *semer*   SEMENCE *f.*   GRAINE *f.*
                                     engraisser   ENGRAIS *m.*
                                     faucher   FOURRAGE *m.*
                                     moissonner MOISSON *f.* de   BLÉ, MAÏS *m.*

Les jardins

CULTURE *f.*   FRUITS *m.* et PRIMEURS *m.*
                MARAÎCHER *m. faire pousser*   LÉGUMES *m.*   ÉPINARDS *m.*
                                                               SALADE *f.*
                                                               CHOU-FLEUR *m.*
                                                               POIREAUX *m.*
                RÉCOLTE *f. récolter*   FRUITS *m.*   *mûrir* au VERGER

La ferme

EXPLOITATION *f.* agricole   *marcher* en sabots   CHEMIN *m.* ORNIÈRE *f.* BOUE *f.*
      FERMIER *m.*   COUR *f.* PORC *m.* TRUIE *f.*
      MÉTAYER *m.*   BASSE-COUR *f.* VOLAILLE *f.*
      PROPRIÉTAIRE *m.* terrien   (POULE, CANARD)
      nourrir   la POPULATION *f.*   *pondre* ŒUFS *m.*

La vallée

PÊCHE *f.* RIVIÈRE *f.* FLEUVE *f.*
        RUISSEAU *m.*   *pêcher* à la LIGNE   *attendre* du POISSON
        LIGNE *f.* BOUCHON *m.*   HAMEÇON *m.*   *attraper*
                                                        FRITURE *f.*

Parler un langage fleuri

LEXICOTEST

A. Expliquez les proverbes paysans suivants (chercher dans le Larousse Illustré)
  1. Mettre la charrue avant les bœufs.
  2. On récolte toujours ce qu'on a semé.
  3. Mauvaise herbe pousse vite.
  4. Donner un œuf pour avoir un bœuf.
  5. Entre l'arbre et l'écorce il ne faut pas mettre le doigt.
  6. On reconnaît l'arbre à ses fruits.
  7. Les petits ruisseaux font les grandes rivières.
  8. Qui vole un œuf vole un bœuf.
  9. Qui sème le vent récolte la tempête.
  10. Le vin est tiré, il faut le boire.

B. Distinguez entre les mots suivants, au moyen d'une phrase qui en complète et précise le sens :
  1. élévation, élevage
  2. pâtre, paître
  3. cru, croissance
  4. traire, traîner
  5. orme, ornière
  6. pêcher, pêcheur

C. Les quatre saisons de l'agriculture. Faites dix phrases complètes.
  1. Au printemps _____ et _____
  2. En été _____ et _____ et _____
  3. En automne _____ et _____ et _____
  4. En hiver _____ et _____

EXERCICES (Oral)

A. Répétez la question en la mettant au style indirect.
  1. Qu'est-ce que vous avez trouvé?   On vous a demandé
  2. Qu'est-ce que Paul a cueilli?   ce que vous avez
  3. Qu'est-ce que Martine a jeté?   trouvé.
  4. Qu'est-ce que Pierre a fait pousser?
  5. Qu'est-ce que le chien a mangé?
  6. Qu'avez-vous semé?
  7. Qu'avons-nous fait de mal?
  8. Qu'est-ce qui s'est passé?
  9. Qu'est-il arrivé?
  10. Qu'écrit-il en ce moment?
  11. Qu'est-ce qu'il lit ce soir?
  12. Qu'est-ce qu'il finit?
  13. Qu'est-ce qui vous paraît bon?
  14. De quoi avez-vous eu besoin?
  15. De quoi s'était-il servi?
  16. De quoi avait-il eu peur?
  17. De quoi s'agit-il?
  18. De quoi faut-il parler?

B. *Dialogue dirigé.*

1. Demandez à Paul de s'en aller.   Va-t-en, Paul.
2. Demandez-lui ce qu'il a cueilli.
3. Demandez-lui de quoi il a besoin.
4. Demandez-lui ce qu'il aurait fallu semer.
5. Demandez-lui de quoi il s'était servi.
6. Demandez-lui ce qu'il finissait hier.
7. Demandez-lui ce que valaient les poules au marché.
8. Demandez-lui ce qui va se passer.
9. Demandez-lui ce qu'il a à se plaindre ainsi.
10. Demandez au vieux paysan de quoi il se souvient.
11. Demandez-lui ce qui lui faisait plaisir.
12. Demandez-lui de quoi il s'agissait.
13. Demandez-lui à quoi il pensait.
14. Demandez-lui ce qu'il en disait.
15. Et ce qu'il en dit maintenant.

Un mot cochon

EXERCICES (Écrit)

A. Mettez au style indirect les phrases suivantes (On dit à Plume . . . Plume répond, etc.)

1. «Allons, mangez. Qu'est-ce que vous attendez?»
2. «Quoi! Vous n'êtes pas venu de si loin pour dormir, non?»

3. «Allons, prenez votre malle et vos affaires, et marchez.»
4. «Ah! Alors vous pensez qu'on a chauffé depuis trois heures cette locomotive pour vous transporter?»
5. «Bien, bien. Je comprends parfaitement. J'étais monté, oh, pour jeter un coup d'œil.»
6. «Je voulais seulement vous demander une carte postale.»
7. «Qu'est-ce qu'il fait ici celui-là?»
8. «Qu'on aille vite me le redescendre dans la soute.»
9. «Le deuxième quart vient de sonner.»
10. «Je songe aux malheureux qui ne peuvent pas voyager du tout, tandis que moi, je voyage, je voyage continuellement.»

B. Même exercice, mais au passé (On a dit à Plume . . . Plume a répondu, etc.)

C. Dans le paragraphe suivant, mettez les verbes entre parenthèses aux temps convenables.

Monsieur,

Vous m'avez écrit pour me demander ce qu'il _____ (falloir) planter si vous aviez un jardin de terre argileuse. Mais vous ne m'avez pas dit si vous _____ (aimer) les fruits ou les légumes. J'ai pensé que vous _____ (pouvoir) semer des deux, fraises et oseille, si vous vous y êtiez pris à temps. Il est possible, maintenant, que vous _____ (devoir) attendre l'année prochaine, car je ne serais pas étonné s'il _____ (ne pas être) déjà trop tard pour cette saison. Je regrette que vous _____ (écrire) si tardivement, et je me permets de vous demander si vous pensez que la main à plume _____ (valoir) la main à charrue. Je crois que vous _____ (ne pas avoir) jamais votre main. Mais il vaudrait encore mieux que vous _____ (écrire). Je pense que vous _____ (comprendre) si je n'en dis pas plus.

Fenêtre I

Les Travaux*

Mes parents pensaient que j'allais conduire jusqu'à la fin de ma vie le tracteur, déterrer en novembre les betteraves[1] pour les bêtes, m'occuper des champs comme d'une petite amie à laquelle on se dévoue. Je n'avais pas comme les autres le droit de m'endormir dans les meules de paille, elles
5 étaient sacrées; elles représentaient notre fortune. La campagne, pour moi, n'était qu'un lieu de travail ininterrompu, harassant. Le lever du soleil, c'était le départ dans la brume vers les champs des Noyers ou des Éteintes. Chaque parcelle de terre portait un beau nom: l'Épouse, les Morilles, la Renardière, etc. ... Tous ces champs éparpillés autour de la ferme nous
10 tenaient en servitude. Je passais de l'un à l'autre sans répit. Il n'y en avait qu'un qui donnait, sans histoires, son blé ou ses pommes de terre, une bonne terre friable qui ne collait pas aux bottes, qui s'ouvrait comme par plaisir pour le soc, que la herse repeignait avec joie, dont les mottes[2] ne devenaient pas dures comme des poings mais s'effondraient d'une pichenette.[3] Et puis,
15 sous son pommier, l'ombre sentait bon la compote[4] au mois d'octobre, avec ses branches si lourdement chargées que chacune avait sa béquille pour ne pas casser. Un vieux copain sans malice; il supportait mal les oiseaux et les nids; il se faisait vieux, moussu, bonhomme. Au fond, je ne regrette que ce pommier. Son feuillage semblait toujours marmonner quelque chose.

QUESTIONS

1. Quelle impression vous fait ce texte? L'auteur aime-t-il la campagne? Que pensez-vous de lui?
2. Faites le portrait moral des parents. (*l.* 1)
3. Qui sont «les autres» (*l.* 4)?
4. Connaissez-vous les raisons de cet éparpillement, de cette dispersion des champs? (*l.* 9 à 10)
5. À quoi l'auteur compare-t-il la terre? et le pommier? (*l.* 12 à 16)
6. Résumez tous les reproches que fait le jeune homme à la campagne.

---

* Jean Cayrol, *Les Corps étrangers*. Paris, Éditions du Seuil, 1959.
[1] *betteraves* Les betteraves ne servent pas seulement à fabriquer le sucre, mais aussi à nourrir le bétail.
[2] *mottes* Le soc de la charrue écarte la terre et laisse des mottes de chaque côté du sillon. La herse efface les sillons, comme un peigne.
[3] *pichenette* un petit coup.
[4] *sentait bon la compote* avait le parfum agréable des pommes cuites.

SITUATIONS

1. Mettre tout le texte sous forme de dialogue entre la famille et le jeune homme. Arguments pour et contre la vie à la campagne.
2. Un cousin de la ville, où il travaille comme ouvrier d'usine, discute les deux modes de vie.
3. Un jeune fermier américain explique au jeune paysan français les avantages de la mécanisation de la culture (voir Matériau 8, *l'agronomie*). Le Français approuve.

COMPOSITIONS

1. Contrastez la vie de ce paysan français avec celle d'un fermier américain.
2. Pastiche du texte en remplaçant la campagne par une très grande ville.

Fenêtre II

Dans la forêt*

MONIQUE WITTIG. Née à Dannemarie (Haut Rhin) en 1935. A fait des études de lettres à la Sorbonne; Puis a travaillé à la Bibliothèque Nationale et dans des maisons d'édition. *L'Opoponax* dont est extrait le texte suivant, est son premier roman.

On va en promenade dans la forêt. On passe sur la place devant le temple. On est en rang deux par deux. Denise Baume est à côté de Josiane Fourmont. Devant il y a Catherine Legrand avec Reine Dieu.(. . .) On prend à gauche, le long de la rivière. On marche deux par deux bien à droite pour ne pas gêner
5 la circulation. On a traversé la zone de grand encombrement. Il n'y a plus de magasins. On passe encore de temps en temps devant une maison. La rivière est sur la droite. Les maisons se trouvent à gauche de l'autre côté de la route. Les berges de la rivière vont jusqu'aux peupliers. Elles forment des banquettes de terre qui descendent en pente douce jusqu'à la nappe d'eau.
10 Les parties herbues alternent avec de larges sentiers de terre battue argileuse qui se craquelle quand il fait chaud selon des réseaux compliqués, des losanges élargis tendant à la circonférence et tangents les uns aux autres. Quelquefois ça fait comme des brèches on peut presque apercevoir le feu qu'il y a à l'intérieur de la terre tellement c'est profond. De l'autre côté de la rivière il
15 y a la ligne des peupliers contre la route et derrière plus haut sur des hauteurs les arbres d'un vert épinard dont on ne discerne pas les formes. Sur la plus haute des collines on voit la ferme des buis. C'est une toute petite maison blanche vue d'en bas. Ça ressemble à la chanson là-haut sur la montagne, y avait un vieux chalet. On traverse la rivière sur un pont et on continue
20 dans la même direction que l'axe du pont vers la ferme des buis. On monte sur une route étroite et non goudronnée qui fait des lacets. En traînant les pieds par terre on soulève une poussière blanche. Quand on aperçoit la ferme, on ne peut pas voir la rivière et vice-versa. La rivière s'éloigne de plus en plus et la maison qui est maintenant plus près est toute grossie. Il
25 n'y a pas de buis autour de la ferme. Une esplanade de terre et de cailloux si fins et si concassés qu'ils ont un aspect sablonneux, forme la cour. Quand on l'a traversée on pénètre derrière la ferme dans la forêt. On marche sur un

---

* Monique Wittig, *L'Opoponax*. Paris, Éditions de Minuit, 1964.

chemin à ornières. On n'est plus en rang. On court. On s'égaille. . . . On marche sur le chemin. Il y a des hêtres des charmes, des frênes, des ornes, des ormes, des trembles. De temps en temps on croise un bois de bouleaux qui 30 est pris dans l'ensemble comme une petite forêt à l'intérieur d'une plus grande. Des feuilles qui ne sont pas de la même année forment une couche d'humus épaisse dans le sous-bois qui de là déborde en une pellicule moins importante sur les bas côtés du chemin et dans les dépressions faites par les ornières ou qui recouvre toute la largeur du chemin. Ça colle aux semelles 35 des chaussures il faut prendre un bout de bois pour les nettoyer. Des bouts de bois on en trouve de part et d'autre dans le sous-bois ou même au milieu du chemin. Ils ont tous l'aspect du bois mort. Quelques-uns sont assez grands pour faire des bâtons. On s'appuie au dessus de toutes ses forces pour en éprouver la solidité. Il y en a qui se cassent. C'est les mous. C'est le bois pourri. 40 On se met à en fabriquer en coupant avec des canifs des branches de noisetier. On n'a même pas besoin de canif si on s'y prend bien la branche se casse sans bavures d'écorce, c'est ce qu'il faut parce qu'elle est trop élastique et coupante pour qu'on puisse en venir à bout à main nue. On les prend les plus longs possible. On les dépouille de l'écorce. On les prend flexibles. On frappe les 45 troncs d'arbre avec en passant. . . . On rentre le soir quand déjà la lumière ne passe plus sous les arbres. On a les paumes des mains écorchées, les doigts bourrés d'épines. On ne peut plus se traîner. Mademoiselle se donne beaucoup de mal. Elle marche à côté des rangs tantôt en avant tantôt en arrière. Elle dit qu'il faut chanter pour s'aider à marcher. On chante, ne pleure pas 50 Jeannette on te mariera, on te mariera. C'est entre chien et loup[1] les arbres sont à moitié figés et tout noirs. Quand on sort de la forêt on voit l'étoile du berger[2] dans le ciel encore bleu, pâli du côté où le soleil s'est couché. On redescend sur la route en lacets vers la rivière. On laisse, derrière, la ferme des buis. On entend de loin les clarines d'un troupeau qui se déplace quelque 55 part sur le flanc de la colline. On entend des appels d'homme. Le fond de la vallée est déjà obscurci. La rivière fait une traînée noire sans éclat. On chante de moins en moins fort. Reine Dieu ne chante pas du tout. Catherine Legrand à côté d'elle chante au bout des lèvres. Mademoiselle dit allons, avançons, dépêchons-nous, plus vite, allons. 60

Avertissement

Nous avons choisi ce texte pour ses qualités littéraires et linguistiques. Il ne représente pas du tout un exemple de français courant. Il est, tout au contraire, très soigneusement écrit de façon à recréer, par des moyens linguistiques, la vision d'un enfant de huit à neuf ans. L'analyse de ces moyens devrait permettre de comprendre la notion de «niveau de langue» et la différence fondamentale qui existe entre le français parlé et le français

---

[1] *entre chien et loup*   à la tombée de la nuit.
[2] *étoile du berger*   la planète Vénus.

écrit. Le professeur jugera si le niveau de sa classe lui permet d'exploiter toutes les possibilités du texte. Si le travail de conversation sur ce texte est en effet assez difficile, le travail de composition par contre est relativement plus facile et peut être d'une grande variété.

QUESTIONS

1. Qui parle?
2. Résumez le texte en trois phrases.
3. Comment s'appellent les personnages? Qu'en pensez-vous?
4. Où vont-ils? Quel jour est-ce?
5. *l.* 8 à 14: Ces deux phrases décrivent les berges de la rivière. Elles sont très différentes l'une de l'autre. Comment l'expliquez-vous? (regardez: (a) le vocabulaire, (b) la syntaxe.) Est-ce la même personne qui parle?
6. Relevez dans tout le texte les mots qui peuvent vous suggérer l'endroit où se passe cette promenade (quel type de paysage? quelle saison?)
7. Relevez tous les détails qui montrent bien que ce texte est le monologue intérieur d'un enfant:
   (a) dans le vocabulaire
   (b) le sujet des verbes
   (c) les remarques sur le paysage
   (d) les activités des personnages
8. Relevez dans l'ensemble du texte tout ce qui n'appartient pas, d'ordinaire, au langage des enfants (vocabulaire, construction de phrases).
9. Pourquoi l'auteur mélange-t-il ces différents niveaux de langage? Quel effet produit-il?
10. Ce texte vous semble-t-il reproduire fidèlement les impressions de promenade en forêt d'une enfant? Pourquoi?

SITUATIONS

1. Imaginez le dialogue des quatre fillettes dont il est question (Josiane Fourmont, Denise Baume, Catherine Legrand, Reine Dieu) pendant la promenade.
2. Le soir, la fillette qui parle pendant tout ce texte, *raconte* à une amie restée à la pension, ce qu'elle a fait pendant la promenade. (Il serait amusant de suivre le texte pas à pas, mais en le transformant en français *parlé*.)
3. «Mademoiselle» (*l.* 48) raconte cette même promenade, mais de son point de vue «surveillante».

COMPOSITIONS

1. Prenez le texte de la ligne 1 à la ligne 30. Récrivez-le, en gardant la même structure de phrases, mais en changeant le sujet:
   «au bord de la mer»

2. Récrivez l'ensemble du texte au passé.

3. *l.* 1 à 16 (ou 46 à 60; ou 28 à 48): Récrivez ce passage, en conservant exactement le même vocabulaire, mais en changeant la structure des phrases, de sorte que l'on ait l'impression de lire un texte écrit par un adulte.

4. Ce texte se prête admirablement au pastiche. Profitez-en et choisissez vous-même votre sujet «à la manière de . . .».

9

L'Expression des sentiments

Idée simple et générale

Le sujet peut parler
(1) de lui-même   = MODÈLE A
(2) d'un autre sujet = MODÈLE B
                       MODÈLE C

(1) même sujet

MODÈLE A { verbe de certitude, d'espoir

verbe de doute, de crainte, de regret, de souhait } + *infinitif*

(2) sujets différents

MODÈLE B: verbe de certitude, d'espoir + *indicatif*
MODÈLE C: verbe de doute, de crainte, de regret, de souhait + *subjonctif*

A. La certitude et le doute

MODÈLE A: verbe + *infinitif*

je suis sûr de   Je *suis sûr de* gagner l'élection. (= je gagnerai)

je crois   Il *croit* pouvoir gagner. (= il pourra gagner)

je pense   Vous *pensez* réussir? (= vous réussirez?)

je doute de   Elle *doute de* savoir parler en public.

je ne crois pas   Charles *ne croit pas* perdre une seule voix.

pensez-vous . . . ? Pensez-vous réussir?

MODÈLE B: verbe de certitude + *indicatif*

je suis sûr que   Je *suis sûr que* la grève aura lieu demain.

je crois   Je *crois* qu'elle a déjà eu lieu.

MODÈLE C: verbe de doute + *subjonctif*

je doute que   Je *doute que* la grève ait lieu demain.

je ne crois pas que   Je *ne crois pas qu*'elle ait déjà eu lieu.

pensez-vous que ... ? *Pensez-vous qu*'elle puisse avoir lieu?

Nuances et précisions   *c'est probable que + indicatif*

MODÈLE B et MODÈLE C.

Notez l'opposition: Je crois que ... + *indicatif*   (certitude)
                    Je ne crois pas que ... + *subjonctif*   (doute)
                    Croyez-vous que ...? + *subjonctif*   (doute)

Mais on peut trouver l'interrogation sous la forme d'une question sans nuance de doute:

Vous pensez qu'il *fera* cela?   (indicatif)
Pensez-vous qu'il *fasse* cela?   (subjonctif)

Le verbe peut changer de sens:

Doute (MODÈLE C)	Certitude (MODÈLE B)
Je doute qu'ils sachent la vérité. (doute)	Je *me* doute qu'ils la savent. (opinion)
Il semble qu'ils aient tort. (apparence)	Il *me* semble qu'ils ont tort. (opinion)
Supposez qu'ils soient malheureux. (hypothèse)	Je suppose qu'ils sont malheureux. (opinion)

B. L'espoir et la crainte

1. *Même sujet*

MODÈLE A: verbe + *infinitif*

espérer   J'*espère* trouver un travail cet été.

compter   Je *compte* bien travailler aussi.

craindre de   Je *crains de* ne rien trouver.

de peur de   *De peur de* manquer d'argent, j'ai fait une demande d'emploi.

2. *Sujets différents*

MODÈLE B: verbe d'espoir + *indicatif futur*

espérer que   J'*espère que* vous trouverez un travail.

compter que   Je *compte* bien *que* vous travaillerez.

MODÈLE C: verbe de crainte + *subjonctif*

craindre que   On *craint qu*'il soit trop tard pour sauver les mineurs.

il est à craindre que   *Il est à craindre qu*'on ne puisse les sauver.

Nuances et précisions

MODÈLE C

EXEMPLES: Il est à craindre qu'on *ne* puisse pas les sauver. (on *ne* pourra *pas*)
          Il est à craindre qu'ils (ne) soient déjà morts.

Après les verbes de crainte, la particule (ne) est explétive, c'est à dire qu'elle n'a pas le sens négatif. On peut donc supprimer le *ne* après les verbes de crainte, sauf si le sens est négatif.

avoir peur que   J'ai bien peur qu'ils soient morts. (français parlé)

MAIS J'ai bien peur qu'on ne puisse les sauver. (On doit garder *ne* pour exprimer la négation.)

C. Le souhait et le regret

  1. *Même sujet*

MODÈLE A: verbe + *infinitif*

souhaiter   Je *souhaite* augmenter mes revenus, mais comment?

aimer   J'*aimerais* bien gagner plus d'argent.

vouloir   Je *voudrais* avoir de plus longs congés.

regretter de   Vous *regretterez* d'avoir cru ses promesses.

  2. *Sujets différents*

MODÈLE C: verbe + *subjonctif*

souhaiter que   Tout le monde *souhaite que* la guerre finisse.

aimer bien que   On *aimerait bien que* les prix baissent.

vouloir que   *Voudriez*-vous *qu*'un dictateur vienne au pouvoir?

regretter que   Je *regrette que* vous ayez perdu votre place.

Quel dommage que   *Quel dommage que* je n'aie rien à vous offrir.

Nuances et précisions

C'est . . . Il est   (Référez-vous à la page 281.)

La politique	*c'est* difficile *à* comprendre	
	il est difficile *de* comprendre	la politique
On ne votera pas	*c'est* regrettable	
	il est regrettable qu'	on ne vote pas.

RÉCAPITULATION

EMPLOI DES MODES (OBLIGATOIRE)

| FAIT | *Je suis sûr* *Je crois* *Je pense* *J'espère* *Je compte* | *que* + INDICATIF |
| PAS UN FAIT | *Je doute* *Je ne crois pas* *Pensez-vous* *Je crains* *Je souhaite* *Je regrette* | *que* + SUBJONCTIF |

CHOIX DU MODE (SELON LE SUJET DE LA PROPOSITION SUBORDONNÉE)

Sujet A	Sujet B	Sujet A
Je crois	qu'il part	partir (je vais partir)
J'espère	qu'il partira	partir (je partirai)
Je souhaite	qu'il parte	partir (je veux partir)
Je regrette	qu'il parte	de partir (je pars)
Je crains	qu'il (ne) parte	de partir (je dois partir)
proposition principale	proposition subordonnée	

Matériau

Politique et économie

changer | RÉGIME *m.* politique | présidentiel
s'effondrer *être en train de tomber* | | parlementaire
| | dictatorial

DICTATEUR *m.* | *prendre* | POUVOIR *m.*
| *avoir*
| *garder*
| *maintenir* | ÉQUILIBRE *m.* des POUVOIRS *m.* | exécutif *provoquer*
| | | CRISE *f.*
| *menacer* | | législatif *empêcher*
| | | judiciaire

L'exécutif

LE PALAIS DE | LE PRÉSIDENT DE | *décréter* ÉTAT DE SIÈGE *m.*
L'ÉLYSÉE | LA R.F. | *gouverner* PAYS *m.*, ÉTAT *m.*
| | sagement, mal, adroitement
| | *réunir* CONSEIL *m.* DES MINISTRES *m.*
| | *présider*

| | *former* CABINET *m.*
| | *nommer* MINISTRES *m.* | INTÉRIEUR *m.*
| | | FINANCES *f.*
| | | ÉDUCATION *f.*
| | *démissionner*

Le législatif

LE PALAIS BOURBON | L'ASSEMBLÉE *f.* NATIONALE | *promulguer* LOI *f.*
| | *discuter* AMENDEMENT *m.*
| | *abroger*

PEUPLE *m.* *élire* | DÉPUTÉS *m.* siéger
être représenté

VOTE *m.* *voter* pour | CANDIDAT *m.* | *promettre*
SCRUTIN *m.* contre | | *tenir* PROMESSE *f.*
donner VOIX *f.* | | élu (*élire*) premier TOUR *m.*
recueillir SUFFRAGE *m.* | | second
s'abstenir

148

PARTIS *m. être d'accord*　POLITIQUE *f.*　GAUCHE *f.*　P.C. (Parti Communiste)
　　　se disputer　　　　　　　　　　　　　　　　　P.S.U. (Parti Socialiste Unifié)
　　　défendre　　　　　　　　　　　　　　　　　Parti Socialiste
　　　attaquer　　　　　　　　　　　CENTRE *m.*　Parti Radical
　　　faire　　　　　　　　　　　　　　　　　　　P.D.M. (Progrès Démocratie
　　　　　　　　　　　　　　　　　　　　　　　　　　　　　　　　Moderne)
　　　　　　　　　　　　　　　　　　DROITE *f.*　Républicains Indépendants
　　　　　　　　　　　　　　　　　　　　　　　　　U.D.R. (Union de Défense de
　　　　　　　　　　　　　　　　　　　　　　　　　　　　la République)

Le judiciaire

CONSEIL　　　　CITOYEN *m. avoir*　　DROIT *m.*　GRÈVE *f.* JUGE *m. ouvrir* ENQUÊTE *f*
D'ÉTAT *m.*　　　　　　　　　　　　　　　　　　　VOTE *m.*　　*instruire*
　　　　　　　　　　　　　　　　　LIBERTÉS *f.* PRESSE *f.*　*juger*　　PROCÈS *m.*
　　　　　　　　　　　　　　　　　　　　　OPINION *f.*　*payer*　　AMENDE *f.*
　　　　　　　　　　　　　　TORT *m.,*　RAISON *f.*　*condamner* PRISON *f.*
　　　　　　　　　　　　être conscient　　　　　　　*trouver* coupable
　　　　　　　　　　　　　　rebelle　　　　　　　　　　　　innocent
　　　　　　　　　　　　　　résigné

L'économie

SYSTÈME *m.* économique libéral LAISSEZ-FAIRE *m.*
　　　　　　　　　　néo-capitaliste
　　　　　　　　　　dirigiste PLANIFICATION *f.*

INDUSTRIES *f.*　　　　grande　ENTREPRISE *f.*　　nationalisée
PATRON *m. diriger*　　moyenne　　　　　　　　　privée
　　　　　　　　　　　petite

INGÉNIEUR *m. faire tourner* USINE *f.*　*produire* à la chaîne CHARBON *m.*, HOUILLE *f.*
　　　　　　　　　　　　　　　　　　manufacturer　　　FER *m.*, CUIVRE *m.*
　　　creuser　MINE *f.*　profonde　　　　　MATIÈRES premières
　　　exploiter　　　　　　à ciel ouvert　　　HOUILLE BLANCHE
　　　　　　　　CENTRALE *f.* électrique

TRAVAIL *m.*

CONTREMAÎTRE *m. embaucher*　OUVRIER *m.* spécialisé
　　　　　　　surveiller　　　　　　non-spécialisé = MANŒUVRE *m.*
　　　　　　　renvoyer

SALARIÉ *m. être* bien/mal payé
　　　　　content
　　　　　mécontent　　　　　　　　　　　*déclencher*
　　　　　syndiqué　*appartenir*　SYNDICAT *m.* { *décider* } GRÈVE *f.*
　　　　　　　　　　　　　　　　　　　　　faire
　　　　　　　　　　　　　　　　　　　　　prolonger
　　　　　　　　　　　　　　　　　　　　　terminer

　　　　　　　　　　　　　　　　　　　　　　　GRÉVISTE *m.*

MARCHÉ *m.*

CLIENT *m. commander*

L'OFFRE *f.*/LA DEMANDE *f. produire/consommer*
libre CONCURRENCE *f.*

passer COMMANDES *f.*	en BAISSE *f.*	*provoquer*	CHÔMAGE *m.*	CHÔMEUR *m.* chômer
faire	militaires		une CRISE *f.*	
manquer	en HAUSSE *f.*		PLEIN-EMPLOI *m.*	

POLITIQUE *f.* fiscale   ÉTAT-PROVIDENCE *m. payer*   TRAVAILLEURS *m.* SÉCURITÉ SOCIALE *f.*

RETRAITE *f.*

CONTRIBUABLES *m.*   *verser* IMPÔTS *m.* légers
lourds
injustes

élever NIVEAU *m.* DE VIE *f.*	*aider*	TIERS-MONDE *m.*
abaisser	*subventionner*	PAYS *m.* sous-développés
maintenir	*subvenir aux*	BESOINS *m.*

Parler à mots couverts

LEXICOTEST

A. Expliquez la différence qui existe entre:
1. L'exécutif et le législatif
2. Se résigner et démissionner
3. Un grand politique et une grande politique
4. Faire la grève et chômer
5. Siéger à la Chambre et l'état de siège
6. Un contremaître et un contribuable
7. La houille blanche et le charbon
8. Un patron et un client
9. Le Tiers-Monde et le Centre
10. Une amende et un amendement

B. Complétez les phrases suivantes avec le verbe approprié: (Une ou plusieurs solutions possibles.)

1. Le peuple _élit_ le Président de la République.
2. La baisse du niveau de vie a _provoqué_ une crise politique.
3. Les ouvriers _____ leur salaire le samedi matin.
4. Les députés _tiennent_ rarement leurs promesses électorales.
5. Si vous ne voulez pas voter, _abstenez_ vous.
6. Est-ce que les manœuvres _appartiennent_ au syndicat?
7. Combien d'impôts _versez_ -vous chaque année?
8. Qu'est-ce qui a _prolongé_ la grève, d'après vous?
9. Voici les noms qui ont _recueilli_ des suffrages.
10. L'usine va fermer parce qu'elle _manque_ commandes.

C. Donnez le contraire des mots ou expressions suivants:

1. renvoyer un ouvrier *(embaucher)*   6. les produits finis *matières premières*
2. le chômage *le plein emploi*   7. un innocent *un coupable*
3. la demande *l'offre*   8. un salarié *un marché?*
4. le dirigisme *laissez faire*   9. se rebeller *se résigner*
5. en baisse *en hausse*   10. l'expansion économique *l'abaissement*

EXERCICES (Oral)

A. *Rappel de structure.*
Formez une phrase complète avec les éléments suivants:

PROFESSEUR	ÉTUDIANT
1. Mon candidat gagnera. J'en suis sûr.	Je suis sûr *que* mon candidat gagnera.
Il gagnera. Je le souhaite.	*gagne (subj.)*
Il ne tiendra pas ses promesses. Je le crains.	*tienne*
C'est toujours ainsi. Je le regrette.	*ce soit moi*
Il ne faut pas croire les slogans. Je le pense.	*faut*
Nous avons le meilleur régime. Je ne le crois pas.	*nous ayons*
2. Je partirai. Il le désire.	Il désire *que* je parte.
Tous les électeurs voteront. On l'espère.	*votent ... voteront*
Les femmes se sont abstenues. Je le crains.	*ne se soit abstenues (subj.)*
Elles n'ont pas voté. On s'en doute.	*n'ait pas*
Elles ont eu raison. Le pensez-vous?	*elles aient raison ou ...*
Il faut voter. Nous le pensons tous.	*il faut voter*
3. Vous réussirez: le croyez-vous?	Croyez-vous réussir?
Il trouvera un emploi. Il n'en est pas sûr.	*il n'est pas sûr de trouver*
Les ouvriers font la grève. Ils le souhaitent.	*souhaitent faire*
Ils vont perdre leur place. Ils en ont peur.	
Ils ont eu raison. Ils le croient.	*Ils croient avoir eu*
Vous serez en chômage. Vous le craignez?	*craignez-vous être en chômage?* / *Vous craignez d'être en chômage*

4. Les salaires seront augmentés. Tu l'espères?   Tu espères *que* les
                                                    salaires seront
                                                    augmentés?

Je serai patron. J'y compte bien. *Je compte bien d'être*
Elle n'a pas voté. Elle a eu peur. *de n'avoir pas*
Le syndicat veut la grève. Tu crois? *Crois-tu qu'il veuille*
Ils la feront. On le craint. *On craint qu'ils la fassent*
Je vous ai fait un discours. Je le regrette. *Je regrette de vous avoir fait un.*

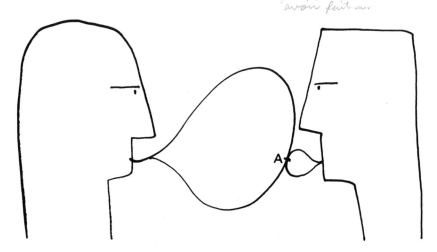

Nous avons un point commun

5. Il peut devenir ingénieur. Il en est sûr.   Il est sûr *de* pouvoir
                                                 devenir ingénieur.

Il travaille dans une usine? Quel dommage. *C'est dommage qu'il travaille*
Il est ingénieur? J'en doute. *Je doute qu'il soit*
C'est un contremaître, je crois.
Peut-être la gauche viendra-t-elle au
pouvoir? Je le voudrais. *que la gauche vienne*
Elle va perdre sa place. Elle en tremble. *Elle tremble de perdre*

B. *Jeu structural.*

Répéter la phrase modèle puis y substituer les éléments proposés, en
modifiant s'il le faut la structure de la phrase.

La gauche accepte de laisser aller l'économie au hasard.

La droite _____

_____ souhaite _____

_____ que _____

_____ la consommation _____

_____ baisser.

Mon patron souhaite que la grève finisse.

Je _____

_____ espère _____

_____ je trouverai du travail.

Le manœuvre _____

_____ a peur _____

C. *Questions.*

Voici des phrases. Faites-en des questions exprimant tel ou tel sentiment.

PROFESSEUR	ÉTUDIANT
(Certitude) Il y a une crise.	Vous êtes sûr qu'il y a
(Doute) Il y a une crise. *Pensez-vous qu'il y ait*	une crise?
(Souhait) La grève aura lieu.	
(Espoir) La grève aura lieu. *Espérez-vous que la grève*	
(Regret) Les salaires sont bas.	
(Crainte) L'industrie est en stagnation.	

D. *Dialogue dirigé.*

Faites des questions et des réponses contenant un verbe exprimant le sentiment indiqué, suivi d'une proposition.

Demandez à X. s'il pense que l'élection aura lieu.

Répondez-lui que vous en doutez.

Demandez à Y. s'il espère que l'État contrôlera l'économie.

Répondez-lui que vous ne l'espérez pas mais vous en avez bien peur.

Dites à Z. que vous doutez que les allocations familiales soient une bonne chose.

Répondez-lui que vous êtes persuadé du contraire.

Demandez à votre ami ce qu'il pense du dirigisme; est-ce une bonne chose?

Répondez-lui que non, à votre avis.

E. *Thème oral.*

Il est sûr de réussir. *Répétez.*

He is sure he will vote. *Traduisez.*

I doubt I shall be able to pay.

We hope we can pay our taxes.

Paul regrets that he will be late.

I am afraid I did not explain.

Il désire que vous votiez pour lui. *Répétez.*

He'd like you to be afraid.

I would like them to work.

I expect them to work.

I believe them to be afraid.

They want me to vote for Mac.

Je suis sûr qu'ils feront la grève. *Répétez.*
I am sure they will work.
Paul is afraid they will work.
I doubt they can strike.
Paul thinks they can.
I hope he is not right.

EXERCICES (Écrit)

A. Joindre ensemble les éléments de phrase.
Il y a beaucoup de chauvinisme. C'est dommage.
La député accepte des pots de vin. Ça ne fait aucun doute.
La grève finira demain. C'est certain.
La crise ministérielle émeut la foule. C'est à craindre.
Les candidats ne tiendront aucune promesse. C'est probable.

B. Exprimer la certitude, le doute, le souhait, le regret, l'espoir, et la crainte au sujet de dix phrases que vous choisirez dans le texte de Maurice Duverger qui suit.

C. Même exercice au sujet de vos projets de carrière.
EXEMPLE: J'espère devenir médecin, mais j'ai peur que les études ne soient trop longues et je voudrais bien me marier jeune, etc.

Fenêtre I

Les Deux Faces de Janus*

MAURICE DUVERGER. Célèbre professeur de Sciences Politiques. Il écrit régulièrement dans la presse, surtout dans *Le Monde* des articles très suivis sur la vie politique en France.

Derrière tous les systèmes de valeurs et tous les jugements particuliers, deux attitudes fondamentales se retrouvent généralement. Depuis que les hommes réfléchissent à la politique, ils oscillent entre deux interprétations diamétralement opposées. Pour les uns, la politique est essentiellement une lutte, un combat, le pouvoir permettant aux individus et aux groupes qui le 5 détiennent d'assurer leur domination sur la société, et d'en tirer profit. Pour les autres, la politique est un effort pour faire régner l'ordre et la justice, le pouvoir assurant l'intérêt général et le bien commun contre la pression des revendications particulières. Pour les premiers, la politique sert à maintenir les privilèges d'une minorité sur la majorité. Pour les seconds, elle est un 10 moyen de réaliser l'intégration de tous les individus dans la communauté et de créer la Cité juste dont parlait Aristote, déjà.
L'adhésion à l'une ou l'autre thèse est en partie déterminée par la situation sociale. Les personnes et les classes opprimées, insatisfaites, pauvres, malheureuses, ne peuvent considérer que le pouvoir assure un ordre réel, mais 15 seulement une caricature d'ordre, derrière lequel se masque la domination des privilégiés : pour elles, la politique est lutte. Les personnes et les classes nanties, riches, satisfaites, trouvent que la société est harmonieuse et que le pouvoir maintient un ordre authentique : pour elles, la politique est intégration. Souvent, les secondes réussissent plus ou moins à persuader les premières 20 que les luttes politiques sont malpropres, malsaines, malhonnêtes, que leurs participants ne poursuivent que des intérêts égoïstes, avec des méthodes douteuses. En démobilisant ainsi leurs adversaires, elles s'assurent un grand avantage. Toute «dépolitisation» favorise l'ordre établi, l'immobilité, le conservatisme. 25
Bien entendu, ces deux attitudes n'expriment qu'une partie de la réalité. Les conservateurs les plus optimistes ne peuvent nier que, même si la politique a pour but de réaliser l'intégration sociale, elle l'atteint rarement d'une façon

---

*Maurice Duverger, *Introduction à la politique*. Paris, Gallimard, 1964.

155

satisfaisante. Ces cornéliens[1] décrivent la politique telle qu'elle devrait
30 être; plus raciniens, leurs adversaires la décrivent telle qu'elle est. Eux
mêmes peuvent difficilement contester que leur peinture soit trop noire. Les
gouvernants les plus oppresseurs, les plus injustes, remplissent quelques
fonctions d'intérêt général, au moins dans des domaines techniques: ne
serait-ce qu'en réglant la circulation automobile, en faisant fonctionner les
35 P. & T.,[2] en assurant l'évacuation des ordures ménagères.

En définitive, l'essence même de la politique, sa nature propre, sa véritable
signification, c'est qu'elle est toujours et partout ambivalente. L'image de
Janus, le dieu à double face, est la véritable représentation de l'État: elle
exprime la réalité politique la plus profonde. L'État—et, d'une façon plus
40 générale, le pouvoir institué dans une société—est toujours et partout *à la*
fois l'instrument de la domination de certaines classes sur d'autres, utilisé
par les premières à leur profit et au désavantage des secondes, et un moyen
d'assurer un certain ordre social, une certaine intégration de tous dans la
collectivité, pour le bien commun. La proportion de l'un et l'autre élément
45 varie, suivant les époques, les circonstances et les pays: mais les deux co-
existent toujours. Les rapports entre la lutte et l'intégration sont d'ailleurs
complexes. Toute contestation de l'ordre social existant est image et projet
d'un ordre supérieur, plus authentique. Toute lutte porte en elle un rêve
d'intégration, et constitue un effort pour l'incarner. Beaucoup pensent que
50 lutte et intégration ne sont pas deux faces opposées, mais un seul et même
processus d'ensemble, la lutte engendrant naturellement l'intégration, les
antagonismes tendant par leur développement même à leur propre suppression
et à l'avènement d'une Cité harmonieuse.

Pour les libéraux classiques, l'intégration est engendrée par la lutte au fur
55 et à mesure du développement de celle-ci: les deux phénomènes sont con-
comitants. La concurrence produit la plus forte expansion de la production
et la meilleure répartition de ses fruits: elle aboutit à chaque instant à la
meilleure économie possible. La compétition politique entraîne des résultats
analogues: à travers elle, les meilleurs, les plus aptes, l'élite, gouvernent au
60 profit de tous. Une harmonie politique, troublée seulement par les anor-
maux, les pervers, les malades, est parallèle aux «harmonies économiques».
Pour les marxistes, la lutte est aussi le moteur de l'évolution des sociétés,
qui aboutit nécessairement à la fin des antagonismes et à l'avènement d'une
société sans conflits. Mais cette intégration n'apparaît qu'à la dernière
65 phase d'un processus à très long terme, dans un avenir lointain. À chaque
étape, se produit une intégration partielle, une «synthèse», qui devient
aussitôt un nouvelle source de contradiction et d'antagonisme. L'harmonie
politique se développe de façon rythmique, jusqu'à cette fin de l'histoire que
sera la «phase supérieure du communisme».

---

[1] Allusion au célèbre passage des *Caractères* où La Bruyère écrit que Corneille peint les hommes
tels qu'ils devraient être, et Racine tels qu'ils sont.
[2] P. & T. = Postes et Télécommunications.

QUESTIONS

1. Quelles sont les deux interprétations opposées que Duverger donne de la politique?
2. Qu'est-ce qui décide l'adhésion à l'une ou l'autre thèse? Comment?
3. Qu'est-ce que la «dépolitisation»? Quel en est le résultat?
4. Les deux attitudes décrites jusqu'ici, expriment-elles toute la réalité?
5. Pourquoi ce texte s'intitule-t-il: «Les deux faces de Janus»? Qui est Janus?
6. Pourquoi Duverger dit-il que «les rapports entre la lutte et l'intégration sont complexes»? (*l.* 46 à 47).
7. Que pensent à ce sujet les libéraux classiques?
8. Dans quel sens les marxistes disent-ils que «la lutte est le moteur de l'évolution»?
9. Qu'est-ce que «la fin de l'histoire»?
10. Est-ce que vos idées sur la politique se trouvent exprimées dans ce texte? Qu'en pensez-vous?

SITUATIONS

1. Débat: un conservateur et un libéral présentent les problèmes politiques de votre université selon le schéma de Duverger.
[Note: vous pouvez varier le débat en y introduisant: un professeur conservateur, un professeur libéral, un étudiant modéré, un étudiant radical.]
2. En prenant comme point de départ le texte de Duverger, discutez le problème des minorités (raciales et économiques) dans une société démocratique.
3. Débat: «Le rôle de la politique à l'université.»
[Chaque étudiant qui participe au débat a toute liberté de soutenir le point de vue qu'il choisit. Mais pour que le débat soit net, il faut que deux positions extrêmes s'affrontent.
Par exemple:
   (a) La politique n'a aucune place à l'université. Les étudiants sont là pour étudier, et oublier tout le reste. Vive la tour d'ivoire.
   (b) L'université, en tant qu'institution, fait partie de l'appareil répressif de la société. Le devoir des étudiants est de lutter contre tout symbole d'oppression bourgeoise.
Chaque position peut être défendue par un ou plusieurs étudiants. Un modérateur arbitre le débat.]

COMPOSITIONS

1. Discutez le mot célèbre de Napoléon: «La tragédie aujourd'hui, c'est la politique».

2. Choisissez un problème politique important dont on parle au moment où vous écrivez. Essayez de l'analyser en lui appliquant les idées de Duverger.

3. La *Cité juste* dont parlait Aristote (voir *l.* 12) existe-t-elle? Peut-elle exister? (Classez et développez les raisons qui justifient votre réponse.)

Fenêtre II

Comment prendre le pouvoir*

JACQUES DE BOURBON-BUSSET. Né en 1912. Diplomate de carrière qui s'est lancé dans la littérature avec: *Antoine mon frère* (1957), court récit de style néo-classique très «à la française». *Moi, César* dont est extrait le texte suivant, déguise sous forme de récit des réflexions de moraliste sur le pouvoir.

La mort du Président nous a tous pris de court. Nous n'y comptions plus. Ministre de la Propagande, j'ai été le premier prévenu. Le coup de téléphone du Quirinal,[1] à l'aube, m'a tiré du sommeil et de la quiétude. Tous les problèmes posés d'un coup.

Chacun de nous, en entrant dans la salle du Conseil, jette un regard vers 5 le grand fauteuil. Impossible. Il est en retard. Chuchotements qui s'enflent. Le Premier lit, d'une voix ampoulée, le testament du Président: «Il ne m'appartient pas d'entrer dans le détail de l'opération qui tendra à remplir le vide causé par ma disparition. Je souhaite que le gouvernement se mette d'accord sur un nom et le propose au peuple.» 10

Surprise. On s'attendait à une désignation. Le Premier est effondré. Il se croyait le Dauphin.[2] Il était le seul.

Gano, fort de sa position de ministre d'État, prend la parole. Il est plus jaune que jamais. Sa mèche couvre presque son œil droit. Il commence un cours. 15

«Il faut assurer la continuité de l'État, rester fidèle au principe de l'équilibre des pouvoirs, donner à l'exécutif les moyens de gouverner. Cette triple condition ne sera remplie que ...»

«... par moi-même.» Mon interruption scandalise, puis déchaîne des fous rires. 20

Le vacarme s'installe. Le Premier a renoncé à présider. Il contemple, derrière ses lunettes, son rêve en miettes.[3] Gano se ronge les ongles. Le ministre des Armées, long et sinistre, suggère de décréter l'état de siège.

Les choses mûrissent rapidement.

Je lève le doigt: «Je propose le Premier ministre et demande un vote secret.» 25

---

* Jacques de Bourbon-Busset, *Le Protecteur*. Paris, Gallimard.
[1] *le Quirinal* le palais présidentiel de ce pays (l'Italie? la France?).
[2] *le Dauphin* le successeur désigné par le Président.
[3] *en miettes* pulvérisé, en morceaux.

Le Premier me coule une œillade d'odalisque.[4] Les huissiers convoqués apportent urne et bouts de papier.

Le dépouillement du scrutin donne une forte majorité de bulletins blancs. Le Premier a trois voix, Gano aussi, j'en ai une (la mienne, naturellement).

30 Courte suspension de séance.

Tous les ennemis de Gano m'entourent. Ils veulent, à tout prix, le mettre en échec. Je leur recommande de voter pour le Premier, comme moi.

«Mais il est nul. C'est de la folie.»

Je lève les bras au ciel.[5]

35 À la reprise, je fais proposer par mon voisin que les voix se portent uniquement sur les noms qui ont déjà recueilli des suffrages.

Le Premier et Gano approuvent énergiquement, craignant un nouveau concurrent de taille à les départager.

Les résultats du second tour sont annoncés par le Premier d'une voix

40 faible où affleurent les sanglots.

Il est tombé de trois à deux. Gano monte de trois à cinq. J'ai six voix. Je prends la parole et déclare apporter mes voix au Premier.

Le troisième tour a lieu, sans désemparer.[6] Gano garde ses cinq voix. Le Premier n'a plus que la sienne. J'obtiens huit voix, la majorité absolue.

45 Tout s'est fait si vite que la surprise est totale. Le Premier, égaré, lève la séance. Nous sommes tous debout, langues et bras en mouvement. J'entends, sur ma gauche, un collègue, s'écrier: «Prenons le temps de la réflexion. Et surtout gardons le silence le plus absolu.»

J'approuve de toutes mes forces.

50 Rentré au ministère, je convoque un journaliste à qui j'ai rendu un service sérieux et le charge d'annoncer la nouvelle, sous le sceau du secret, à quelques confrères bien placés.

Deux heures plus tard, mon nom s'étale en première page de tous les journaux du soir. Aussitôt, j'annonce à mes collègues que je fais ouvrir

55 une enquête sur l'origine de la fuite. Je menace de révocation mes directeurs.

Pendant trois jours, je m'enterre à la campagne. Toutes les heures, par fil direct, j'appelle mon cabinet.

La presse est favorable. On vante ma modestie, ma connaissance précise des dossiers, mon affabilité envers les journalistes.

60 Je n'ai plus qu'à paraître à la télévision, à agir sur la masse par la masse. J'annonce que, la mort dans l'âme, j'ai accepté le fardeau.

Le reste fut routine.

De mes anciens collègues, il n'en reste plus au gouvernement un seul. Je les ai éliminés peu à peu, un par un au début, puis trois par trois. Le dernier

65 à partir a été le Premier. C'était le moins gênant. Quand je lui ai proposé de devenir Chancelier (n'était-il pas plus honorable d'être mon second que

---

[4] *œillade d'odalisque*   un regard plein de coquetterie.
[5] *les bras au ciel*   geste d'impuissance et de résignation.
[6] *sans désemparer*   sans attendre.

le premier de mes commis?) il a hésité. Sa femme tenait au titre de Premier. Une ambassade a mis fin à ses tergiversations.

QUESTIONS

1. Expliquez en français: *prendre de court, effondré, fous rires, égaré, la mort dans l'âme.*
2. Caractérisez par une phrase complète tous les sentiments exprimés dans cette petite comédie politique. Par exemple, «les ministres ont été surpris que le Président soit mort,» «ils n'espéraient plus .qu'il meure,» etc.
3. Expliquez «Impossible. Il est en retard.» (*l.* 6).
4. Expliquez «Il était le seul.» (*l.* 12) Le seul à quoi faire?
5. Quel était le but de l'interruption (*l.* 19)?
6. Pourquoi le ministre de la Propagande propose-t-il que le Premier ministre succède au Président?
7. Pourquoi continue-t-il à le soutenir?
8. Racontez la «fuite» qui fait connaître le nom du Président désigné par le Conseil des Ministres.
9. Quelle comédie le ministre de la Propagande a-t-il jouée?
10. Expliquez «agir sur la masse par la masse».
11. «Le dernier à partir a été le Premier.» Commentez cette phrase.
12. Que pensez-vous de cet homme politique?

SITUATIONS

1. Jouez la scène de l'élection (*l.* 25 à 44) exactement comme dans le texte, avec les discours, les résultats de chaque tour, et les remarques des ministres (acteurs: le Premier, les autres ministres, les huissiers).
2. Jouez l'élection du Président (1) des étudiants, (2) de l'université, (3) du pays. (Au choix.)
3. Vous essayez d'expliquer le système d'élections présidentielles à un étranger cynique et sceptique.
4. Que pensez-vous du Ministère de la Propagande dans une démocratie?

COMPOSITIONS

1. Répondre par écrit à la question 2. (Expression des sentiments)
2. Faites le portrait d'un ambitieux.

L'Expression de la cause

A. Propositions subordonnées introduites par une conjonction ou une locution conjonctive

1. *La cause est un fait réel.*

Le temps employé après la conjonction est toujours l'INDICATIF.

Idée simple et générale

parce que   Répond à la question «Pourquoi?».
«*Pourquoi* partez-vous? *Parce que* vous ne m'aimez pas.»

Révèle la cause d'un fait ou d'une action déjà connu:
«Je pars *parce que* vous ne m'aimez pas.»

Nuances et précisions

puisque   Ne peut pas répondre à la question «Pourquoi?»
Quand *puisque* est utilisé, la cause est déjà connue, et l'élément révélé au moment où l'on parle, c'est le fait ou l'action principale.

EXEMPLE: «*Puisque* vous ne m'aimez pas, je pars.» = «Tout le monde sait que vous ne m'aimez pas, alors, je vous annonce mon départ.»
Tandis que:
«Je pars *parce que* vous ne m'aimez pas.» = «Tout le monde voit que je pars, et j'en révèle la cause: vous ne m'aimez pas.»

ORDRE: En général, la proposition introduite par *puisque* précède la principale; tandis que la subordonnée introduite par *parce que* suit la principale. Cette place de la conjonction dans la phrase correspond logiquement à son sens exact.

comme   indique une cause dont l'effet est normal et à peu près inévitable:
«*Comme* elle est charmante, elle n'aura pas de mal à trouver un mari.»

Mise en relief

c'est que
c'est parce que

Comparez les phrases suivantes:

«Il n'est pas venu à l'enterrement de son oncle, *parce qu'*il savait que celui-ci l'avait déshérité.»

«S'il n'est pas venu à l'enterrement de son oncle, *c'est qu'*il savait que celui-ci l'avait déshérité.»

«S'il n'est pas venu à l'enterrement de son oncle, *c'est parce qu'*il savait que celui-ci l'avait déshérité.»

Ces trois phrases ont exactement le même sens, mais on insiste davantage sur la cause dans les deux dernières.

Contraste

d'autant plus que

Contraste entre le fait et sa cause, à première vue contraire.
«Il voulait épouser cette jeune fille *d'autant plus que* toute sa famille s'y opposait.»

En d'autres termes:

«La famille était contre le mariage, mais *à cause* de cela précisément, il avait *encore plus* envie de l'épouser.»

Comparez avec **parce que**:

«Il voulait épouser cette jeune fille *parce que* toute sa famille s'y opposait», signifie simplement que l'opposition de la famille était la *seule cause* de son envie d'épouser la jeune fille.

Dans d'autres cas *d'autant plus que* insiste sur la justesse de la cause:

«Elle a raison de l'épouser, *d'autant plus qu'*il est riche.»

d'autant mieux que

«Il a réussi *d'autant mieux que* son père avait de nombreux amis.»

d'autant moins que

«Elle a accepté *d'autant moins* ce mariage *que* son fils n'a rien fait pour lui en expliquer les raisons.»

Doute

du moment que

Avant ce «moment», on ne croyait pas à la relation cause-effet exprimée.
«*Du moment que* ma belle sœur m'invite, j'irai au baptème de mon neveu.» (Avant de savoir que ma belle-sœur m'invite, je ne pensais pas du tout y aller car je suis fâché avec elle et je croyais qu'elle ne m'inviterait pas!)

Comparez avec **puisque**:

> «*Puisque* ma belle-sœur m'invite, j'irai au baptème de mon neveu» exprime une relation normale de cause à effet, et n'implique *aucun doute* quant à la possibilité de l'invitation.

Cause apparente mais fausse

sous prétexte que   La cause présentée comme réelle sert en fait à cacher la vraie cause.
«Il a quitté sa femme *sous prétexte qu*'elle était trop jalouse.» (= elle était peut-être jalouse, mais ce n'était pas la vraie cause de son départ)

Précision mathématique

étant donné que   Relation rigoureusement exacte entre cause et effet.
«*Étant donné qu*'ils sont cousins germains, il leur faudra une permission spéciale pour se marier.»

2. *La cause est niée* (et en général la cause réelle est donnée aussitôt).

Le temps employé après la conjonction est le **subjonctif.**

ce n'est pas que   Si ce garçon est un délinquent, **ce n'est pas qu**'il *ait manqué* de confort, mais ses parents le négligeaient.

non que   Ce jeune homme est un délinquent, **non qu**'il *ait manqué* de confort, mais ses parents le négligeaient.

3. *La cause est imaginée.*

Le temps employé après la conjonction est le **subjonctif.**

soit que . . . soit que   On propose deux causes possibles dont on ne sait laquelle est la bonne:
Ce ménage est sans enfants, **soit qu**'il n'*ait pas voulu* en avoir, **soit qu**'il n'*ait pas pu.*

NOTE: Lorsque deux propositions subordonnées de cause se suivent, il faut répéter *que* avant la seconde.

EXEMPLE: **Du moment que** ma belle-sœur m'invite et **que** mon beau-frère viendra me chercher en voiture, j'irai au baptème de mon neveu.

B. Autres moyens d'exprimer la cause

Simple cause

car (= parce que)   Simple coordination avec **car, en effet** suivis d'un

en effet (= puisque)   verbe à l'indicatif
　　　　　　　　　　　Je pars **car** vous ne m'aimez pas.
　　　　　　　　　　　Je pars; **en effet,** vous ne m'aimez pas.

Participe présent ou *participe passé* se rapportant au sujet du verbe principal.

EXEMPLE: *Désespéré* par votre indifférence, je pars.
　　　　　Désespérant de vous attendrir, je pars.

NOTE: Dans ces deux cas, c'est vraiment le *sens* des verbes qui indique la relation de *cause* à *effet*.

à cause de (= parce que)　Elle n'a pu venir aux obsèques *à cause de* la
　+ *nom*　　　　　　　maladie de son père.

du fait de (= puisque)　*Du fait de* son grand âge, elle n'a pu venir aux
　+ *nom*　　　　　　　obsèques.

pour + *nom*　　　　Il a été condamné *pour* vol. (expression figée:
　　　　　　　　　　pas d'article)
　　　　　　　　　　Il a été puni *pour* son retard. (= *pour* être en
　　　　　　　　　　retard)

de + *nom*　　　　　Il est mort *de* soif.

par + *nom*　　　　　Il s'est suicidé *par* amour.

pour + *infinitif*　　Il a été arrêté *pour* avoir tué sa fiancée.

de + *infinitif*　　　Ça me rend fou *de* la voir sourire à tous les
　　　　　　　　　　hommes.

Nuances et précisions: Cause heureuse qui facilite l'effet

grâce à + *nom*　*Grâce à* son charme, elle a conquis toute sa belle-famille.

avec + *nom*　*Avec* son sourire, elle fait ce qu'elle veut de son mari.

par + *nom*　*Par* son intelligence, il a réussi de façon remarquable.

Il faut faire un réel effort pour que l'effet suive la cause.

à force de + *nom* ou *verbe*　*À force de* gentillesse, elle a réussi à se faire
　　　　　　　　　　accepter par sa belle-famille.
　　　　　　　　　　À force de répéter toujours qu'il l'aimait, il a
　　　　　　　　　　fini par la convaincre.

Verbes exprimant la cause

rendre + *adjectif*　　　Trop travailler, cela *rend* fou.

causer + *nom*　　　　Son mari lui *cause* de l'inquiétude.

entraîner + *nom*	Cela *entraînera* des conséquences graves.
forcer quelqu'un **à** + *inf.*	C'est la chaleur qui le *force à* boire.
	Il ne faut pas *forcer* les enfants *à* manger.

Expressions causatives : faire faire

1. Une cause extérieure agit sur moi

Je vieillis. Les soucis me *font vieillir*. Rien ne *fait* plus *vieillir* que les soucis.

2. J'agis sur quelqu'un d'autre et l'oblige à faire quelque chose

Mon fils n'apprend pas ses leçons. Alors, c'est moi qui le *fais lire*. (*le* complément direct de *fais* et de *lire*)
Sa mère lui *fait* aussi *apprendre* ses leçons. (*lui* complément indirect de *fait*). Elle les lui *fait apprendre*. (*les* complément direct de *apprendre*)
Elle les *fait apprendre à* Jeannot.

3. Je commande à quelqu'un d'autre de faire quelque chose pour moi.

Je me *fais construire* une villa. (*me* complément indirect de *fais*)
Ce mari tyrannique se *faisait servir* le petit déjeuner au lit par sa femme. Le résultat ne s'est pas *fait attendre :* (= on n'a pas attendu le résultat) elle s'est *fait enlever*. (*fait* ne prend pas l'*e* du féminin, mais reste neutre)

Matériau

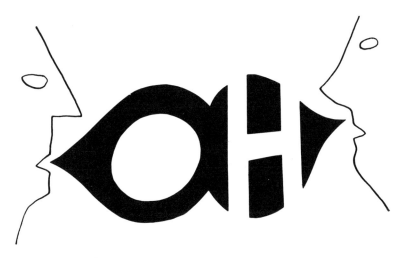

Exclamations complémentaires

La Famille

L'amour

beau jeune HOMME *m.*	*fuir*	jolie JEUNE FILLE *f.*
grand	*rencontrer*	blonde
sympathique	*trouver*	brune
	tomber amoureux	
	plaire	
	avoir COUP *m.* de FOUDRE *f.*	

sentir AMOUR *m.*	fou	*sortir* ensemble	enlever
éprouver	éperdu	*courtiser*	ENLÈVEMENT *m.*
souffrir	malheureux	*faire* COUR *f.*	
rendre		DÉCLARATION *f.*	
		s'embrasser	
		se fiancer	
		(*donner* BAGUE *f.* de	FIANÇAILLES
		rompre	

Le mariage

assister à CÉRÉMONIE *f.* civile	MAIRIE	*épouser* QUELQU'UN ÉPOUX *m.*	
inviter à religieuse	ÉGLISE	*se marier* avec ÉPOUSE *f.*	
		(*marier* = *célébrer* MARIAGE *m.*)	

167

ASSISTANCE *f.*　élégante　TÉMOIN *m.*　d'honneur　　*Vive!* MARIÉ *m.*
　　　　　　　　nombreuse GARÇON *m.*　　　　　　　　　MARIÉE *f.*
　　　　　　　　　　　　DEMOISELLE *f.*　　　　　　　MARI *m.* et FEMME *f.*
　　　　　　　　　　　　　　　　　　　　　　　　　(= MÉNAGE *m. déménager*
　　　　　　　　　　　　　　　　　　　　　　　　　　emménager
partir LUNE de MIEL　　　　　　　　　　　　　　　*s'installer*
　　　　　　　　　　　　　　　　　　　　　　　　　　se meubler
　　　　　　　　　　　　　　　　　　　　　　　　　　se loger

La naissance

être enceinte　　ENFANT *m./f.* GARÇON *m.*　　JUMEAUX *m. naître*
attendre　　　　　　　　　FILLE *f.*　　　　　　　*grandir*
accoucher de　　　　　　　　　　　　　　　　　　*ressembler* à
nourrir
élever

PARRAIN *m.*　　*parrainer* NOUVEAU, NÉ *m.*　*choisir* PRÉNOM *m.* NOM de BAPTÈME
MARRAINE *f.*　　*baptiser*　　　　　　　　　*donner*
BAPTÈME *m.*　　*veiller* sur　　　　　　　　*aimer*
　　　　　　　　　　　　　　　　　　　　　détester

PARENTS *m.*　　PÈRE *m.*　FILS *m.*
　　　　　　　　MÈRE *f.*　FILLE *f.*　GENDRE *m.*

```
                  aîné                                      cadette
ONCLE ———— FRÈRE ———— PÈRE          MÈRE ———— SŒUR ———— TANTE
  |                     |              |                    |
  |            cadet    |              |                    |
  |                     |              |                    |
FILS ———— COUSIN ———— FILS          FILLE —— COUSINE ———— FILLE
         germain                              germaine
———— NEVEU ————————                 ————————NIÈCE————————
```

La vie du foyer

faire　　bon　　　　　MÉNAGE *m.* uni　　　*s'entendre* bien avec
　　　　　　　　　　　　　　désuni　　　　*avoir*　　bonne ENTENTE *f.*
provoquer SCÈNE *f.*　　　　　　　　　　　*maintenir*　　ACCORD *m.*
　　　　　DISPUTE *f.*　　　　　　　　　　　*s'accorder*

faire CRISE de　　　　　　　　　　　　　　QUALITÉS *f. compenser*
　　COLÈRE *f. tromper*　　　　　　　　　　DÉFAUTS *m. équilibrer*
　　JALOUSIE *f.*　　　　　　　　　　　　　　　*faire oublier*
　　HYSTÉRIE *f.*
　　NERFS *m.*

former bon CARACTÈRE *m.* nerveux　flegmatique *être* de bonne HUMEUR *f.*
avoir mauvais　　　　　coléreux　　doux　　　　　une　　　égale
reprocher　　　　　　　velléitaire　énergique　　　　　　　aimable
　　　　　　　　　　　　instable　　équilibré　　　　　　　agréable
　　　　　　　　　　　　méfiant　　confiant　　　　　　　joyeuse
　　　　　　　　　　　　jaloux　　　fidèle　　　　　　　　gaie
　　　　　　　　　　　　démoniaque angélique　　　　　　enthousiaste

élever avec SÉVÉRITÉ *f.*
DURETÉ *f.*
FAIBLESSE *f.*

gâter

punir
récompenser
gronder

ENFANT *m./f.*
bien gâté
mal élevé
délinquant

demander DIVORCE *m.*
prononcer

se remarier

La mort

GRAND-PÈRE *m.*
GRAND-MÈRE *f.*

PETITS-ENFANTS *m.*

VIEILLESSE *f. vieillir*
rajeunir
mourir
être mort

être âgé
vieux, vieille
gâteux
retomber en ENFANCE *f.*

MORT *f.* subite
DÉCÈS *m.*

ENTERREMENT *m.*
POMPES-FUNÈBRES *f.*

VEUVE *f. subir*   DEUIL *m.*
VEUF *m. prendre*
ORPHELIN *m. être*
porter

CHAGRIN *m. affliger*

accabler

présenter
CONDOLÉANCES *f.*

HÉRITIER *m. hériter*
faire HÉRITAGE *m.*

Garder un silence religieux

LEXICOTEST

A. Expliquez les expressions suivantes:

1. un coup de foudre
2. un garçon d'honneur
3. emménager
4. cérémonie civile
5. retomber en enfance

6. prendre le deuil
7. parrainer une idée *proposer*
8. les proches parents ou: les proches
9. des jumelles *twins*
10. un cousin germain

B. Utiliser les verbes suivants dans des phrases du type Sujet/Verbe/Complément (direct ou indirect):

1. marier, se marier *to get married*
2. ressembler, se ressembler *look alike*
3. tromper, se tromper *be / be mistaken*
4. gâter, se gâter *get spoiled, broken*

5. installer, s'installer *establish / oneself*
6. déménager, emménager *to remove*
7. élever, enlever *take off / take away*

look like / deceive, cheat / correct

C. Donnez le nom correspondant à l'adjectif ou formé sur le verbe:

EXEMPLE: bon *bonté*

1. méchant, sévère, instable, fidèle, égal, nerveux, dur, pur, uni.
2. enterrer, rajeunir, accoucher, ressembler, hériter, vieillir, accabler.

Attention, on ne dit pas: disputation, mais _la dispute_; on ne dit pas annoncement, mais _annonce_; on ne dit pas épousage, mais _mariage_.

EXERCICES (Oral)

A. *Rappel de structure.*

Complétez oralement à l'aide de locutions de cause (que l'on pourra écrire au tableau).

EXEMPLE: Marc a été grondé . . . il a fait une bêtise.
Marc a été grondé *parce qu'*il a fait une bêtise.

1. Marc a été grondé ___parce qu'___ il a cassé l'assiette.
   _____ ___pour___ avoir cassé l'assiette.
   _____ ___pour___ sa maladresse.
   _____ ___comme___ ses parents sont sévères.
   _____ ___à cause de, du fait de___ la sévérité de ses parents.
   _____ ___à cause de___ son étourderie.
2. Le mariage n'a pas eu lieu ___parce que___ le fiancé a disparu.
   _____ ___à cause de___ la disparition du fiancé.
   _____ ___c'est que___ les parents s'y sont opposés.
   _____ ___puisque___ la guerre est arrivée.
   _____ ___de, par___ raison d'argent.
   _____ ___du fait de___ la guerre.

B. *Conversation dirigée.*
Posez une des questions suivantes à un étudiant qui y répondra par une phrase.

Demandez la raison : 1. des familles nombreuses en France.
2. des mariages d'argent.
3. des scènes de ménage.
4. des divorces.
5. de la délinquance juvénile.

C. Complétez les phrases suivantes selon le modèle :
Son père ———— leur projet de mariage. (abandonner)
Son père leur a *fait* abandonner leur projet de mariage.

1. Un mari ———— par sa femme s'il la bat. (ne pas aimer)
2. Une grippe ———— le mariage à toute la famille du fiancé. (manquer)
3. ———— un prêtre pour célébrer le mariage immédiatement. (venir)
4. Il faut qu'un père sache ———— par son fils. (obéir)
5. Vos amis n'aiment pas qu'on ———— à des scènes de ménage. (assister)
6. Quand allez-vous ———— votre deuxième maison ? (bâtir)
7. Si vous parliez latin, cela ———— les jeunes filles. (fuir)
8. Elle ———— une robe bleue pour ses fiançailles. (faire)
9. Pourquoi Marc ————? (gronder)
10. Ceux qui ont mauvais caractère ————. (haïr)

D. *Thème oral.* (À faire très rapidement)
Il l'a épousée à cause de son argent. *Répétez.*
He married her because he loved her. *Traduisez.*
They had an argument on account of the weather.
They argued because it was hot.
They got divorced because of it.
They got divorced because they argued.
They got divorced on account of an argument.

Une entente harmonieuse

EXERCICES (Écrit)

A. Faites entrer les expressions suivantes dans une phrase complète, exprimant un rapport de cause. Utilisez le plus possible les expressions de la Charpente 10.

   1. familles nombreuses   allocations familiales
     Réponse: C'est à cause des allocations familiales qu'il y a des familles
           nombreuses.

2.	faire la cour	Marie a un appartement
3.	épouser	elle a de l'argent
4.	divorcer	scènes de ménage
5.	ne peut pas divorcer	s'est mariée à l'église
6.	attendre un bébé	ne pas travailler
7.	c'est un garçon	être heureux
8.	ce sont des jumeaux	être heureux
9.	enfants mal élevés	leur mère est trop faible
10.	son père mort	prendre le deuil
11.	ne pas recevoir de faire-part	il est fâché . . . il a oublié
12.	faire bon ménage	ne pas s'aimer, avoir mauvais caractère
13.	ne pas se remarier	en avoir envie, en avoir l'occasion
14.	être condamné	assassiner sa belle-mère
15.	ne pas être marié	ne pas porter d'alliance
16.	la marraine	le baptême a été réussi
17.	se marier	dépit (*nom*)
!8.	l'héritage de son oncle	avoir besoin de travailler
19.	chercher	finir par trouver une femme
20.	être radieuse	avoir des jumeaux

B. Complétez en trois lignes chaque début de phrase en utilisant le plus d'expressions de cause possible.
   1. Si je suis en retard, c'est . . .
   2. Si je l'ai épousée, c'est . . .
   3. Si son mari l'a quittée, ce n'est pas . . .

C. Écrivez sur chacun des thèmes suivants un dialogue en dix répliques (questions portant sur la cause).
   1. Une mère interroge son fils sur ses mauvaises notes à l'école.
   2. Un père demande à sa fille de lui expliquer pourquoi, n'ayant que dix-huit ans, elle veut se marier.
   3. Une jeune femme explique à son amie pourquoi elle s'est disputée avec son mari.

4. Un jeune père de famille explique pourquoi il inculque à ses enfants une discipline sévère.

5. Un juge pour enfants discute des causes de la délinquance avec un père de famille.

Nous parlons de la même

Fenêtre I

La Famille*

Claude Sergent. Pseudonyme de Claude Schnerb, né à Paris en 1914.
Journaliste, critique de théâtre et de cinéma dans divers quotidiens et
hebdomadaires. A écrit plusieurs pièces de théâtre (*La Danseuse et le collégien*,
(1953) et un roman: *Les Porches de Jérusalem* en 1961.

Un beau dimanche

Ce texte est une rédaction écrite par un jeune écolier français d'une douzaine
d'années.
SUJET DE LA RÉDACTION: Racontez un de vos dimanches en famille,
non pas un de ceux qui furent les plus remarquables, mais au contraire le
5 dimanche habituel, celui qui se répète souvent au long de l'année.

Rédaction

Le dimanche matin, chez moi, quand il fait beau, papa se frotte les mains
et dit: «On va pouvoir sortir l'auto». On la sort. C'est le seul jour où on la
sort parce que, les autres, il y a trop d'autos sur la route où on habite.
Quand elle est sortie, papa dit: «On la lave.» On la lave parce qu'il me donne
10 deux francs pour ça. Après, papa m'explique comment on la fait marcher,
mais on ne la fait pas marcher, on fait les gestes. Après on la rentre en faisant
attention de ne pas la cogner parce que le garage est encore plus petit que la
voiture. Quand je veux qu'on aille se promener avec, papa dit: «Non, c'est
pour les vacances, on l'abîmerait.» Maman dit: «Cette voiture nous revient
15 trop cher.» Papa répond: «On ne l'abîme pas, elle garde son prix.» Après
ou avant, je dois aller à l'Église faire l'enfant de chœur. Papa me dit toutes
les fois de ne pas boire le vin de messe, ça l'amuse. Après, on déjeune. Il y a
mon oncle qui vient. Papa et lui se racontent des histoires de leurs guerres.
Ce n'est pas les mêmes parce que mon oncle est plus jeune puisqu'il est le
20 frère de maman, mais moi, je les connais déjà toutes. Après maman me dit
qu'il faut que tu fasses la sieste. Je discute pour le principe, mais il faut tout
de même que je fasse la sieste. Après, papa dit qu'il faut que tu fasses tes
devoirs et il faut que je fasse mes devoirs. Après on goûte. Après, je vais jouer

---

* Claude Sergent, *L'Humour vert*. Paris, Buchet-Chastel, 1964.

au jardin derrière la maison qui est à nous, mais je ne peux pas faire grande
chose parce que je suis tout seul et que je ne dois pas abîmer mon costume du 25
dimanche ni l'enlever à cause des visites qui peuvent venir. Après, je rentre et
j'apprends mes leçons. On n'a pas la télé parce que ça abîme les yeux des
enfants. Après, on dîne, et maman dit: «Pour une fois tu vas te coucher de
bonne heure.» Je discute pour lire au lit. Des fois ça marche, des fois non.
Après, maman vient m'embrasser, et papa aussi qui dit: «Eh bien, on a 30
passé un beau dimanche.»

QUESTIONS

1. Expliquez pourquoi cette famille a une voiture, d'après le père, d'après
   le fils, et d'après la mère. (Imaginez leurs explications)
2. Expliquez «faire» l'enfant de chœur.
3. Est-ce que la famille va à l'Église ensemble? Quelle est l'attitude du père?
4. Expliquez «leurs» guerres. Expliquez l'âge de l'oncle.
5. Pourquoi l'enfant dit-il «il faut tout de même» que je fasse la sieste?
6. Quelle faute de grammaire y a-t-il à la ligne 13 et à la ligne 17?
7. «Mon costume du dimanche»: quelles structures sociales (visites, classe
   du père, rôle des enfants) cela révèle-t-il?
8. Qu'est-ce que la répétition du verbe «abîme» nous apprend sur cette
   famille?
9. Commentez la politique optimiste du jeune garçon en matière de discipline familiale. (*l.* 15 à 16, *l.* 23 à 24)
10. Ironie de la déclaration du père, (*l.* 30 à 31).

SITUATIONS

1. Jouez cette page sous forme de dialogue entre le père, la mère, le fils
   et peut-être aussi l'oncle (si les histoires de guerre vous plaisent).
2. Préparez un commentaire personnel sur les actions et sentiments de
   cette famille. Une partie de la classe les trouve absurdes, l'autre partie
   essaie de les comprendre dans le cadre d'une famille de petits bourgeois
   ou d'ouvriers français.

COMPOSITIONS

1. Comparez ce dimanche dans une famille française avec son équivalent
   dans votre pays.
2. Racontez vos souvenirs de dimanches en famille. . . . soit réels, soit
   imaginaires. Multipliez les explications fantaisistes du type «On la lave
   parce qu'il me donne deux francs» ou «parce que le garage est encore
   plus petit que la voiture.»

Fenêtre II

Fils de famille*

Jean-Louis Curtis. Né en 1917. A été professeur. Prix Goncourt en 1947 pour *Les Forêts de la nuit*. Auteur de quelques bons romans traditionnels comme *Les Justes causes* en 1954 et *Cygne Sauvage* en 1962.

—Nous parlions de Mlle Lagarde.

Simon s'agita.

—On se connaît elle et moi depuis plus d'un an!

—Je sais.

5 —Elle est sensationnelle! dit-il et il se mit à froisser l'extrémité de sa cravate.

—Je n'ai pas l'honneur de connaître Mlle Lagarde assez bien pour porter un jugement sur elle.

—C'est la jeune fille la plus . . . elle est merveilleuse! Vous verrez[1] . . .

—Simon, tu te rends bien compte que dans une petite ville comme Sault,
10 un grand garçon ne peut pas fréquenter une jeune personne sans que les gens bavardent?

—Pensez-vous! Plus aujourd'hui. Ils ne font plus attention à ces choses. Ils ne s'intéressent qu'à eux-mêmes.

—Tu crois?

15 —C'est Pauline qui me l'a dit. Elle a raison. C'est la fille la plus . . .

—Quoi qu'il en soit, tu dois comprendre que ta fréquentation de cette personne ne peut que lui porter tort.[2]

—Vous ne pouvez pas savoir combien cette conversation m'est désagréable, je dirai même pénible.

20 —Je ne l'ai pas entreprise avec l'idée qu'elle te comblerait de joie. Elle ne m'est pas très agréable à moi non plus.

—Laissons tomber alors.

—Pas avant que je sache quelles sont tes intentions.

—Mes intentions, mes intentions, vous êtes marrante[3] vous. J'ai vingt-trois
25 ans, j'ai à peine terminé mes études, et je n'ai pas l'ombre d'une situation, je

---

*J.-L. Curtis, *La Parade*. Paris, Julliard, 1960.

[1] *vous verrez* Simon dit *vous* à sa mère, comme dans certaines familles de la haute bourgeoisie et de la noblesse.

[2] *lui porter tort* lui faire du mal, nuire à sa réputation.

[3] *marrante* drôle, amusante, ridicule (familier).

ne suis même pas libéré de mes obligations militaires . . . Si vous croyez que c'est commode d'avoir des intentions dans ce cas-là!

Elle le dévisagea. Debout devant elle, il la dominait de toute sa longue silhouette adolescente; mais le visage, malgré sa vulnérable mobilité, malgré les mèches sur le front, les taches de rousseur, recélait un élément nouveau: 30 une détermination qu'elle distinguait pour la première fois. Elle baissa les yeux. Promenant lentement son regard sur les objets autour d'elle, elle se remit à parler, ménageant des poses, des hésitations entre les phrases ou fragments de phrases.

—Il n'est pas nécessaire d'aboutir à une décision dès maintenant. Je te 35 demande seulement de réfléchir. De réfléchir bien. Pour toi, pour nous. Je ne veux pas répéter les lieux communs de la prudence bourgeoise sur la gravité du mariage et sur les diverses considérations qui devraient intervenir dans le choix d'une compagne, d'une compagne à vie⁴ . . . Pas uniquement l'inclination, mais aussi d'autres motifs . . . Je ne répète pas ces lieux communs, bien 40 que je les croie encore valables aujourd'hui, et peut-être aujourd'hui plus que jamais . . . Je te demande de réfléchir et d'attendre. Et de penser un peu à nous, quand même . . . Bien entendu, tu peux épouser qui tu voudras, nous ne nous y opposerons pas. L'ennui, c'est que ton père fondait de grands espoirs sur l'idée de ton mariage avec Sophie. Il est ambitieux, pour toi plus 45 encore que pour lui. Il était tout disposé à vous aider, Sophie et toi; à vous faciliter toutes choses. Y compris⁵ cet ennuyeux service militaire, qui dure si longtemps. Tu l'aurais fait à Paris, dans quelque ministère de l'Air ou de la Marine. À demi civil . . . Tandis qu'évidemment, si tu mets toutes ses ambitions et tous ses projets par terre⁶ . . . Je crains fort qu'il ne te laisse te 50 débrouiller tout seul. Pas seulement pour le service militaire, mais après pour tout le reste. Car il sera *très* déçu . . . Note, je sais fort bien que tout cela compte peu, au regard du sentiment;⁷ et qu'un jeune couple est toujours plein de courage pour affronter les innombrables difficultés de la vie . . . Surtout si la femme travaille aussi de son côté . . . Mais enfin, réfléchis bien, 55 Simon. Nous reparlerons de tout ceci plus tard. Quand tu voudras.

Elle se leva. Souriante, elle passa le bras sous celui de Simon.

—Et maintenant, dit-elle, allons dîner. Mon grand petit garçon.

QUESTIONS

1. Depuis combien de temps Simon fréquente-t-il Pauline Lagarde?
2. Pourquoi froisse-t-il sa cravate?
3. Que pense sa mère de Mlle Lagarde? (Commentez les expressions qu'elle emploie pour parler d'elle.)

---

⁴ *une compagne à vie* une femme pour toute la vie.
⁵ *y compris* et aussi.
⁶ *tu mets par terre* tu détruis, tu renverses.
⁷ *au regard du sentiment* par rapport à l'amour.

4. Que disent les gens de Sault au sujet de Simon et Pauline?
5. Quels rapports existent entre Simon et sa mère: affectueux? confiants? méfiants? pleins de respect? hostiles mais polis? Justifiez.
6. Pourquoi Simon hésite-t-il à se marier? (Donnez quatre raisons au moins.)
7. Pourquoi son père désire-t-il qu'il épouse Sophie?
8. Que pensez-vous des mariages d'argent?
9. Croyez-vous que les parents de Simon aient le droit d'intervenir dans sa vie privée?
10. Comment son père pourrait-il l'aider? À quelle condition?
11. Quelle menace suggère l'insistance sur «très» («*très* déçu», *l.* 52)?
12. Qu'arrivera-t-il si Simon épouse Sophie? et s'il épouse Pauline?
13. Quel choix lui conseilleriez-vous? Pourquoi?
14. «Mon grand petit garçon» (*l.* 58). Quelles indications ces quatre mots donnent-ils sur le caractère de Simon et sur sa place dans la famille?
15. Que pouvez-vous dire de cette famille française d'après le texte (nature du contrôle des parents, rôle du père, rôle de la mère, attitude du fils, prudence bourgeoise au sujet du mariage)?
16. Étude stylistique. Que signifient dans le contexte les mots suivants: «fréquentation, personne» (*l.* 16 à 17), «intentions» (*l.* 23), «inclination, autres motifs» (*l.* 39 à 40), «tout le reste» (*l.* 52), «déçu» (*l.* 52), «sentiment» (*l.* 53)? Pourquoi les mots «amour» et «argent» ne sont-ils pas employés?

SITUATIONS

1. Refaire le dialogue à livres fermés, en essayant de trouver le ton juste de cette conversation «pénible».
2. Imaginez une situation parallèle entre un fils et sa mère (ou son père), mais ayant lieu dans une famille américaine moyenne.
3. Développez les lignes 36 à 55 sous forme d'un dialogue entre Simon et son père (principes du mariage, espoirs et projets du père, Simon annonce sa décision d'épouser Pauline, menace du père «déçu», départ du fils).
4. Simon explique à un ami pourquoi il reste à Sault avec ses parents (situation, service militaire, trouver un appartement, esprit de famille). Son ami lui conseille de partir à Paris.
5. Simon est votre meilleur ami, et vous discutez sa situation avec un de vos amis communs.

COMPOSITIONS

1. Simon écrit à sa fiancée et lui explique pourquoi il ne peut pas l'épouser tout de suite.
2. Le soir même de cette scène Simon retrouve Pauline et il lui raconte ce qui s'est passé. Écrivez le dialogue Simon-Pauline.
3. La mère raconte cette scène au père.

4. Faire dix phrases employant dix manières différentes d'exprimer la « cause » (voir Charpente 10) pour expliquer les lignes 36 à 55.

5. Quelles considérations doivent déterminer le choix d'une « compagne à vie ? » Justifiez vos assertions.

11 — Charpente

Le But et la Conséquence

1. Le but

A. Propositions subordonnées au subjonctif

Idée simple et générale

pour que	Je vais à l'hôpital *pour qu*'on me fasse une radio.
afin que + *subjonctif*	On me donne un cachet *afin que* la fièvre tombe.

Nuances et précisions

Manière : Au but s'ajoute l'idée qu'une certaine façon d'agir est nécessaire pour l'atteindre.

de sorte que	J'ai relevé ma manche, *de sorte que* l'infirmière puisse prendre ma tension.
de façon que	Il s'est tourné *de façon que* le docteur puisse examiner sa colonne vertébrale.
de manière que + *subjonctif*	Le docteur a parlé *de manière que* le malade ne l'entende pas.

But qu'on cherche à éviter

pour que ne . . . pas	Je me suis fait piquer contre la grippe *pour que* l'épidémie *ne* m'atteigne *pas*.
de crainte que + **ne** explétif	Je me suis fait piquer contre la grippe *de crainte que* l'épidémie *ne* m'atteigne.
de peur que + *subjonctif*	Je me suis fait piquer contre la grippe *de peur que* l'épidémie ne m'atteigne.

Volonté, ordre : *Que* + subjonctif venant après un verbe principal à l'impératif

que + *subjonctif*	Déshabillez-vous, *que* je vous examine.

B. Autres moyens d'exprimer le but

Idée simple et générale

pour + *infinitif* C'est le moyen le plus employé de tous. Mais, comme le sujet sous-entendu de l'infinitif doit être le même que celui du verbe principal, cela oblige à tourner la phrase d'une certaine façon.

> EXEMPLES: Je vais à l'hôpital *pour* me faire faire une radio.
> On me donne un cachet *pour* me faire tomber la fièvre.
> Je me suis fait piquer contre la grippe *pour* éviter l'épidémie.

afin de + *infinitif* On me donne un cachet *afin de* faire tomber la fièvre.

pour + *nom* L'infirmière arrive *pour* la piqûre.
Le chirurgien se prépare *pour* l'opération.

à + *infinitif* après certains verbes comme: donner à, inviter à, pousser à, décider à

EXEMPLES: J'ai donné ma blouse *à* nettoyer.
Le docteur a invité le malade *à* s'asseoir.
J'ai poussé ma sœur *à* se soigner.
Il a décidé son fils *à* entreprendre des études de médecine.

Infinitif seul après un verbe de mouvement:

EXEMPLES: Le dentiste est venu *dîner* chez nous.
Il est allé *opérer* une tumeur.
Elle est allée se *faire examiner* par un ophtalmologiste.

Nuances et précisions

Manière: La même personne doit être le sujet des deux actions.

de manière à J'ai relevé ma manche *de manière à* permettre à l'infirmière de prendre ma tension.

de façon à Il s'est tourné *de façon à* laisser examiner sa colonne verté-
+ *infinitif* brale par le docteur.
Le docteur a parlé *de façon à* ne pas être entendu du malade.

But à éviter

de crainte de Je me suis fait piquer contre la grippe *de crainte d'*être atteint par l'épidémie.

de peur de Je me suis fait piquer contre la grippe *de peur d'*être atteint
+ *infinitif* par l'épidémie.

But envisagé

en vue de   Il a pris des excitants *en vue des* longues heures de travail
  + *nom* ou   qu'il devait fournir avant les examens.
   infinitif   On lui a donné des anesthésiants *en vue de* l'endormir pour
         l'opération.

2. La conséquence

A. Propositions subordonnées en général à l'indicatif

Idée simple et générale

de sorte que   J'ai relevé ma manche, *de sorte que* l'infirmière peut prendre
  + *indicatif*   ma tension.
         (Voir le même exemple au subjonctif exprimant le but.)
         Il s'est tourné, *de sorte que* le docteur peut examiner sa
         colonne vertébrale.
         Le docteur a parlé à voix basse, *de sorte que* le malade ne
         l'a pas entendu.

de manière que   Ces deux tournures sont plus rares et plus gauches. On
  + *indicatif*   peut utiliser *de sorte que* dans tous les cas; faites-le, et
de façon que   bornez-vous à être capable de reconnaître *de manière que,*
         de façon que.

Nuances et précisions

On veut donner l'idée qu'une certaine intensité de l'action principale a
produit la conséquence. Il y a dans la principale un mot antécédent qui
annonce la conséquence. Il varie suivant la nature du mot qu'il accompagne.

si ⎧ adjectif ⎫   Il a été *si* malade *qu*'on l'a cru perdu.
    ⎨   ou   ⎬ . . . **que** Le malade s'est rétabli *si* rapidement *qu*'il a pu
    ⎩ adverbe ⎭   rentrer chez lui trois jours après l'opération.
  + *indicatif*

si bien que   Le malade a guéri rapidement *si bien qu*'il a pu
  + *indicatif*   reprendre ses occupations habituelles au bout
         d'une semaine.

tant que   Elle a *tant* crié *qu*'elle a maintenant mal à la
  + *indicatif*   gorge.

tant et si bien que Elle a crié fort et longtemps, *tant et si bien*
  + *indicatif*   *qu*'elle a très mal à la gorge maintenant.

tellement que   Elle a *tellement* crié *que*. . . .
  + *indicatif*

tel (+ *nom*) **que**   J'ai un *tel* rhume *que* je ne pourrai sortir ce soir.

à tel point que   Il craint le dentiste *à tel point qu*'il ne va jamais se faire examiner les dents.

NOTE: Lorsque la proposition principale est négative ou interrogative, la subordonnée de conséquence doit être au subjonctif:

EXEMPLES: Il n'a pas été *si* malade *qu*'on l'ait cru perdu.

Avez-vous un *tel* rhume *que* vous ne puissiez sortir ce soir?

B. Autres moyens

1. *Moyen le plus simple*: *propositions coordonnées par*

donc   Je pense, *donc* je suis.

par conséquent   C'est un docteur réputé; *par conséquent* il a beaucoup de clients.

c'est pourquoi   Il est malade, *c'est pourquoi* il ne sort pas.

aussi (avec   Il est malade, *aussi* ne sort-il pas.
inversion)

2. *Dans les cas suivants, il est parfois difficile de distinguer la conséquence du but. Ne les utilisez donc qu'à bon escient et dans un contexte précis.*

de manière à   Le docteur a parlé *de manière à* ne pas être entendu de la malade.

de façon à   Il s'est soigné énergiquement *de façon à* pouvoir sortir très vite.

à   Elle est bête *à* pleurer.

pour   Je suis trop enrhumé *pour* sortir.

au point de   Il craint le dentiste *au point de* ne jamais se faire soigner.
+ *infinitif*

3. *Propositions juxtaposées*: C'est le sens des mots qui fait imaginer que le fait exprimé par l'un des verbes est la conséquence de l'autre. La marque graphique est souvent:

EXEMPLES: Il est malade: il ne sortira pas.

Elle a crié à tue-tête: maintenant sa gorge lui fait mal.

Il a une tumeur: il faut l'opérer.

Parler du nez

Matériau

Santé et maladie

La santé

être	bien-portant	
sembler	en bonne	SANTÉ *f.*
avoir l'air	en mauvaise	florissante
paraître	plein de	
	d'une	

avoir CORPS *m.* sain *healthy*
CONSTITUTION *f.* saine
VISAGE *m.* pâle
TEINT *m.* rose
grandir CROISSANCE *f.*

fort	faible
robuste	malingre *sickly, weak*
résistant	usé
costaud	gringalet *weak*
bien bâti	tordu *distorted, twisted*
énergique	las *tired, fatigued*

grossir EMBONPOINT *m.*
maigrir MAIGREUR *f.*
dépérir *waste away*

Les accidents

faire CHUTE *f.* (*glisser, tomber*)
se faire BLESSURE *f.* (*se blesser*)
FRACTURE *f.*
? a sprain
FOULURE *f.* (*froisser*) *to bruise slightly*
sprain
ENTORSE *f.* (*tordre*)
MAL *m.*

porter PANSEMENT *m.* *dressing (of wound)*
PLÂTRE *m.* *plaster*

boiter *to limp*
transporter
HÔPITAL *m.*

se casser FIGURE *f.* (= *tomber*)
TÊTE *f.* (= *s'inquiéter*)
MEMBRE *m.* (BRAS *m.*,
JAMBE *f.*)
OS *m.* (FÉMUR *m.*,
CLAVICULE *f.*)

URGENCE *f.*

le BRAS en ÉCHARPE *f.* *sling*

sur CIVIÈRE *f.* *stretcher*

donner SANG *m.*

perdre

Les maladies

prendre FROID *m.*

attraper MAL *m.*

contracter RHUME *m.*

ANGINE *f.* (blanche, rouge) *sore throat*

GRIPPE *f.*

BRONCHITE *f.* TOUX *f.*

éternuer

se moucher

tousser

cracher

avoir MAL OREILLES *f.*

TÊTE *f.*

GORGE *f.*

DENTS *f.*

VENTRE *m.*

FIÈVRE *f.* *monter*

descendre

tomber

souffrir de

être atteint de

se plaindre de

supporter

SOUFFRANCE *f.*

se plaindre de

DOULEURS *m.*

atteindre

affecter

torturer

s'évanouir

s'endormir

se trouver mal

La médecine

DOCTEUR *m.*

MÉDECIN *m.*

examiner

ausculter

question-

ner

PATIENT *m.*

INFIRMIÈRE *f.* *prendre* TENSION *f.*

faire PIQÛRE *f.*

panser BLESSURE *f.*

MÉDECIN *m.*

faire

DIAGNOSTIC *m.*

RADIO *f.*

demander

ANALYSE *f.*

AVIS *m.* (CONFRÈRE *m.*)

soigner SOINS *m.*

donner TRAITEMENT *m.*

écrire ORDONNANCE *f.* CACHETS *m.*

prescrire MÉDICAMENTS *m.* GOUTTES *f.*

PILULES *f.*

ordonner

conseiller RÉGIME *m.* alimentaire

suivre

CHIRURGIEN *m.* *subir*

tenter

réussir

OPÉRATION *f.*

GREFFE *f.* (CŒUR *m.*,

REIN *m.*)

graft, transplant

DIÈTE *f.* = pas d'aliments

La guérison

MALADE *m.*

guérir, être guéri

se rétablir

se remettre

faire CURE *f.*

entrer CONVALESCENCE *f.*

prendre REPOS *m.*

payer

FRAIS médicaux *m.* (HONORAIRES *m.*)

PHARMACIEN *m.*

SÉJOUR *m.* CLINIQUE *f.* chère

SÉCURITÉ SOCIALE *f.* *rembourser*

se méfier CHARLATAN *m.*

GUÉRISSEUR *m.*

Le dentiste

arracher } DENT *f.*   *mettre* DENTIER *m.*
soigner
anesthésier
plomber   PLOMBAGE *m.* CARIE *f.* (= DENT gâtée)

La psychanalyse

perdre   *expliquer* } RÊVES *m.*   *être* } dérangé
retrouver ÉQUILIBRE *m.* psychique   *analyser* } PEUR *f.* maladive   angoissé
TRAITEMENT *m.* court   DROGU *f. prendre* DROGUES *f.*   obsédé
          long   *se passer*   fou, folle
                                     avoir besoin

                                 PARANOÏAQUE *m.*
PSYCHANALISTE *m. psychanalyser* SCHIZOPHRÈNE *m.*
                                 NÉVROSÉ *m.*

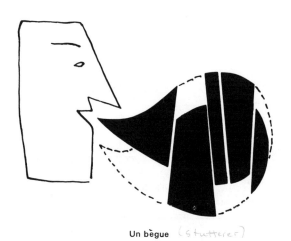

Un bègue (stutterer)

LEXICOTEST

A. Expliquez la différence entre :
1. médecin, médecine, médicament
2. hôpital, clinique
3. fracture, foulure, entorse
4. régime, diète

5. soigner, guérir

6. ordonnance, diagnostic
7. dentiste, dentier
8. drogues, médicaments
9. se casser la tête, se casser la figure
10. médecin, chirurgien

B. Vous êtes un guérisseur célèbre, et vous prescrivez un traitement pour chacun des patients suivants :
1. Docteur, j'ai mal au ventre.

2. Docteur, j'éternue.
3. Docteur, je boite.
4. Docteur, j'ai fréquemment des évanouissements.
5. Docteur, je rêve que je meurs.

C. Complétez les phrases suivantes avec les expressions les plus précises :
1. On me donne _____ afin que la fièvre tombe.
2. Je me suis fait _____ contre la grippe.
3. Ils ont dit qu'ils resteraient en vacances jusqu'à ce que l'épidémie _____.
4. Le docteur m'a _____ pour déterminer si j'avais une bronchite.
5. Il m'a montré une _____ de mes poumons.
6. Il m'a _____ des douches froides et des boissons brûlantes.
7. Mais son _____ était illisible. Je n'ai donc acheté aucun _____.
8. Au bout d'une semaine, j'étais _____ et j'ai repris mes cours.
9. Cependant je dois suivre _____ pour maigrir.
10. Je dois aussi aller chez le dentiste, car j'ai _____.
11. J'espère qu'il ne va pas me l'_____.
12. Je préfère qu'il m'endorme avec une _____.
13. Il m'a dit : Vous ne _____ pas.
14. En cas d'_____, une ambulance vous conduira à l'hôpital.
15. Si vous avez mal, soyez stoïque, ne vous _____.

EXERCICES (Oral)

A. *Jeu structural.*
1. Reliez les phrases par *pour, de manière à.*
   Elle reste à l'hôpital. Elle se fait soigner.
   _____ (elle subit) une opération.
   _____ (elle guérit) vite.
   _____ un long traitement.
2. Même exercice avec *pour que, de manière que.*
   On l'envoie à l'hôpital. Elle se fait soigner.
   _____ (elle subit) une opération.
   _____ (elle guérit) vite.
   _____ un long traitement.
3. Même exercice avec *pour, pour que, de manière à, de manière que.*
   On appelle le médecin. Il fait un diagnostic.
   _____ (on lui demande) son avis.
   _____ (on se fait soigner) par lui.
   _____ (il nous guérit.)
   _____ (on sait ce que c'est.)
   _____ (il nous prescrit) un régime.

B. Répondez aux questions suivantes:
1. Pourquoi portez-vous une écharpe et un chapeau? (*de crainte* . . .)
2. À quelle fin le docteur ausculte-t-il son malade? (*afin* . . .)
3. Dans quel but va-t-on chez le dentiste? (*pour* . . .)
4. Pourquoi les arracheurs de dents mentent-ils? (*de manière* . . .)
5. Pour quel usage prescrit-on l'insuline? (*pour* . . .)

C. Complétez les phrases suivantes avec soit l'infinitif, soit le subjonctif.
(*pour* . . . *pour que*; *afin de* . . . *afin que*; *de peur de* . . . *de peur que*)
1. Elle le nourrit bien.   Il va mieux.
   Elle se nourrit bien.   Elle va mieux.
2. Couvrez-vous.   Vous attraperez froid.
   Elle lui met un béret.   Il attrapera froid.
3. Je suis mon régime.   Je guéris.
   Il me donne un régime.   Je guéris.
4. Il va à l'hôpital.   Il subit une opération.
   Elle amène son mari à l'hôpital.   Il subit une opération.
5. Faites attention.   Vous vous cassez la jambe.
   Je le surveille.   Il se casse la jambe.

D. Complétez oralement.

EXEMPLE: (*a*) On lui donnera de la novocaïne. Il n'a pas mal.
　　　　　(*b*) On lui a donné de la novocaïne.

　　　　　　(*a*) (BUT) *de sorte qu'*il n'*ait* pas mal.

　　　　　　(*b*) (CONSÉQUENCE) *de sorte qu'*il n'*a* pas *eu* mal.

1. On l'amènera en ambulance. Il fait le trajet plus vite.
   On l'a amené _____
2. L'infirmière me fait une piqûre. Je ne sens rien.
   L'infirmière m'a fait _____
3. On innocule la variole. Il ne peut plus l'attraper.
   On lui a innoculé _____
4. Il se repose bien. Il ne tombe pas malade.
   Il s'est bien reposé _____

EXERCICES (Écrit)

A. Réunissez en une seule phrase qui exprime soit le BUT, soit la CONSÉ-
QUENCE, les deux éléments donnés.

1. appeler le médecin	examiner mon fils
2. faire une piqûre de pénicilline	enrayer l'infection
3. ne pas laisser sortir	attraper un rhume
4. (le médecin) soigner	guérir rapidement
5. avoir mal à la gorge	ne pouvoir rien avaler
6. avoir de la fièvre	donner de la quinine

7. avoir trop de fièvre	se lever
8. allongez-vous là	je vous ausculte
9. mon voisin ayant la typhoïde (ne pas aller le voir)	attraper ses microbes
10. suivre un régime	maigrir
11. souffrir	crier
12. aller à l'hôpital	être soigné plus facilement
13. le médecin va le soigner	guérir
14. malgré ses bras cassés, on va l'installer	pouvoir lire quand même
15. le médecin l'a très bien soigné	guérir
16. on l'a installé	pouvoir lire
17. le dentiste veut lui arracher sa dernière dent	mettre un dentier
18. le dentiste lui a arraché sa dernière dent	mettre un dentier
19. être guéri	avoir été bien soigné
20. subir une opération	avoir une cicatrice

B. Écrivez un paragraphe de cinq à dix lignes sur chaque sujet suivant:

1. Les conséquences d'un rhume mal soigné.
2. Dans quel but le dentiste fait-il une piqûre de novocaïne?
3. Mon séjour à l'hôpital est la conséquence de mon amour pour le ski.
4. Dans quel but se fait-on vacciner?
5. Buts et conséquences du «régime jockey» (régime amaigrissant très sévère).

Fenêtre I

Croissance*

JACQUES BUREAU. Né à Paris en 1912. Est avant tout un homme de laboratoire (physicien). A écrit deux romans, «dans la rue, sur des petits bouts de papier qu'il tire de ses poches.»

Chaque jour, on m'adressait la parole en levant davantage la tête. Dans cette maison vide, mon corps se mettait à grandir pour boucher les trous. La solitude tassait celui de mon père: nos yeux se croisèrent un soir d'avril.

Je vis son ventre, ses jambes, et davantage son front, ses cheveux gris.
5 Je l'obligeai à porter plus haut ses regards, à se ressaisir. Il me donnait des livres, m'emmenait au cinéma: nous avions sur cette humanité plate des vues de même hauteur.

On venait me voir de loin et les voisins, d'un jour à l'autre, se trompaient en jetant les yeux sur moi: en visant la tête, ils atteignaient la poitrine. Mon
10 père me faisait prendre des pilules qui rapetissent, m'offrait des chaussures basses, me coupait les vivres: rien n'y faisait, je poussais à vue d'œil, comme l'herbe après l'orage. Parallèlement, je maigrissais: je reportais dans la longueur tout ce que la largeur abandonnait. Le soir, mon ombre s'allongeait doublement. Je pouvais sans bouger jouer au piano chaque jour, une note de
15 plus. On m'appelait pour regarder dans les nids, tirer les malles du haut des armoires, épier les bonnes par les impostes: je devenais utile. Bientôt j'allais pouvoir me nourrir seul, dans les foires en me montrant. On parlait de mes petits camarades, de mon petit lit: j'avais cessé d'être petit et le monde le devenait. Mon père était mon pauvre père; on commençait à plaindre tout
20 ce qui vivait à mes côtés et n'augmentait pas de taille. Je m'enfonçais dans un domaine rétréci, peuplé de nains gémissants. Au moment où je m'habituais à vivre les yeux dirigés vers le bas, je tombai malade.

QUESTIONS

1. Premier paragraphe. Expliquez le contraste entre l'imparfait et le passé simple. Quel effet produit la dernière phrase: «nos yeux . . . »?
2. Quelle est la première réaction du père? et la seconde?
3. «cette humanité plate» (*l.* 6). L'auteur joue sur le mot «plat». Expliquez.

---

* Jacques Bureau, *Trois pierres chaudes en Espagne*. Paris, Lafont, 1959.

4. Que pensez-vous de la façon dont le père veut arrêter la croissance? (*l.* 9 à 11).
5. Quels sont les avantages d'être grand?
6. Donner le contraire des mots suivants: «lever la tête, grandir, maigrir, géant, s'allonger, plus haut».
7. L'humour du texte est dû surtout à la manipulation des temps. Relevez les locutions temporelles qui indiquent la rapidité de la croissance.
8. Quelles exagérations amusantes remarquez-vous dans ce texte?
9. «On m'appelait . . .» (*l.* 15) et «On parlait de mes petits camarades» (*l.* 17 à 18). «On» représente-t-il le même sujet dans les deux phrases? Qui appelait?
10. «je tombai malade» (*l.* 22). Quelle est la cause de la maladie?

SITUATIONS

1. Un étudiant très grand explique pourquoi il aimerait être de petite taille. Les autres le consolent en s'inspirant du texte.
2. Faites le portrait d'un membre extraordinaire de votre famille, sur le ton d'exagération humoristique de ce texte.
3. Dialogue entre une jeune fille très grande et une très petite sur les inconvénients d'une taille anormale.

COMPOSITIONS

1. Imaginez que le jeune homme ait réussi à rapetisser grâce aux pilules que lui a données son père. Récrivez le passage de ce point de vue, en effectuant tous les changements nécessaires.
2. À l'aide de la Charpente 11, récrivez le texte en employant autant d'expressions indiquant le «but» et «la conséquence» que possible.
3. «je devenais utile» (*l.* 16). Illustrez cette phrase par une série d'exemples concrets ou d'anecdotes.

Fenêtre II

Toutes les morts possibles*

JEAN-MARIE LE CLÉZIO. Né en 1940 à Nice; un des plus brillants écrivains de la jeune génération. Il était encore étudiant quand il a reçu le Prix Goncourt en 1963 pour *Le Procès-verbal*. S'est fait la même année refuser au certificat de Littérature comparée à la Faculté d'Aix. Ce qui ne l'a pas empêché de continuer une brillante carrière avec: *La Fièvre* (1965), *Déluge* (1966), *L'Extase matérielle* (1967) et *Le Livre des fuites* (1969).

Adam l'attendait à chaque pas, cette fin brutale. Ce n'était pas difficile à imaginer. Il pouvait être foudroyé par un éclair; on le ramènerait du haut de la colline, sur une civière, noir et brûlé, sous les grognements de la tempête. Il pouvait être mordu par un chien enragé. Empoisonné par l'eau. Ou bien,
5 trempé de pluie comme il l'était,[1] il pouvait fort aisément attraper une fluxion de poitrine. Il pouvait, en laissant traîner sa main sur la rambarde, se blesser avec une écharde de métal et contracter[2] le tétanos.

Recevoir un aérolithe sur la tête. Ou un avion. La pluie pouvait occasionner un glissement de terrain et faire crouler la promenade, en l'écrasant sous des
10 tonnes de terre. Un volcan pouvait surgir sous ses pieds, là, à chaque seconde. Plus simplement, il se pourrait qu'il glisse sur le macadam mouillé, ou sur une peau de banane, pourquoi pas, et se rompe les vertèbres cervicales en tombant en arrière. Un terroriste pourrait le prendre pour cible, ou un fou, et l'abattre d'une balle dans le foie. Un léopard s'échapper d'une ménagerie
15 et le mettre en pièces au coin d'une rue. Il pourrait massacrer quelqu'un et être condamné à la guillotine. Il pouvait s'étrangler en mangeant une dragée. Ou bien la guerre, la guerre soudaine, éclater une catastrophe[3] gigantesque, un genre de bombe, soulever un champignon de fumée au milieu des éclairs, et l'anéantir, le volatiliser, lui, Adam, le chétif Adam, en une crispation
20 atmosphérique infime. Son cœur cesserait de battre, et le silence envahirait son corps; dans une réaction en chaîne, le froid monterait lentement le long de ses membres, jusqu'à la stupéfaction immense; il découvrirait vaguement dans ses replis de chair rouges, autrefois tièdes, quelque chose d'un cadavre.

---

* J. M. G. Le Clézio. *Le Procès-verbal*. Paris, Gallimard, 1963.
[1] *trempé de pluie comme il l'était*   parce qu'il était très trempé.
[2] *contracter*   attraper.
[3] *éclater une catastrophe*   ellipse du verbe *pouvait*.

Chacun de ses pas était un danger nouveau; qu'un coléoptère vînt à pénétrer[4] par sa bouche ouverte et bloquât sa trachée-artère; qu'un camion 25 en passant perdît une roue et le décapitât, ou que le soleil s'éteignît; ou qu'il prît soudain à Adam la fantaisie de se suicider.[5]

Il se sentit las tout à coup; peut-être las de vivre, las d'avoir à se défendre sans cesse contre tous ces dangers. Ce n'était pas tant sa fin qui comptait, que le moment où il déciderait qu'il serait prêt à mourir. Il avait horreur de ce 30 changement bizarre, qui interviendrait certainement un jour ou l'autre, et l'obligerait à ne plus penser à rien.

QUESTIONS

1. Classez toutes les morts possibles sous quatre rubriques: les cataclysmes naturels, les accidents, la méchanceté ou la négligence des hommes, les maladies physiques ou mentales.
2. Est-ce que ce jeune homme vous semble raisonnable? Donnez des exemples de mort tout à fait possible, et des exemples de mort tout à fait improbable. Discutez chaque exemple.
3. Est-ce que le progrès technique a augmenté les possibilités de mort brutale pour l'individu? Appuyez votre opinion par des exemples du texte.
4. Définissez les mots suivants: la rage, une fluxion de poitrine, une écharde, le tétanos, un aérolithe, vertèbres cervicales, un terroriste, une ménagerie, volatiliser, un coléoptère, la trachée-artère, décapiter, las de vivre, avoir horreur.
5. Expliquez le dernier paragraphe du texte: de quoi Adam a-t-il le plus peur?

SITUATIONS

1. Adam va chez un psychiâtre lui exposer ses angoisses. («J'ai peur de mourir, tué par la foudre» *etc.*) À chaque danger imaginaire, le psychiâtre répond avec bon sens et rassure Adam. (Mais la foudre tue rarement. Pasteur a inventé un vaccin contre la rage. L'eau de notre ville est pure. *Etc.*)
2. Pensez-vous qu'il faut construire des abris pour protéger toute la population contre le danger de la bombe H?
3. Discutez l'opinion de Jean-Jacques Rousseau à propos de la guerre. «La fin de la guerre étant la destruction de l'État ennemi, on a droit d'en tuer les défenseurs tant qu'ils ont les armes à la main, mais sitôt qu'ils les posent et se rendent, cessant d'être ennemis ou instruments de l'ennemi,

---

[4] *qu'un coléoptère vînt à pénétrer* cette construction (que ... + subjonctif imparfait) est ambiguë: elle peut dépendre du mot *danger* (le danger est qu'un insecte pénètre dans sa bouche) ou du mot sous-entendu *il supposait*. Cette incertitude augmente l'impression d'appréhension.
[5] *qu'il prît à Adam la fantaisie de* Adam pourrait tout d'un coup avoir envie de se suicider.

ils redeviennent simplement hommes et l'on n'a plus de droit sur leur vie.» (*Le Contrat Social*)

4. Est-ce qu'il vaut mieux se préparer à la mort ou bien ne jamais y penser?

COMPOSITIONS

1. Avec les exemples du texte écrivez dix phrases en employant dans chacune une expression de cause différente.

   EXEMPLE: *À force de* tomber, la pluie avait occasionné un glissement de terrain.

2. Sur le modèle des phrases du texte, écrivez dix phrases originales sur le sujet «cette fin brutale, ce n'était pas difficile à imaginer.» Pouvez-vous imaginer dix autres morts possibles?

3. Supposez que vous avez reçu d'Adam une lettre dans laquelle il vous confie ses terreurs. Essayez d'y répondre en lui communiquant votre joie de vivre, votre optimisme, ou votre résignation paisible.

12

Charpente

Éventualité et supposition

Idée simple et générale

si + *indicatif*
(toujours, toujours
l'indicatif!)

On envisage une situation imaginaire, qui peut être une pure supposition (*irréel*) ou une éventualité (*possible*).

	si + proposition subordonnée	proposition principale
(a) L'irréel.		
MODÈLE A : passé	*si* + plus-que-parfait	. . . conditionnel passé
	Si nous *avions étudié* (mais nous avons paressé)	nous *aurions réussi.* (mais nous avons échoué)
MODÈLE B: présent	*si* + imparfait	. . . conditionnel présent
	Si nous *étudions* (mais nous paressons)	nous *réussirions.* (mais nous échouons)
MODÈLE C: avenir	*si* + imparfait	. . . conditionnel présent
	Si, un jour, vous *étudiiez* (mais vous ne ferez rien)	vous *réussiriez.* (mais vous échouerez)
(b) Le possible.		
MODÈLE D: présent immédiat	*si* + présent	. . . présent
	*S'*il m'*interroge* (c'est imminent)	je ne lui *réponds* pas. (je ne vais pas répondre)
MODÈLE E: avenir	*si* + présent	. . . futur
	*S'*il m'*interroge* demain (c'est encore possible)	je ne lui *répondrai* pas.

MODÈLE F :   *si* + passé composé   . . . futur ou passé

S'il *a eu* le temps de   {il *réussira*.
travailler   {il *a réussi*.

Nuances et précisions

1. **si** + INDICATIF . . . **et que** + SUBJONCTIF   Deux conditions se suivant dans une phrase. On ne répète pas *si*.

(MODÈLE E)   *Si* je n'*étudie* pas, *et qu*'il *fasse* beau, je sortirai.
(qu'il fasse beau = s'il fait beau)

2. *Autres locutions et conjonctions* + SUBJONCTIF

à condition que   Je vous récompenserai *à condition que* vous fassiez bien ce travail.
(Je n'en suis pas sûr; à vous de prouver que vous travaillez bien.) (Comparez avec le modèle C.)

à supposer que   Je vous verrai à la conférence, *à supposer que* vous y alliez.
(J'en doute fort, vous êtes souvent absent.)
(Comparez avec le modèle C.)

en supposant que   (Même sens qu'*à supposer que*)

en admettant que   Même *en admettant que* vous passiez avec succès tous vos examens, la maîtrise vous prendra quatre ans.
(Comparez avec le modèle E.)

pourvu que   *Pourvu que* je réussisse, la mention m'importe peu.
(Réussir, ça me suffit.) (Comparez avec le modèle D.)

soit que . . . soit que   Il n'est pas venu faire son cours, *soit qu*'il ait été malade, *soit qu*'il ait oublié.
(Deux suppositions alternatives.) (Comparez avec le modèle F.)

si (+ *adjectif*) **que**   *Si* occupé *qu*'il soit, il peut nous voir dans son bureau.
(= même s'il est très occupé, ce qui est possible.)
(Comparez avec le modèle D.)

quelque (+ *nom*) **que**   *Quelque* opinion *que* vous ayez, vous devez rester objectif.
(= même si vous avez une opinion contraire.)
(Comparez avec le modèle D.)

3. **à la condition que** + INDICATIF

Vous pouvez remettre le devoir en retard, *à la condition*

que vous ne le direz à personne.
(Je suppose que vous ne le direz pas.)
(Comparez avec le modèle D.)

4. **au cas où**   *Au cas où* je serais en retard, entrez dans la classe et travaillez.

   dans le cas où   (Éventualité envisagée) (Comparez avec le modèle D.)

   pour le cas où   La police s'est massée autour de la Sorbonne *pour le*
   + *conditionnel* *cas où* les étudiants manifesteraient.
                         (Précaution préventive) (Comparez avec le modèle D.)

ATTENTION: *Si* n'introduit pas toujours une supposition ou une éventualité.

(1) **si = quand**

S'il s'abaisse, je l'élève.
S'il s'élève, je l'abaisse.

(2) deux faits réels (pas une hypothèse)

S'il ne travaille pas, c'est qu'il ne veut pas.
Si vous échouez à vos examens, c'est que vous n'avez pas assez travaillé.

(3) interrogation indirecte

Je ne savais pas *si* la conférence avait lieu (hier).

et le seul cas où *si* soit suivi du futur ou du conditionnel:

Je me demande *si* elle aura lieu (demain).
Je ne savais pas (hier) *si* elle aurait lieu (aujourd'hui).

Révision de **savoir, devoir, falloir, vouloir, pouvoir**

1. Après *si*

Si je *sais* où il est, je vous le dis.
Si je *savais* où il va, je vous le dirais.
Si j'*avais su* où il allait, je vous l'aurais dit.

Si vous *devez* vous absenter, je vous remplace. (obligation morale)
Si vous *deviez* vous absenter, je vous remplacerais.
Si vous *aviez dû* vous absenter, je vous aurais remplacé.

S'il *faut* quelqu'un, il m'appelle. (besoin)
S'il *fallait* quelqu'un, il m'appellerait.
S'il *avait fallu* quelqu'un, il m'aurait appelé.

Si tu *veux* me parler, tu n'as qu'à venir.
Si tu *voulais* me parler, tu n'aurais qu'à venir.
Si tu *avais voulu* me parler, tu n'aurais eu qu'à venir.

Si nous *pouvons* lire Malraux pour jeudi, nous le ferons. (possibilité)
Si nous *pouvions* le lire pour mardi, nous le ferions. (impossibilité)
Si nous *avions pu* le lire pour lundi, nous l'aurions fait.

2. Au conditionnel

Si c'était vrai, je le *saurais*.
Si cela avait été vrai, je l'*aurais su*.

Si la conférence avait lieu, vous *devriez* rester. (obligation morale)
Si elle avait eu lieu, vous *auriez dû* rester.

Si vous n'étiez pas ici, il *faudrait* vous chercher. (nécessité)
Si vous n'aviez pas été ici, il *aurait fallu* vous chercher.

Si c'était gratuit, tu n'en *voudrais* pas.
Si cela avait été gratuit, tu n'en *aurais* pas *voulu*.

Si le mur était moins haut, nous *pourrions* le sauter.
S'il avait été moins haut, nous *aurions pu* le sauter.

3. Nuances du conditionnel

Sans aucune expression de la supposition, le conditionnel sert à exprimer l'ATTÉNUATION, la POLITESSE, la MODESTIE.

—Pardon, Monsieur, *connaîtriez-vous* le chemin de la bibliothèque? (politesse)

—Le chemin de la bibliothèque? Je ne *saurais* vous le dire. Je n'y vais jamais. (modestie)

Vous *devriez* travailler davantage. (atténuation)
Il *faudrait* un meilleur doyen. (atténuation)
Je *voudrais* une bonne note, s'il vous plaît. (politesse)
Vous *pourriez* peut-être travailler un peu? (atténuation)

4. Équivalents de *pouvoir* et *devoir*

   (a) *Pouvoir* exprime la POSSIBILITÉ ou la LATITUDE

   Possibilité: On *peut* encore changer le programme des cours.
   = On changera *peut-être* le programme . . .
   = *Peut-être* changera-t-on le programme (inversion)
   = *Il se peut qu'*on change (subj.) le programme . . .

   Latitude: distinguez «Il peut parler latin.» (latitude)
   et «Il sait parler latin.» (capacité)

   (b) Devoir exprime la PRÉVISIBILITÉ, la PROBABILITÉ, d'une part, et d'autre part l'OBLIGATION MORALE et la NÉCESSITÉ.

   Prévision: Nous *devons* passer l'examen en mai. (*présent*)
   = Nous sommes *censés* passer en mai.

Probabilité: Vous *avez dû* trouver son cours intéressant. (*passé composé*)

= Vous l'avez *probablement* trouvé intéressant.

= Il est probable que . . . (indicatif)

Nécessité: Je *dois* prendre un travail; j'*ai dû* abandonner mes études.

= *Il faut que* je prenne un travail; *il a fallu que* j'abandonne mes études.

En général on préfère la forme «il faut que» à «je dois» pour exprimer la nécessité.

Obligation morale: Vous *devriez* lire ça avant l'examen. (*conditionnel*)

= *Il serait bon que* vous lisiez ça.

= Je vous conseille de lire ça.

Matériau

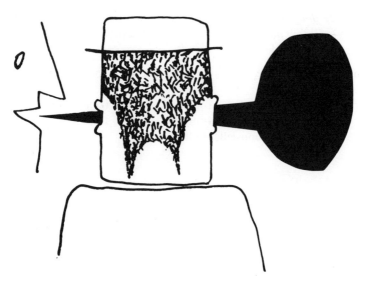

Ce qui lui entre par une oreille sort par l'autre

Les Études francaises

L'école primaire

			maternelle
ÉCOLIER, -ÈRE	*aller*		publique
	manquer	ÉCOLE *f.*	
	quitter		libre (= confessionnelle)
	apprendre lire	B-A, BA *m.*	
	écrire	DICTÉE *f.*	
	compter	CALCUL *m.*	
INSTITUTEUR, -TRICE	*faire*	CLASSE *f.*	bonne
MAÎTRE, MAÎTRESSE	*récompenser*		
	donner		
	punir	mauvaise	NOTE *f.*
	noter (large, dur)		

L'enseignement secondaire

ÉLÈVE *m./f. fréquenter* LYCÉE *m.*   ENSEIGNEMENT *m.* long (de 11 à 18 ans)

                                                   général (C.E.G.)

                      COLLÈGE *m.*   court (de 11 à 15 ans)

EXTERNE *m./f.* *rentrer* chez soi
INTERNE *m./f.* *manger* RÉFECTOIRE *m.*
coucher DORTOIR *m.*
faire CHAHUT *m.*   PION *m.* MAÎTRE *m.*
d'INTERNAT *m.*

attraper RETENUE *f.*

PROFESSEUR *m./f.* *enseigner* MATIÈRES *f.*, PROGRAMME *m.*
rendre COMPOSITIONS *f.* trimestrielles
CLASSEMENT *m.*

CANDIDAT, -E *se présenter à* EXAMEN *m.* BACCALAURÉAT *m.* PHILOSOPHIE *f.*
subir (BAC) SCIENCES *f.* expéri-
mentales
passer MATHS *f.* élémentaires
se représenter TECHNIQUE *f.*

SUCCÈS *m.* *réussir* AVEC MENTION *f.* passable
assez bien
bien, très bien

ÉCHEC *m.* *échouer* du premier COUP *m.*
être recalé plusieurs FOIS *f.*
être collé

Les études supérieures

CLASSES *f.* préparatoires

se préparer CONCOURS *m.* TAUPE *f.* grandes ÉCOLES *f.* d'ingénieurs POLY-
TECHNIQUE *f.* CENTRALE
travailler KHÂGNE *f.* NORMALE SUPÉRIEURE *f.*
bûcher Sciences
Lettres

TRADITIONS *f.* *monter* CANULAR *m.*
réussir ÉCRIT *m.* *infliger* ÉPREUVES *f.*
être admissible ORAL *m.* *subir* BIZUTHAGE *m.*
être admis *initier* BIZUTH *m.*

UNIVERSITÉ *f.*
ÉTUDIANT,-E *commencer* ÉTUDES *f.*
faire
poursuivre
abandonner
aller FACULTÉ *f.* *écouter* CONFÉRENCE *f.*
suivre COURS *m.* magistraux *chahuter*
avoir SÉMINAIRES *m.* *prendre* NOTES *f.*
manquer TRAVAUX *m.* pratiques
sécher

LOCAUX *m.* modernes AMPHI(THÉÂTRE) *m.*
        vétustes
        vastes   BOURSIER *m.*
        exigus   BIBLIOTHÈQUE *f.*

réclamer   BOURSE *f.*
demander   d'étude
obtenir
bénéficier de
avoir besoin de
mériter

FACULTÉS *f.* Lettres et sciences
         humaines   *chercher* TRAVAIL *m.* ⎧de nuit
         Sciences   ⎨à mi-temps
         Médecine *f.*   ⎩GARDE *f.* d'enfants
         Droit *m.*   CORPS enseignant
         Pharmacie *f.*

CORPS enseignant ⎧ASSISTANTE, -E
                    ⎪MAÎTRE-ASSISTANT *m.*
                    ⎨MAÎTRE *m.* de conférence
                    ⎪PROFESSEUR *m./f.*
                    ⎩DOYEN *m.*

faire
réclamer   RÉFORME de l'ENSEIGNEMENT *m.* supérieur
entreprendre

EXAMENS *m.* (Études de lettres) 1er CYCLE *m.*   Diplôme Universitaire d'Études
                                          Littéraires (DUEL) *m.*
                        2ème CYCLE *m.* LICENCE *f.* (2 certificats)
                                      MAÎTRISE *f.* (LICENCE + MÉMOIRE)
                        3ème CYCLE *m.* RECHERCHE *f.* (+ doctorat?)

CONCOURS *m.* *sélectionner* PROFESSEUR *m.* certifié CERTIFICAT *m.* C.A.P.E.S. *m.*
        recruter   agrégé AGRÉGATION *f.*

DOCTORAT *m.* d'État   *écrire*   THÈSE *f.*
                    publier
                    soutenir

Un bon mot du Maître

LEXICOTEST

A. Complétez les phrases avec les mots appelés par le contexte.
1. Un enfant de huit ans va à l'école _____ .
2. Si vous chahutez, vous attraperez une _____ .
3. Il n'a pas dû travailler, sinon il aurait _____ à l'examen.
4. Ah, je ne savais pas qu'il avait subi _____ , je suis désolé.
5. Vous avez _____ mon cours hier. —Oui, j'étais malade.
6. Quels cours _____ vous ce trimestre?
7. On entre à Polytechnique par un _____ difficile.
8. Une lecture est quelque chose qu'on _____ .
9. Une conférence est quelque chose qu'on _____ .
10. Elle _____ la Faculté des Lettres.

B. Parmi les expressions suivantes, reconnaissez celles qui ne sont pas françaises et corrigez-les:
1. Prendre un cours
2. Donner une lecture
3. Réussir à un examen
4. Inviter la faculté à un thé
5. Habiter un pavillon de la cité
6. Je retourne à mon dortoir pour dîner.
7. Faire une conférence
8. Il a passé son examen du premier coup
9. Je suis plusieurs cours
10. Les professeurs sont les bienvenus

C. Remplacez les expressions en italiques par les expressions d'argot placées dans la liste à droite.
1. Il n'est pas très intelligent, mais il *joue des tours* astucieux.
2. *Le maître d'internat* lui a parlé.
3. Il lui a donné *une retenue* pour jeudi.
4. Ça ne m'étonne pas, c'est *un élève indiscipliné*.
5. La révolution a commencé dans *une salle de conférence*.
6. On a procédé *à l'initiation des nouveaux*.
7. Ceux qui ont réussi au baccalauréat peuvent entrer en *faculté*.
8. Il a passé son *examen terminal* plusieurs fois.
9. Pourtant je le croyais *un vrai puits de science*.
10. Il n'empêche qu'il a *échoué*.
11. C'est qu'il *n'a pas assisté aux* cours, voilà tout.
12. On travaille dur en *classe préparatoire à Normale Sup*'?

a. le bac
b. monter un canular
c. calé
d. bizuthage
e. le pion
f. un chahuteur
g. un amphi
h. sécher
i. la fac
j. être recalé
k. une colle
l. khâgne

D. Faites une phrase pour montrer la différence entre les mots suivants:
1. Une lecture et une conférence
2. Un examen et un concours
3. Avoir une bourse et avoir un cours
4. Une faculté et un groupe de professeurs
5. Être calé et être recalé
6. Le bac et la fac
7. Un maître de conférence et un maître d'internat
8. Sécher un cours et chahuter une conférence

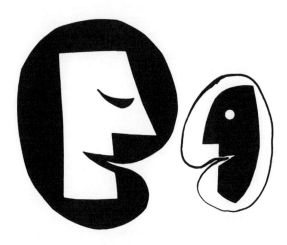

Ils s'écoutent parler

EXERCICES (Oral)

A. Dites d'une autre façon, en employant des équivalents de *si*:
1. Si vous réussissez tous vos examens, il vous faudra quatre ans pour la maîtrise.
2. Si la police n'intervient pas, la manifestation sera calme.
3. Si vous avez une opinion, ne l'exprimez pas.
4. Si j'étais en retard, mes étudiants partiraient sans attendre.
5. Si vous ne le dites à personne, je veux bien vous changer la note.

B. Dites d'une autre façon, en employant *pouvoir* ou *devoir*:
1. *Peut-être* entrerez-vous en faculté sans examen.
2. Vous vous êtes *probablement* ennuyé à cette conférence.
3. *Il faut que* je m'en aille avant la fin du cours.
4. *Il serait bon que* vous appreniez l'italien.
5. *Ils sont censés* se présenter à l'écrit de l'examen demain.

C. *Rappel de structure.*

Tu réussirais, si tu voulais.

— (être reçu) _____

— (obtenir une bourse) _____

— (réussir du premier coup)_____

— (pouvoir réussir) _____

— (ne pas échouer)_____

D. *Jeu structural.*

1. Si je n'ai pas sommeil, j'irai à la conférence.

_____ avais _____

_____serais allé _____

_____ avais su l'heure _____

_____ savais _____

S'il ne pleut pas _____

_____serais allé _____

2. Si la faculté était fermée, vous seriez en vacances.

_____ est _____

_____auriez été _____

À supposer que _____

_____seriez _____

3. À condition qu'il suive les cours, il sera licencié.

S'il _____

_____ serait _____

_____ avait suivi _____

Pourvu que _____

À la condition que _____

4. À force de prendre de leçons, il est devenu bon élève.

S'il _____

_____ serait devenu _____

_____prend _____

À condition que _____

À condition de _____

E. *Questions.*

1. Que feriez-vous si vous pouviez finir vos études en deux ans?
2. Si c'était possible, iriez-vous à l'université tous les étés?
3. Faute de mieux, voudriez-vous être professeur?
4. Dites-moi ce que vous aimeriez changer dans l'éducation française.
5. À quelle condition accepteriez-vous de vous spécialiser en français?

EXERCICES (Écrit)

A. Réunissez en une phrase exprimant la supposition, et si possible sans employer deux fois le même mot de liaison, les éléments donnés:

EXEMPLE: réussir aux examens   étudier
         Il réussira à ses examens *à condition d'*étudier.

1. récompenser   réussir aux examens
2. il ne réussira pas à l'oral   passer l'écrit
3. il peut passer le concours   travailler nuit et jour
4. le cancre est heureux   ne rien avoir à faire
5. le travail est la clef du succès   avoir du talent
6. je me présenterai à l'oral   vous serez là pour m'encourager
7. il est préférable de réussir   vouloir une bourse
   brillamment à ses examens
8. finir par faire des progrès en   prendre des leçons particulières
   maths
9. être admis à la cité universi-   être marié
   taire d'Antony
10. obtenir une bourse   ne pas continuer ses études

B. Écrivez un dialogue en dix répliques, sur l'un des thèmes suivants.

1. Si j'étais libre de choisir _____ voilà les cours que je suivrais.
2. Si j'avais su _____ j'aurais fait mes études dans une autre université.
3. Si je vais au cours demain _____ le professeur me demandera pourquoi je n'y étais pas aujourd'hui.
4. S'il me pose une seule question _____ je suis perdue.
5. Si les jeunes filles étaient sages _____ elles continueraient leurs études au lieu de se marier trop jeunes.
6. Si les jeunes filles étaient raisonnables _____ elles se marieraient au lieu de continuer leurs études.

C. Composition libre.

Choisissez un des six sujets précédents que vous développez cette fois sous forme de composition. (Environ une page)

Mettre les points sur les «i»

Fenêtre I

L'Enseignement*

A.

J'interroge Jean-Pierre Cormier, à demi caché par Michel Daval, sur la Renaissance. Il me répond :

—C'est une réforme de l'enseignement.

—Comment cela ?

—C'est M. Jouret[1] qui nous a dit ça.   5

—M. Jouret a certainement raison, mais encore faudrait-il que vous m'expliquiez un peu ce qu'il a voulu dire, pour que je voie si vous l'avez compris.

—C'est le retour aux études grecques et latines, aux humanités.

—N'apprenait-on plus le latin au Moyen Âge ?   10

—Oh ! si, toutes les classes se faisaient en latin ! Mais on n'étudiait plus le grec sans lequel c'est honte que personne se dise savant.

—Je vois que M. Jouret est en train de vous faire étudier Rabelais. Et dites-moi, M. Cormier, pourquoi donc, s'est-on mis tout d'un coup à vouloir apprendre le grec ? Pourquoi Gargantua y insiste-t-il tellement dans sa lettre 15 à Pantagruel ?

—Parce qu'ils voulaient retrouver l'Antiquité.

—En avait-on perdu tout souvenir ?

—Non, mais les gens du Moyen Âge n'allaient pas voir les textes mêmes, les statues elles-mêmes ; ils se contentaient de ce qu'on disait dans les écoles. 20

—Cela n'a plus suffi ?

—Non, à cause de la prise de Constantinople par les Turcs,[2] à cause de la découverte de l'Amérique.

---

* Michel Butor, *Degrés*. Paris, Gallimard, 1960.
[1] *M. Jouret* est le professeur de lettres. Le narrateur est le professeur d'histoire.
[2] *la prise de Constantinople par les Turcs* Les historiens datent souvent la fin du Moyen Âge de cette prise.

—Comment cela?

25 —Eh bien, on a été forcé de reconnaître que le monde n'était pas comme on croyait.

—Et c'est ce changement du visage du monde qui a nécessité une réforme de l'enseignement, qui a mis fort longtemps à s'accomplir, qui n'est peut-être qu'ébauchée même aujourd'hui. Je vous remercie.

B.

30 —Hutter.

Il relève sa tête, l'air étonné.

—Eh bien, levez-vous!

Il ramène la mèche roussâtre qui lui pendait sur l'œil.

—Quelles ont été les conséquences de la Renaissance sur le plan des arts
35 et de la littérature? Votre livre ne vous dira rien. Je vous ai déjà demandé de le fermer, comme votre cahier, pendant la récitation des leçons. Cette remarque s'adresse à tout le monde. Alors? J'attends. Qu'est-ce que vous savez sur la peinture italienne?

—Tous les pays se sont mis à imiter la peinture italienne.

40 La porte s'ouvre, un vieil homme en blouse entre, portant un immense cahier registre relié en toile noire.

—Un instant, je vous prie.

J'ajoute ma signature sous le nom des absents: Philippe Guillaume et André Knorr. Il y a une feuille dactylographiée que je prends entre les doigts
45 et lis:

«M. l'Abbé Gollier, aumônier du lycée Taine, rappelle que la leçon d'instruction religieuse[3] pour les classes de seconde,[4] a lieu tous les mardis, de 5 à 6.»

J'y appose ma griffe.[5] Il s'en va vers la salle suivante.

50 —Alors Hutter, que pouvez-vous nous dire sur cette peinture italienne? Vous devez bien savoir quelques noms.

Tous les yeux se tournent moqueurs vers lui. Il commence à remuer les doigts, se mord la lèvre, fronce les sourcils; tous les autres s'amusent. Il lache, se défendant soudain:
55 —Léonard de Vinci.

—Bien, parlez-moi de Léonard de Vinci . . . Vous ne savez rien? Vous ne savez pas où il est né, où il est mort, comment il a vécu, le nom de quelques uns de ses tableaux? Non? Parlez-moi d'autres artistes alors.

Il baisse la tête, jette un regard à droite et à gauche, comme pour appeler

---

[3] *instruction religieuse* Le lycée étant un établissement d'État, les leçons d'instruction religieuse sont facultatives. Elles sont faites par un prêtre, appelé aumônier, attaché au lycée.
[4] *classes de seconde* L'ordre des classes de lycée en France est l'inverse de l'ordre des classes de *high school*. Un enfant de dix ans entre en sixième, puis passe en cinquième, quatrième, troisième, seconde, première. Les classes terminales, après la première sont, au choix: Mathématiques Élémentaires, Philosophie-Sciences, Philosophie-Lettres.
[5] *griffe* signature.

à l'aide. Pourquoi s'est-il installé au premier rang, s'il compte qu'on lui 60
soufflera?[6] Il doit savoir quelque chose, mais son esprit est brouillé pour
l'instant; je vois bien qu'il ne prononcera plus un mot, qu'il se résigne à ce
que je vais lui dire, qu'il se rattrapera une autre fois. J'essaierai de me souvenir
qu'il faudrait l'interroger à nouveau samedi, ou même demain, en géographie,
sur l'année, les saisons, le jour, l'heure. 65
—Je suis obligé de vous mettre un zéro.[7] Rasseyez-vous.

QUESTIONS

A.

1. Expliquez toutes les allusions littéraires («Renaissance», *l.* 2; «humanités»;
   l. 9; «Rabelais», *l.* 13; «Gargantua», *l.* 15; «Pantagruel», *l.* 16). Connaissez-vous d'autres écrivains de cette période?
2. D'après ce texte, en quoi consiste la réforme de l'enseignement dont il
   est question à la ligne 3?
3. Expliquez et développez la phrase «qui n'est peut-être qu'ébauchée
   même aujourd'hui» (*l.* 28 à 29).
4. Expliquez «on a été forcé de reconnaître . . .» (*l.* 25).

B.

5. Répondez avec vos propres connaissances aux questions des lignes 34 à
   35 et 37 à 38.
6. D'après le texte A, que pouvez-vous dire de l'élève interrogé? de la méthode
   du professeur pour l'interroger?
7. Quels sont les détails qui vous frappent dans ces deux textes? Quelles
   différences remarquez-vous entre une classe d'histoire dans un lycée
   français et la même classe dans une *high school*?

SITUATIONS

1. Deux étudiants jouent le rôle du maître et de l'élève (texte A). Interrogations (a) sur le classicisme, (b) sur l'existentialisme, (c) sur la découverte de l'Amérique (ou sur n'importe quel «isme» connu des étudiants).
2. Même situation, mais cette fois basée sur le texte B. Comme l'élève
   ne sait rien et cherche à bluffer (pour faire durer l'interrogation) la
   question importe peu.
3. Refaites le dialogue du maître et de l'élève (texte A) en le transposant
   dans un contexte américain (classe de *eleventh grade*).
4. Texte A, *l.* 27 à 29. Imaginez que ces lignes s'appliquent à la décade
   1965–1975. Transposez tout le dialogue en l'an 2500. La *Renaissance*
   dont il s'agit est celle que nous vivons maintenant en 1971, et la *réforme
   de l'enseignement* celle issue de la conquête de l'espace.

---

[6] *soufflera*   donnera à voix basse à un camarade la réponse à la question que le professeur est
en train de lui poser.
[7] *zéro*   L'échelle des notes en France va de 0 à 20. La moyenne, 10, est nécessaire pour être
reçu à un examen.

COMPOSITIONS

1. Vous êtes le professeur de la classe de seconde décrite par Michel Butor. Le soir même où vous avez fait ces deux interrogations en classe, vous les résumez dans votre journal en y ajoutant ce que vous pensez des deux élèves interrogés et de la classe.
2. Rédigez à la manière du texte A, le récit, réel ou imaginaire, d'une interrogation dans votre classe de français.
3. Même exercice, mais à la manière du texte B.
4. Vous êtes l'élève interrogé par le professeur (à votre choix, l'élève A ou B). Vous faites à un ami le récit de votre interrogation. (Il s'agit de récrire l'un ou l'autre texte du point de vue de l'élève.)
5. Récit d'une interrogation orale dans une classe quelconque (matière laissée à votre imagination): (a) style comique, (b) style tragique.

Fenêtre II

La Relation d'enseignement*

PAUL RICŒUR. Né en 1913 à Valence. Philosophe connu; a été professeur à la Sorbonne et doyen de la Faculté de Nanterre, où il a vécu les événements de mai '68. L'extrait qui suit est donc l'œuvre d'un homme qui sait de quoi il parle.

Il faut maintenant repartir du plus bas, du rapport le plus immédiat entre l'enseignant et l'enseigné. En effet, le premier acte de la présente révolution[1] consiste en un renversement de méthode: dans l'Université napoléonienne[2] (et, ajoutons-le, dans le régime gaulliste, lequel se dédouane aujourd'hui trop facilement en critiquant les structures sclérosées de l'Université, alors 5 qu'il a exercé tous les pouvoirs sur le même modèle de l'autorité descendante), la décision appartenait d'abord à l'Administration centrale, dont les pouvoirs étaient exercés sans véritable participation des unités d'enseignement (Universités, Facultés et instituts divers) et sans consultation du corps enseignant placé sous sa juridiction; à leur tour, les professeurs constituent une oligarchie 10 cooptée, qui gouvernait sans partage les départements en ce qui concerne le cours des études, la forme et le contenu de l'enseignement, la collation des grades; les assistants étaient choisis par les professeurs seuls et ne partageaient qu'un petit nombre des précédentes prérogatives; enfin les étudiants, placés au bas de la hiérarchie descendante, ne participaient à la décision à 15 aucun de ces niveaux. C'est ainsi que l'institution, figée dans sa hiérarchie, est devenue de plus en plus lointaine et étrangère au regard de ses usagers; ayant cessé d'être reconnue par chacun comme le sens de son vouloir profond, elle n'a pas résisté à la poussée énorme exercée contre elle par la révolte des étudiants. Le renversement de méthode consiste aujourd'hui—dans l'Univer- 20 sité et sans doute ailleurs—à substituer au gouvernement de haut en bas la reconstruction de bas en haut, par une sorte de méthode fédérative de proche en proche. Voilà pourquoi il faut partir de la relation d'enseignement, c'est-à-dire du rapport de l'enseignant à l'enseigné: toute institution universitaire est, en dernière analyse, la mise en forme de cette relation. 25

---

* Paul Ricœur, «Réforme et révolution dans l'Université». *Esprit*, Paris, mai 1968.
[1] *La présente révolution* il s'agit des événements de mai 1968, pendant lesquels cet article a été écrit.
[2] L'université française moderne tient son organisation et l'esprit de son enseignement de Napoléon.

Or cette relation est une relation difficile, sans doute une des plus difficiles à exercer dans notre société; c'est au départ une relation non symétrique où l'apport en compétence et en expérience donne licence, du côté de l'enseignant, à l'exercice d'une domination qu'il est très aisé de consacrer par des
30 institutions hiérarchiques et contraignantes. La tendance spontanée de l'enseignant est de penser que l'enseigné ne sait rien, qu'apprendre c'est passer de l'ignorance au savoir et que ce passage est du pouvoir du maître. Or l'enseigné apporte quelque chose: des aptitudes et des goûts, des savoirs antérieurs et des savoirs parallèles, et surtout un projet d'accomplissement personnel, qui ne
35 sera que partiellement rempli par l'instruction, par la préparation au métier, voire par l'acquisition d'une culture pour les loisirs. L'enseignement est bien une relation non symétrique, mais non point à sens unique. Le contrat qui lie l'enseignant à l'enseigné comporte une réciprocité essentielle, qui est le principe et la base d'une collaboration.
40 Car, en contribuant à la réalisation partielle du projet d'accomplissement de l'enseigné, l'enseignant continue d'apprendre; il est véritablement enseigné par ses élèves et ainsi reçoit d'eux occasion et permission de réaliser son propre project de connaissance et de savoir. C'est pourquoi il faut aller jusqu'à dire—paraphrasant Aristote—que l'enseignement est l'acte commun
45 du maître et de l'élève. Toute révolution culturelle, en matière d'enseignement, s'alimente à cette conviction; elle en tire son premier mouvement, qui est de contester la relation de domination, laquelle sans cesse renaît de l'exercice même de l'enseignement.
On remarquera que je ne fonde pas mon analyse sur l'idée que la culture
50 universitaire est une culture de classe; non que je tienne l'accusation pour insensée; mais les rapports sont plus compliqués qu'on le dit dans certaines analyses sommaires et fracassantes, entre une société et sa culture, entre la société, sa culture et ses institutions universitaires; les phénomènes de domination de classe traversent de nombreuses méditations avant de s'exprimer
55 dans la relation d'enseignement; en cours de route, ces méditations donnent lieu à toutes sortes d'actions en retour qui compliquent le phénomène et empêchent d'y voir un simple reflet des rapports de classe à l'intérieur de l'Université. Enfin et surtout, la domination de classe peut renforcer, mais non constituer, le rapport de domination pédagogique, lequel peut être mis au
60 service de n'importe quelle idéologie, y compris celle du socialisme, comme nous l'a cruellement appris une expérience vieille aujourd'hui d'un demi-siècle.
Les difficultés commencent dès que l'on entreprend d'instituer le rapport pédagogique. Une utopie se propose aussitôt, avec laquelle on serait tenté d'identifier la révolution culturelle à ce niveau; cette utopie consisterait à dire
65 que l'enseigné s'enseigne lui-même, par le moyen de l'enseignant; celui-ci s'insérerait dans le processus d'auto-enseignement à la façon d'un instrument, tel un livre, un manuel, voire un fichier; l'enseignant serait ainsi un document vivant, un expert que l'on consulte. Tout partirait de l'enseigné et y reviendrait.
Cette utopie ne doit pas être traitée à la légère; elle exprime une exigence

profonde et même une vérité importante : que l'enseignement n'est pas fait 70
pour les professeurs mais pour les étudiants ; qu'être enseigné est un acte
positif, une initiative à laquelle s'ordonne l'enseignement lui-même. À la
limite, une institution universitaire pourrait fonctionner quelque temps sur
cette base ; ce serait une entreprise gérée par les étudiants, lesquels loueraient
le travail intellectuel des professeurs, comme une prestation d'experts ; 75
l'Université, ai-je lu quelque part, a fonctionné une fois ou l'autre sur ce
principe. Mais il faut comprendre pourquoi l'Université ne peut pas fonctionner d'une façon durable sur cette base : l'auto-enseignement, forme extrême
de l'auto-gestion, est seulement le renversement de la prétention inverse, qui a
trop souvent inspiré la pratique universitaire, à savoir que les étudiants sont 80
là pour les professeurs, qu'ils n'ont qu'à enregistrer le grand monologue du
maître et qu'ils seront jugés sur leur aptitude à le reproduire devant son
tribunal, le jour de l'examen.

La relation d'enseignement est plus véritablement un duel ; un affrontement est essentiel à l'acte commun de l'enseignant et de l'enseigné. L'ensei- 85
gnant n'est pas un livre que l'on feuillette, ni même un expert que l'on consulte ;
lui aussi poursuit un dessein personnel à travers son métier d'enseigner ; et ce
dessein ne coïncide que partiellement avec la volonté d'accomplissement qui
met l'enseigné en face de lui.

Dans ce conflit, l'enseignant fournit plus qu'un savoir : il apporte un 90
vouloir, un vouloir-savoir, un vouloir-dire, un vouloir-être ; il exprime bien
souvent un courant de pensée, une tradition, qui, à travers lui, lutte pour
l'expression, pour l'expansion ; lui-même est habité par une conviction, pour
laquelle il vit ; tout cela fait autre chose qu'un transmetteur de savoir :
l'enseignement est pour lui un pouvoir qu'il exerce ; de là naît la relation de 95
domination qu'il faut sans cesse révolutionner.

Voilà pourquoi l'utopie de l'auto-enseignement est fausse : elle ignore les
ressorts du conflit qui sous-tend la «relation d'enseignement».

De cette brève réflexion sur la situation de coopération et de conflit,
inhérente à la relation d'enseignement, je conclus que cette relation dramati- 100
que ne peut être instituée que dans des formes précaires ; c'est la tâche d'un
réformisme hardi de la stabiliser provisoirement dans ces règles de jeu,
connues de toutes les parties en cause et acceptées par elles. Mais rien n'est
plus funeste en ce domaine que le perfectionnisme : la pédagogie, au sens le
plus large du mot, de l'enseignement supérieur doit être ordonnée dans des 105
formes expérimentales variées, offrant des procédures de révision et de réparation. Les commissions mixtes d'enseignants et d'étudiants, qui s'appliquent à discuter la forme et le contenu de l'enseignement devront continuer à
fonctionner au-delà de la crise, de manière à prévenir la sclérose des nouvelles
institutions qui sortiront du débat actuel. Par leur moyen, la «relation 110
d'enseignement» pourra rester soumise à une authentique révolution permanente, menée en commun par les deux parties en cause, tant en ce qui concerne
le contenu que la forme de l'enseignement.

QUESTIONS

1. Comment fonctionnait l'université napoléonienne?
2. En quoi consiste le premier acte de la «présente révolution»?
3. Qu'est-ce qui caractérise la relation d'enseignement?
4. Décrivez, dans cette relation, l'apport de l'enseignant, puis celui de l'enseigné.
5. Comment le contrat qui lie l'enseignant à l'enseigné peut-il être la base d'une collaboration?
6. Dans quelle mesure peut-on dire que la lutte des classes s'exprime dans la culture universitaire?
7. «L'enseigné s'enseigne lui-même.» L'auteur qualifie cette proposition d'utopique. Pourquoi? Qu'en pensez-vous?
8. Expliquez à l'aide du texte la formule: «la relation d'enseignement est un duel.»
9. Quelles conclusions l'auteur tire-t-il de son analyse de la relation d'enseignement?
10. Résumez en quelques phrases les idées de Ricœur sur la relation d'enseignement. Discutez-les en vous référant à votre expérience personnelle.

SITUATIONS

1. Quatre personnages: un étudiant révolutionnaire, un professeur libéral, un étudiant modéré, un professeur conservateur.
   Sujet de discussion: Quelles sont les conditions idéales dans lesquelles peut fonctionner efficacement une université où les étudiants étudient et les professeurs enseignent?
2. Deux personnages: l'enseignant et l'enseigné.
   Sujet: «La relation d'enseignement est un duel». L'enseignant et l'enseigné s'affrontent en développant les idées du texte (*l.* 90 à *l.* 98 pour l'enseignant; *l.* 32 à 39, l'enseigné).
3. Un groupe d'étudiants (deux, trois ou quatre) discute pour savoir si oui ou non il est possible d'établir une université sur le principe de l'auto-enseignement (*cf. l.* 1 à 15).
4. Discussion sur la notion d'examen (but de l'examen: importance des notes; etc . . .).
5. Discussion collective par toute la classe: (le professeur choisira le format qui convient le mieux à la classe.) Sujets possibles:
   (a) L'éducation libérale a-t-elle un sens aujourd'hui? (b) L'éducation que je reçois me satisfait-elle? (c) Comment l'université peut-elle préparer les étudiants à affronter leur avenir?

COMPOSITIONS

1. La relation enseignant-enseigné telle que la décrit Ricœur existe-t-elle dans votre université (ou collège)? Décrivez votre expérience personnelle par rapport à cet article.

2. Essayez de présenter les arguments en faveur de la position suivante: «Les professeurs doivent avoir le contrôle absolu du curriculum».

3. Défendez la proposition: «les étudiants doivent contrôler l'enseignement universitaire».

4. Quel rôle actif doivent jouer les étudiants dans une université moderne?

5. Votre situation présente d'étudiant vous satisfait-elle? Pourquoi?

13

Charpente

L'Expression de l'opposition

A. Au moyen d'une proposition subordonnée conjonctive au subjontif

Idée simple et générale

Le fait principal existe malgré l'existence d'un fait secondaire qui devrait normalement conduire à un résultat opposé.

bien que   L'équipe de football a perdu le match *bien que* tous les joueurs aient fait de leur mieux.

quoique   Je joue souvent au tennis *quoique* je sois un joueur médiocre.
(encore que)
  plus rare

Nuances et précisions

Opposition qualifiée (avec l'adjectif)   Idée d'intensité dans la subordonnée d'opposition

tout . . . que   *Tout* agressifs *qu'*ils soient, ces joueurs ne gagnent jamais!

si . . . que   *Si* costaud *qu'*il paraisse, il ne pratique aucun sport.

quelque . . . que   *Quelque* difficile *que* paraisse le golf, on arrive à y jouer.

pour . . . que   *Pour* entraîné *qu'*il soit, il aura du mal à battre le record.

Opposition de valeur indéfinie   Idée que la principale est opposée à la subordonnée, quelle que soit la nature ou la qualité de l'effort fourni

qui que   *Qui que* vous soyez, amateur ou professionnel, le sport est bon
(personne)   pour vous.

quoi que   *Quoi que* dise l'entraîneur, il doit être obéi.
(chose)

quel que   *Quel que* soit le temps, la course aura lieu.
(qualité)

où que   J'irai assister aux Jeux Olympiques de 1972, *où qu'*ils aient lieu.
(lieu)

Opposition totale	Suppression totale du deuxième terme

sans que   Il a atteint la ligne d'arrivée *sans que* le peloton le rejoigne.

Opposition avec idée de temps concomitant (avec l'indicatif)

pendant que   Il fait du tennis *pendant que* je nage.

tandis que   C'est un bon attaquant, *tandis que* son frère est un meilleur défenseur.

alors que   Il aime l'escalade *alors que* je préfère la nage sous-marine.

B. Autres moyens que la conjonction

1. *Deux propositions coordonnées par*:

cependant   L'équipe a bien joué, *cependant* elle a perdu.

mais   L'équipe a perdu *mais* elle a bien joué.

pourtant   L'équipe a bien joué, elle a *pourtant* perdu.
quand même, tout de même
toutefois, néanmoins

par contre (sens plus   Le tennis est un sport gracieux; la lutte *en*
en revanche   fort)   *revanche* est un sport brutal.

2. *Avec un nom introduit par*:

malgré (*en dépit de*)   *Malgré* son agressivité, l'équipe a perdu le match.

pour   Il est très fort *pour* son âge.

avec   *Avec* tout son savoir-faire, il n'a pas réussi à vaincre son adversaire.

contre   *Contre* toute attente, notre équipe a gagné.

3. *Idée que l'on est très loin du résultat normal*:

au lieu de   Faites de l'escrime *au lieu de* pratiquer la lutte.

loin de   *Loin de* vous faire du bien, la boxe vous fatigue le cœur.

Idée d'intensité, d'effort répété *en vain*:

avoir beau   Il *a beau* aller à l'entraînement tous les matins, il ne réussit pas à faire des progrès.

La deuxième action n'existe pas:

sans   Il a descendu le col *sans* freiner une seule fois!
   + *infinitif*

C. Importance niée

Quand un moment, un lieu, une personne, une chose, *n'importent pas* ou *importent peu* à celui qui parle, il peut dire:

n'importe quand   On peut jouer au ping-pong *n'importe quand* (= à n'importe quel moment).

n'importe où   Allez *n'importe où* dans le monde, on y fait du sport (= dans n'importe quel endroit).

n'importe qui   *N'importe qui* sait camper. (= n'importe quelle personne).

n'importe quoi   Servez-vous de *n'importe quoi* (= n'importe quelle chose).

n'importe comment   Vous jouez *n'importe comment*. Faites attention! (= de n'importe quelle façon).

REMARQUE: *N'importe qui, n'importe quoi* ne peuvent pas être modifiés par une proposition subordonnée. Distinguez:
  Où que vous soyez . . . (où que + subjonctif)
  et
  Si vous êtes *n'importe où* . . . (pas de subordonnée)

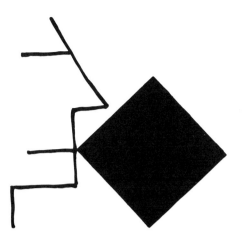

Je le dis carrément

Matériau

Sports et loisirs

L'athlétisme

être SPORTIF *faire* (du)
        pratiquer SPORT *m.*
        s'entraîner à
        s'adonner à
        se consacrer à

courir COURSE *f.*
sauter SAUT *m.*
lancer LANCER *m.*

ramer AVIRON *m.*

développer MUSCULATURE *f.*
         SOUPLESSE *f.*
         ADRESSE *f.*
devenir musclé « costaud »
     souple *assouplir*
~~*rendre*~~ ~~adroit~~

s'attaquer à RECORD *m.*
battre
ENTRAÎNEMENT *m.*
  être (en pleine)   FORME *f*
  avoir   DÉFAILLANCE *f.*
                 défaillir
                 FATIGUE *f.*
                 musculaire

Sports d'équipe

jouer au FOOTBALL *m. taper* (dans) BALLON *m.* rond   *animer* ESPRIT *m.* d'équipe
            shooter   ovale   *respecter* RÈGLE *f.* du jeu
            placer   *enfreindre*
            marquer   *gagner*
            manquer   *faillir perdre* PARTIE *f.*
            garder   ⎫   *égaliser* MATCH *m.*
            GARDIEN *m.* de ⎬ BUT *m.*
            («GOAL» *m.*) ⎭   SPORT *m.* brutal   COUPE *f.* de France
     RUGBY *m.*   *toucher*   rapide
             ADVERSAIRE *m.*   dangereux
            plaquer   spectaculaire
                           loyal

applaudir ARBITRE *m.* *arbitrer*
huer   *siffler*
                        pénaliser   COUP *m.* franc   STADE *m.*
                                      «PENALTY»   TERRAIN *m.*

                CYCLISME *m.*   TOUR *m.* de France   CÔTE *f.* raide
pédaler BICYCLETTE *f.*   courbe GUIDON *m.*   *grimper* COL *m.* de montagne
                                                       dévaler DESCENTE *f.*
rouler   ROUE *f. crever*   *avoir* CREVAISON *f.*
            VÉLO *m.*   PNEU *m.*   *avoir* MALCHANCE *f.*
freiner   FREIN *m.*   *faire* CHUTE *f.*
COUREUR *m.*   *s'essouffler*
               se fatiguer   *donner* DÉPART *m.* COURSE *f.*
               se «crever»   *juger* ARRIVÉE *f.* Bravo !
               se «doper»   VIVAT *m.*

Sports de vacances

                                  partir VACANCES *f.*
                                  passer
                                  rêver

NATATION *f. se baigner* PISCINE *f.*
         faire   BAIN *m.*   BAIGNADE *f.*
                         PLAGE *f.*
         nager BRASSE *f.*   *attraper* COUP *m.* de soleil
                 DOS *m.*   *bronzer*
         plonger PLONGEOIR *m.*
         flotter
         faire PLANCHE *f.*   *faire* du SKI *m.* nautique

MAÎTRE-NAGEUR   *boire* TASSE *f.*
                couler
                se noyer
                sauver   SAUVETAGE *m.*

CAMPING *m.*

CAMPEUR, EUSE   *faire* SCOUTISME *m.*

                                  allumer FEU *m.* *ramasser* BOIS *m.*
                camper   *entretenir*   *casser*
                                  éteindre   *brûler*

                dresser TENTE *f.*
                piquer   *faire* CUISINE *f.*
                vivre   (tant bien que mal)
                dormir SAC *m.*
                         de couchage   «POPOTE» *f.*
                         CARAVANE *f.*   COUCHETTES *f.*
                         équipée

aimer NATURE *f.* sauvage

CONFORT *m.*

marcher	BALLADE *f.*
explorer	RANDONNÉE *f.* à pied
aventurer	AVENTURE *f.* ÉQUIPÉE *f.* folle
escalader	HAUTEUR *f.* dangereuse

SPORTS *m.* d'hiver

SKIEUR, -EUSE   *skier*   NEIGE *f.* poudreuse, lourde
             faire du SKI *m.*   GLACE *f. patiner* PATINAGE *m.*
                  DESCENTE *f.*   PATINS *m.* à glace
                  REMONTÉE *f.*

     prendre REMONTE-PENTE *f.*   *glisser*
          TÉLÉSKI *m.*   *déraper*
          TÉLÉFÉRIQUE *m.*   *se casser* JAMBE *f.*
                             CHEVILLE *f.*
                        faire CHUTE *f.*
                             CHRISTIANA *m.*

LEXICOTEST

A. Montrez la différence entre les expressions suivantes à l'aide d'une phrase qui en explicite le sens.
   1. le football et le rugby
   2. un entraîneur et un arbitre
   3. marquer un but et manquer un but
   4. défaillir et faillir
   5. un sac à dos et un sac de couchage
   6. faire la planche et ramasser du bois
   7. un gardien de buts et un maître-nageur
   8. une équipe et une équipée
   9. un coup franc et la Coupe de France
   10. un bal et une ballade

B. Niveaux de langue. Remplacez les expressions en italiques par les expressions familières données en la liste à droite.

1. Le sport vous rend *très musclé*.	a. un vélo
2. Après l'entraînement il était *extrèmement fatigué*.	b. boire la tasse
	c. crevé
3. Le coureur s'était *drogué* pour résister à la fatigue.	d. en pleine forme
	e. costaud
4. C'est pourquoi il est tombé de *bicyclette*.	f. faire la popote
5. Au lieu de *taper dans le ballon* le joueur a tapé dans un adversaire.	g. dopé
	h. shooter
6. Ce *gardien de but* ne laisse pas passer un seul ballon.	i. un goal
	j. ça bat les records

7. *C'est extraordinaire*: trois buts marqués   k. une ballade
en deux minutes de jeu.
8. Si vous nagez dans la mer, attention de
ne pas *avaler d'eau*
9. Quand on campe il faut savoir *cuisiner*
sur un feu de bois.
10. Venez, on va faire *une promenade* en vélo.

C. Avec les mots suivants formez le maximum de mots de la même famille
ayant trait aux sports, et illustrez-les par une phrase.

EXEMPLE: *adroit*: le sport donne de *l'adresse*, et rend *adroit*.

1. souffle	6. bain
2. souple	7. jouer
3. faillir	8. courir
4. muscle	9. équipe
5. coucher	10. train

EXERCICES (Oral)

A. *Rappel de structure.*

1. Quand même vous seriez champion de natation, ce serait impossible.
Même si _____
Quoique _____
Tout _____ que _____
Vous avez beau _____
_____ cependant _____
2. J'aime le rugby, quoique ce soit un sport brutal.
_____ alors que _____
_____ tout _____ que _____
_____ bien que _____
_____ même si _____
_____ malgré _____
_____ pourtant _____
_____ quelque _____ que _____
3. Malgré une crevaison, il a gagné la course.
En dépit de _____
Sans _____
Il a eu _____ néanmoins _____
Quoique _____
Même si _____
4. Qui que vous soyez, vous devez pratiquer un sport.
Où _____
_____ travailliez _____
Bien que _____

_____ ne rien faire _____

Quelque travail que _____

B. *Questions.*

Répondez par une phrase avec *quoique*, etc.

1. Vous ne savez pas jouer au tennis. Vous êtes heureux?
2. Le rugby est brutal. Ça vous plaît?
3. Les voiliers coûtent cher. Vous en avez un?
4. Les voitures de sport vont très vite. Vous en conduisez une?
5. Il s'est noyé. Il savait nager?

C. Réunissez en une phrase les éléments suivants en utilisant des expressions comme *bien que, avoir beau, quoique*, etc. . . . .

1. Il a battu le record. Il n'est pas content.
2. Le ballon est ovale. Il est difficile à attraper.
3. Le coureur est fatigué. Il grimpe vite.
4. Le baigneur va se noyer. Le sauvetage est rapide.
5. Le goal est agile. Ils ont marqué un but.

D. *Thème oral.*

Qui que vous soyez, vous pouvez gagner. *Répétez.*

Wherever you are, it's easy. *Traduisez.*

Whatever you do, it's an easy sport.

Whomever you see, close the door.

Wherever you go, take your bike.

Whatever your speed, slow down.

Vous avez beau être sportif, ça vous fatiguera. *Répétez.*

Hard as you may run, you won't win. *Traduisez.*

Much as he tried, he did not break the record.

He trained himself in vain, he was not good at the oars.

However well they played, the other team was stronger.

He can walk all he wants, he is not a champion.

EXERCICES (Écrit)

A. Réunissez en une phrase les éléments suivants sans utiliser deux fois la même expression marquant l'OPPOSITION.

1. ne pas améliorer sa vitesse	s'entraîner tous les jours
2. perdre le match	faire une bonne partie
3. la natation n'est pas un sport populaire	être utile
4. je n'aime pas le football	être passionnant
5. c'est l'entraîneur qui fait la valeur d'une équipe	ne pas pouvoir se passer de bons joueurs
6. le coureur rêve d'une bonne douche	pédaler sous le soleil

7. (il) jouer au tennis	(elle) jouer au golf
8. (elle) se dorer au soleil	(il) nager
9. le match aura lieu	pleuvoir
10. le rugby est un sport popu- laire	des accidents nombreux
11. hurler ses encouragements	ne pas faire gagner une équipe si nulle
12. préférer dormir sur une chaise longue	aller nager
13. être dominé pendant tout le match	gagner
14. ne pas être sportif	ne pas manquer un seul match de football
15. favoriser le sport au collège	être prêt à l'interdire

B. Écrivez un paragraphe d'une dizaine de lignes sur trois des cinq sujets suivants, en établissant une relation d'opposition entre les deux termes de la question.

1. Est-il possible d'être à la fois bon étudiant et sportif acharné?
2. Opposez deux sports de votre choix, l'un réclamant plus de force physique, l'autre plus de jugement.
3. Le sport comme détente, ou le sport comme carrière?
4. J'aime aller aux sports d'hiver bien qu'on risque toujours de s'y casser la jambe.
5. Ce vieillard de quatre-vingt ans est en parfaite santé. Il n'a jamais pratiqué aucun sport.

Fenêtre I

Asséner un argument

Le Tour de France*

PIERRE BOURDIEU. Né en 1930 près de Pau. École Normale Supérieure et
Agrégation de Philosophie. A enseigné aux Facultés d'Alger et de Lille avant
d'arriver à l'École Pratique des Hautes Études. Le plus brillant des sociologues
français actuels.

Le mois de mai est le mois de Marie; le mois de juillet, le mois du Tour de
France. «La Grande boucle»,[1] comme disent les «chroniqueurs sportifs»,
est le moment de la plus haute effervescence sociale. Il n'est pas de fête,
religieuse ou nationale, pas de solennité officielle ou familiale, pas d'événement ou de catastrophe qui suscite autant de passion, éveille autant d'intérêt, 5
déplace autant les foules, fasse vendre autant de journaux. *L'Équipe*, quotidien spécialisé, est le bréviaire de ce culte; chaque matin dans le métro ou

---

* Pierre Bourdieu, *France tu dors* (inédit).
[1] *La Grande boucle* Cette *boucle* passe par la Belgique, l'Espagne, l'Italie. Sur cette route de
plusieurs milliers de kilomètres a lieu chaque année la course de bicyclette du Tour de France.

l'autobus, sur le chemin de l'atelier ou de l'usine, les initiés s'exaltent à lire l'épopée des «Géants de la route», leurs exploits à peine humains et leur
10 martyre, leurs ascensions et leurs chutes. Épique, le style[2] des aèdes du monde moderne qui, retrouvant naturellement l'épithète homérique,[3] parlant de «l'aigle de Tolède», du «grimpeur ailé» ou du «pédaleur de charme». Épique aussi l'aventure qu'ils racontent, mélange de grandeur inaccessible et de faiblesses communes. Le «Tour» a ses Achille, ses Ajax et ses Hector;[4]
15 mais il a aussi ses Patrocle et même ses Thersite.[5] Les «grands», comme dans les guerres féodales, ont leurs «domestiques», humbles écuyers préposés aux besognes ingrates et aux sacrifices. Hommes et surhommes s'affrontent sous le regard des Dieux:[6] outre leurs concurrents, ils ont à vaincre Malchance qui sème leur route de chutes et crevaisons; ils doivent triompher de «l'Homme
20 au Marteau»[7] qui abat sur eux la défaillance, en pleine échappée[8] par les routes pavées de «l'Enfer du Nord» ou dans le calvaire des cols.[9]

À l'heure de l'arrivée, chaque jour, les amateurs dévots de «la petite reine»[10] se groupent autour du poste de radio ou de télévision et communient dans le même enthousiasme et les mêmes attentes. Le culte du «Tour»
25 ne saurait être que collectif. Les journées de repos[11] ne sont que des intermèdes interminables et vers quatre heures, chaque fidèle ressent comme un vide au cœur de sa journée. Mais la ferveur s'exacerbe par l'expérience directe et fascinante du sacre: des foules immenses, arrachées au village ou au hameau, s'alignent au long des routes; on s'installe dès le matin, on déjeune
30 sur l'herbe et l'on attend, dans l'exaltation et l'exultation, la venue des coureurs. Passe la caravane[12] publicitaire qui déverse un nuage de babioles, chapeaux en papier, prospectus, réclames, que l'on ramasse avidement, comme dragées de baptême. Viennent les motards, avant-garde casquée et vrombissante des échappés et du peloton.[13] Tout le formalisme d'un
35 cérémonial. La foule vibre et ondule; elle se resserre, reflue et se referme; le coureur, élancé comme une étrave, passe, indifférent aux cris et aux applaudissements. L'exaltation monte; certains, à demi accroupis, comme pour participer à l'effort, applaudissent aux oreilles du héros tout enfermé au-dedans de ses muscles; d'autres, les plus enfiévrés, vont jusqu'à pousser leur

---

[2] *Épique, le style*　le style *est* épique.
[3] *épithète homérique*　comme dans l'épopée (poème épique) grecque, une expression laudative, souvent exagérée et imagée.
[4] *Achille . . . Hector*　héros rivaux de l'*Iliade*, symboles de courage; *Ajax*　symbole de force brute.
[5] *Patrocle*　ami d'Achille tué par Hector; *Thersite*　lâche et méchant.
[6] *sous le regard des Dieux*　Les Dieux prenaient parti pour ou contre les combatants de l'*Iliade*.
[7] *Malchance . . . l'Homme au Marteau*　allégories des forces mystérieuses, hostiles aux coureurs (la malchance, la fatigue).
[8] *en pleine échappée*　en avant, loin du reste des coureurs.
[9] *cols*　passages dans les Pyrénées et les Alpes.
[10] *la petite reine*　la bicyclette.
[11] *repos* (des coureurs)　journées sans nouvelles du Tour.
[12] *passe la caravane*　voilà que passe la caravane.
[13] Des motocyclistes casqués sur des motos vrombissantes précèdent le *peloton*, masse des coureurs, et les *échappés*, plus rapides.

idole pendant quelques mètres, sans que l'on sache précisément s'ils souhait- 40
ent lui porter aide ou s'approprier quelque chose de sa «puissance».[14]

Tendus comme des arcs, ils passent. Taches de couleurs, longue et mouvante bigarrure, cliquetis de chaînes et de dérailleurs.[15] Au terme de l'étape, une nouvelle série d'actes rituels. Le vainqueur franchit la ligne d'arrivée, le bras levé en signe de triomphe. Les journalistes, se précipitent; les bravos crépi- 45 tent. Les micros se tendent vers le triomphateur qui n'a plus qu'à prononcer les formules sacramentelles: «Je suis heureux d'avoir gagné. J'embrasse ma femme et j'envoie le bonjour à tous mes amis.» S'il s'agit d'un champion de plus haute volée,[16] on l'interroge sur ses projets ou ses opinions. Mais sans rien attendre vraiment. Le champion se contente d'exister; c'est aux rhap- 50 sodes[17] qu'il appartient de lui prêter une âme, des pensées, des intentions et des sentiments. Puis c'est le baiser de la plus belle jeune fille et la remise du bouquet; parfois le paladin endosse solennellement la «tunique dorée», le maillot jaune qui est l'emblème du meilleur coureur, et entreprend, sous les vivats, son tour d'honneur. 55

Le «Tour» fini, dans les bourgades les plus reculées, les enfants, grimpés sur de méchantes bécanes,[18] s'identifient aux demi-dieux dont ils s'attribuent parfois le nom, en guise de jeu. Les adolescents de banlieues ou des campagnes qui, du fait de leur situation,[19] ne peuvent ni concevoir ni espérer ascension sociale plus glorieuse que celle du champion, pédalent, par petits groupes 60 nerveux et serrés, le long des routes du dimanche, vers la seule ambition qui ne soit pas, pour eux, totalement déraisonnable.

QUESTIONS

1. Quelles idées sont annoncées dans l'introduction par les mots «Marie, chroniqueurs» et «fête»? Faire le plan du texte.
2. Qui achète *l'Équipe*? A quelle classe sociale appartiennent surtout les «initiés» de ce «culte» de la bicyclette?
3. Quel sport national excite en Amérique une passion égale?
4. Quels sont les mots qui servent à comparer le Tour de France à *l'Iliade* d'une part, et d'autre part aux épopées du Moyen Âge? (*l.* 9 à 22).
5. Quels sont les mots qui développent le parallélisme entre le Tour et une religion? (*l.* 23 à 47)
6. À quoi peut-on mesurer l'intérêt des Français pour le Tour de France?
7. Ce style des journaux (*l.* 9 à 21) vous paraît-il approprié? Prenez un exemple.
8. Quel sentiment, absent de la vie moderne, est satisfait par le Tour?

[14] *puissance* pouvoir magique acquis par contact avec l'idole.
[15] *dérailleurs* changements de vitesse.
[16] *de plus haute volée* plus élevé dans la hiérarchie des cyclistes.
[17] *rhapsodes* récitateurs de la poésie épique grecque.
[18] *méchantes bécanes* bicyclettes à bon marché, déjà vieilles.
[19] *situation* de fils d'ouvriers ou de paysans.

9. Vous êtes en voiture. Que faites-vous en cas de crevaison? Que dites-vous?
10. Pourquoi l'auteur appelle-t-il le passage du Tour un «sacre» (*l.* 28)? Quel rapport cela a-t-il avec l'histoire de France?
11. Description du coureur (*l.* 36 à 39). Pourquoi l'auteur le compare-t-il à une étrave de navire? Pourquoi le cycliste est-il «indifférent»? Que signifie «enfermé au-dedans de ses muscles»?
12. Contrastez ces «couleurs», ce «cliquetis», cette foule (*l.* 42 à 43), avec le cérémonial du baseball. Différence de tempérament national?
13. Quels vestiges des jours de la chevalerie l'auteur voit-il dans la cérémonie de la victoire (les poètes, les Dames, le tournoi)? (*l.* 50 à 55)
14. Pourquoi les jeunes ouvriers et paysans essayent-ils, selon le sociologue auteur de ce texte, de devenir champion cycliste? (*l.* 56 à 62) (Seulement 4% des fils d'ouvriers ont des chances objectives d'accéder aux facultés.)
15. Pensez-vous que la même explication sociologique pourrait expliquer la faveur du baseball aux États-Unis? Quelle différence voyez-vous là entre la société française et la société américaine?
16. En résumé, citez les trois aspects de «l'effervescence sociale» décrite par ce texte. Comment le Tour affecte-t-il la vie en France?
17. Des trois explications suivantes, laquelle vous semble la plus plausible: (a) Le Tour satisfait le besoin d'héroïsme épique. (b) Le Tour est un cérémonial religieux, car le sport a remplacé la religion dans le peuple. (c) Le Tour permet les rêves d'ascension sociale, impossible dans un autre domaine que celui de la bicyclette.

SITUATIONS

1. Dans le métro, conversation entre deux fanatiques du Tour de France qui lisent *l'Équipe*. (*l.* 9 à 21)
2. Arrivée du vainqueur: le champion, le journaliste, la déclaration au micro, les félicitations des admirateurs. (*l.* 43 à 55)
3. Discussion entre un sociologue (qui soutient une des thèses présentées dans ce texte) et un touriste américain qui critique le sport anachronique et juvénile de la bicyclette.
4. Discussion entre un touriste français et un fanatique du baseball américain. Le Français critique la lenteur du jeu, la rareté des «crises» (marque un but, courir, etc.) L'Américain explique ce culte collectif et parle des héros du stade.
5. Défense de la bicyclette, la petite reine, contre les sarcasmes des automobilistes déshumanisés (en ville, à la campagne, comme sport).

COMPOSITIONS

1. Développez le dernier paragraphe (*l.* 56 à 62) en l'explicitant.
2. Dans le style du texte racontez un moment des «World Series».

3. En employant le plus possible des formules d'opposition de la Charpente 13, écrivez dix phrases sur la contradiction du caractère français pendant le Tour de France. Opposez l'image traditionelle du Français «individualiste, cartésien» (rationaliste) et «sceptique», à celle donnée par ce texte.

4. Récrire le texte en supprimant toute image, toute allusion mythologique ou religieuse, bref dans un style complètement objectif. Par exemple: «Le Tour de France a lieu au mois de juillet. C'est un événement social important. Les Français amateurs de cyclisme lisent tous *l'Équipe* pour connaître les résultats et les incidents de la course», etc.

5. Essai: «Sport et Religion» ou bien «Sport et Poésie».

Fenêtre II

La Danse est un sport*

APOLLINAIRE. Pseudonyme de Wilhelm Apollinaris de Kostrowitsky. Né à Rome en 1880, mort à Paris en 1918 pendant l'épidémie de grippe, après avoir été blessé à la guerre. Un des plus grands poètes français (*Alcools*, 1913, *Calligrammes*, 1918). Esprit curieux, érudit, aimant la mystification, il fut à la tête de toutes les avant-gardes: cubisme artistique, cubisme littéraire et surréalisme dont il est le grand précurseur.

Dépouillée de tout mysticisme et de toute solennité, la danse revêt aujourd'hui un caractère très différent de celui qu'elle eut dans les siècles écoulés. Son rôle actuel a été indiqué bien avant notre ère, par Socrate . . . qui comme exercice, plaçait la danse au dessus de la lutte et de la course:

5 «Les coureurs, disait-il, ont de grosses jambes et des épaules maigres, celles des lutteurs s'épaississent en même temps que leurs cuisses s'effilent, tandis qu'en dansant j'exerce tous mes membres à la fois et donne à mon corps de belles proportions.»

Et pourtant la laideur du philosophe était la négation de cette affirmation
10 optimiste. (Et pourtant . . .) On ne saurait douter des qualités de la danse considérée comme un exercice.

Elle assouplit et fortifie les muscles, corrige bien des attitudes vicieuses, donne de l'aisance, de l'agilité, de la grâce et de l'élégance. Elle peut remplacer tous les autres sports pour les femmes délicates ou peu courageuses.
15 Les médecins ont toujours, en outre, reconnu à la danse des propriétés médicales. Chez les Grecs on l'ordonnait dans les cas de maladies nerveuses. Nicolas Venette, auteur de *Tableau de l'amour conjugal*, se fait le défenseur des bals de noces et recommande aux jeunes mariés l'usage de la danse. De nos jours on la conseille dans le lymphatisme, l'anémie, la neurasthénie.
20 La pratique constante de la danse régularise la circulation du sang et les fonctions respiratoires.

Ses inconvénients sont peu nombreux. On se borne à l'interdire aux trop jeunes enfants, aux vieillards, aux cardiaques, aux tuberculeux, aux asthmatiques, aux herniaires[1] et pendant la grossesse.

*   *   *

---

* Guillaume Apollinaire, *La Culture physique*. Paris, Gallimard. Février 1907.
[1] *herniaires*   malades affligés d'une hernie.

Encourager la danse, y-a-t-il rien de plus moral? N'est-ce pas arracher 25
les jeunes gens aux bars, aux brasseries où ils s'alcoolisent? N'est-ce pas leur
permettre d'ébaucher[2] des mariages?

L'alcoolisme et la dépopulation,[3] ces plaies de la France, trouveraient dans
la multiplication des bals et des soirées dansantes un remède certain, sinon
absolu. Et cela suffit, je pense, à montrer l'importance d'un exercice à la 30
fois sain et divertissant.

*   *   *

Le monde dansant se divise en trois classes que j'appellerai selon les
maîtres à danser: les salons, la société (c'est à dire la bourgeoisie) et le peuple.

Les danses en vogue dans les salons sont aujourd'hui: le boston américain
à trois temps, celui à deux temps, la valse viennoise, le pas d'Espagne, la 35
baronne, le pas de deux, le pas de trois, le pas de quatre, la Rousse-Kaya,[4]
la flirt-danse, la Berline de la cour, le quadrille de l'Empereur. On se fami-
liarise également dans les salons modernes avec les danses de caractère,
telles que la pavane, le menuet, la gavotte. On ne néglige pas, non plus, les
pas qui ont la faveur de la société. Ce sont les diverses quadrilles, la polka, 40
la mazurka, le scottish, la valse. La bourgeoisie, depuis quelques temps,
s'est mise à bostonner. Il est bon de dire que la position des danseurs marque
actuellement la grande différence entre la danse des salons et celle de la
société. Dans les salons on n'admet plus que la position américaine. Les
danseurs s'enlacent du bras droit et se tiennent mutuellement le coude droit 45
par la main gauche. Cette position a le grand avantage de laisser plus de
liberté aux mouvements, elle permet aussi aux tailles de se redresser. Par là
elle semble plus sportive. Il faut souhaiter qu'on l'adopte non seulement
dans la société, mais aussi dans le peuple.

*   *   *

Qu'à l'avenir, la danse soit considérée comme un complément de l'éducation, 50
que les pouvoirs publics la regardant comme un sport utile, un facteur de
la santé du corps et de l'esprit, l'inscrivent dans les programmes des lycées
de jeunes gens et de jeunes filles. Qu'on ne la mette cependant pas au nombre
des matières dont la science est exigée dans les examens et aux concours.

Qu'elle reste ce qu'elle est et ce qu'elle doit être: un exercice hygiénique, 55
une gymnastique récréative, un sport artistique, moral et joyeux.

QUESTIONS

1. Quel est le rôle de la danse?
2. Quelle supériorité lui était reconnue par Socrate?

---

[2] *ébaucher* commencer.
[3] *d'alcoolisme et la dépopulation* ceci a été écrit en 1907 . . . Depuis la danse a vaincu l'alcoolisme et encouragé la repopulation au delà des espoirs d'Apollinaire.
[4] *la Rousse-Kaya* danse d'origine russe.

3. Quelles propriétés médicales la recommandent aujourd'hui?
4. Quel est son excellente influence sur la morale?
5. Pourquoi Apollinaire était-il partisan des bals?
6. Qui fréquentait, en 1907, les salons? Expliquez la structure de la danse du point de vue social.
7. Y a-t-il aujourd'hui des différences entre ce que dansent le peuple (mais existe-t-il toujours un «peuple»?) et la bourgeoisie (qu'est-ce qu'un bourgeois?)
8. Qu'est-ce que la position américaine?
9. Pensez-vous qu'on doive inscrire les danses actuelles au programme des examens et concours?
10. D'après ce texte, qu'est-ce qu'un sport?
11. Nous avons choisi ce texte de 1907 à cause de son humour. Quels éléments de cet humour proviennent de l'écart des dates? (la danse a évolué, *etc.*) Quels éléments sont humoristiques par eux-mêmes (la danse. le sport, l'amour)?

SITUATIONS

1. Un contemporain d'Apollinaire, âgé actuellement de quatre-vingt-dix ans, critique l'agitation en apparence forcenée des danses modernes. Vous défendez la danse comme sport, en vous inspirant des arguments d'Apollinaire.
2. L'entraîneur d'une équipe sportive (football ou hockey) gronde un des joueurs parce qu'il sort trop le soir . . . Celui-ci lui répond que la danse est un sport. Imaginez le dialogue.

COMPOSITIONS

1. Refaites la partie centrale du texte (Le monde dansant . . . jusqu'à mais aussi dans le peuple) en la mettant à la mode d'aujourd'hui.
2. Vous répondez à l'article d'Apollinaire dans le courrier des lecteurs de *La Culture physique*. Dites vos réactions à sa lecture.

14 *Charpente*

La Relation

Le français étant une langue très *liée*, à la différence de l'anglais, il s'ensuit qu'une révision des moyens de liaison est nécessaire. L'étude de ces «charnières» sera donc une coupe transversale des leçons précédentes. En effet nous ne pouvons donner qu'un choix limité des charnières déjà vues.

Comment lier les idées dans le discours

A. Aucun mot de liaison (cas très rare)

Il est venu me *voir*. (but: *pour* me voir)
Joie ou *chagrin*, il pleurait à chaudes larmes. (cause: *de* joie)
Riche, je serais aimé. (supposition: *si j'étais . . .*)

B. Prépositions ou locutions prépositionnelles

temps	Venez *avant* votre départ.
comparaison	Ils sont classés *selon* leur valeur.
cause	Il est mort *de* soif. (à cause de la soif)
but	Je suis resté *pour* suivre mon régime.
conséquence	Je suis trop fatigué *pour* partir.
éventualité	*En cas de* chahut, appelez le proviseur.
supposition	*À moins de* travailler, vous échouerez.
opposition	Allez au cinéma, *au lieu de* vous ennuyer en classe.
crainte	Allez doucement, *de peur de* glisser.
espoir	Elles sont toutes venues *dans l'espoir de* vous rencontrer.

C. Coordination (des propositions, des phrases, ou des paragraphes)

temps	Il paya, *puis* se leva.
comparaison	Elle parle russe, lui *aussi*.
cause	Dépêchons-nous, *car* il est tard.
conséquence	Il est le plus jeune, *aussi* fait-il toutes les corvées.
supposition	Nous serions en France, *alors* ce serait différent.
opposition	Il fait froid, *pourtant* j'ai chaud.

Elle est stupide; *en revanche*, elle est très rapide à la course.

Son fiancé est bête, *mais* il a de l'argent.

Vous n'aimez pas l'entraînement, faites-le *néanmoins*.

D. Subordination

1. *Par une* CONJONCTION *ou* locution conjonctive.

temps	Il entra *comme* je sortais.
	Dès que je pourrai, je viendrai.
	Venez *avant qu'*il ne parte.
comparaison	Il ne répond *pas si* bien *qu'*elle.
comparaison et cause	Il a été étonné. *D'autant plus qu'*il me croyait parti.
certitude	Je suis sûr *qu'*il vient.
doute	Je doute *qu'*il vienne.
espoir	Il espère *que* vous serez candidat.
crainte	Il craint *que* vous ne soyez empêché.
souhait	*Pourvu que* la lettre arrive à temps!
regret	*Il est dommage qu'*on ne vous ait pas prévenue.
cause	*Puisque* vous ne m'écoutez pas, je me tais.
	Ce n'est pas que je sois fatigué, mais je suis mort.
but	Approche, *que* je te voie. (*pour que* . . .)
	Je vais reculer *de sorte que* vous puissiez passer.
conséquence	Elle est *si* belle *que* tout le monde la regarde.
	Il pleuvait, *de sorte que* je ne suis pas sorti.
éventualité	*Si* nous travaillons, nous réussirons.
supposition	*Au cas où* je serais en retard, commencez sans moi.
opposition	*Quoiqu'*il pleuve, je vais me baigner.
	*Alors qu'*il sait parfaitement nager, il a peur des bateaux.

2. *Par un* RELATIF.

Un pronom *relatif* modifie un nom en le reliant à une proposition. Le nom modifié s'appelle *l'antécédent*. On distingue deux sortes d'antécédents: les noms animés (le peintre, le chien) et les noms inanimés (le tableau, la beauté).

MODÈLE A:
C'est le peintre

qui .... expose au salon. (pronom sujet)

que .... je préfère. (pronom objet direct)

à qui .... je pense. (pronom objet indirect)

auquel .... je pense. (pronom objet indirect)

à la toile *duquel* je m'intéresse. (= je m'intéresse à sa toile)

pour lequel .... j'ai de la sympathie. (= j'en ai pour lui)

dont .... j'ai vu l'exposition. (complément de nom)

dont .... je suis fou. (complément d'adjectif)

dont .... je vous ai parlé. (complément de *parler*)

NOTE: Employez sans différence *à qui* ou *auquel, de qui* ou *duquel*, etc. (la seule différence est une précision du genre de l'antécédent). MAIS: après une locution prépositionnelle, après *entre, parmi, sans, selon*, il FAUT employer *lequel*.

EXEMPLES: Ce sont des écrivains, à l'intention *desquels* on a créé la censure, parmi *lesquels* il y a des génies, sans *lesquels* la liberté serait morte.

MODÈLE B:
C'est le tableau

- *qui* .... est exposé au salon. (pronom sujet)
- *que* .... je préfère. (pronom objet direct)
- *auquel* .... je pense. (pronom objet indirect)
- *au* milieu *duquel* il y a un arbre. (à son milieu)
- *dont* .... je préfère les couleurs.
- *dont* .... je suis acheteur.
- *dont* .... je vous ai parlé.

NOTE: Dans le Modèle B, on ne peut pas employer, *à qui, de qui*, etc.

MODÈLE C:
Dites-moi

- *quoi* .... (je veux vous offrir quelque chose)
- *de quoi* ...... vous avez envie.
- *à quoi* .... vous pensez.
- *en quoi* ...... cela peut vous être utile.
- *ce qui* .... vous ferait plaisir. (pronom sujet)
- *ce que* .... vous voulez. (pronom objet)
- *ce dont* ...... vous avez envie. (complément du nom *envie*)
- *où* .... je peux le trouver.

Nuances des propositions subordonnées relatives:

temps	Il poussa la porte, *qui* s'ouvrit. (et elle s'ouvrit)
	Je l'ai vu *qui* parlait. (en train de parler)
	Le garçon, *qui* m'avait vu arriver, ouvrit la porte.
comparaison	Tu marches comme un homme *qui* aurait bu.
cause	Le gardien, *qui* a l'habitude des touristes, se méfie. (parce qu'il a l'habitude)
but	Je cherche un fakir, *qui* puisse m'expliquer la magie. (SUBJONCTIF: pour qu'il m'explique la magie)
conséquence	Il faut écrire une thèse, *qui* soit acceptée par le jury. (de manière qu'elle soit acceptée)
supposition	Un étudiant, *qui* travaillerait jour et nuit, deviendrait fou.
opposition	*Qui* que vous soyez, noir ou blanc, ma maison vous est ouverte.
	Votre fils, *qui* entend très bien, ne me répond pas. (et pourtant il entend très bien)
certitude	C'est le plus beau poème *que* j'ai lu.
atténuation	C'est le plus beau poème *que* j'aie lu. (à mon avis, mais je peux me tromper)

C'est le plus beau *qui* soit.

politesse   *Nuance observée dans ces locutions* (on *n'affirme pas un* fait *mais une opinion*):

Le seul qui . . . puisse battre le record, c'est un Américain.

Il n'y en a *pas un qui* . . . puisse le battre.

Le meilleur qui . . . soit, c'est mon frère.

Le premier qui . . . ait inventé le phonographe, c'est Charles Cros.

Mise en relief grâce aux relatifs: on insiste sur le mot qui précède le relatif.

EXEMPLES: C'est lui *qui* a peint cela. (voilà Chagall; il a peint cela)

C'est nous *que* tu accuses? (nous, tu nous accuses?)

C'est le point *sur lequel* j'attire votre attention. (j'attire votre attention sur ce point)

Ce sont les écrivains en *qui* j'ai confiance.

C'est le livre *dont* il parlait.

C'est le moment *où* le héros meurt.

Voilà l'endroit *où* la pièce s'est arrêtée.

L'inspiration

Matériau

Les Arts

La littérature

AUTEUR *m.* *créer*	*camper* PERSONNAGE *m.*	ROMANCIER, -ERE (ROMAN *m.*)
imaginer		
écrire	*décrire* SCÈNE *f.*	POÈTE, POÉTESSE (POÉSIE *f.*)
composer		
construire	*nouer* INTRIGUE *f.*	DRAMATURGE *m.* (PIÈCE *f.*)
retoucher		
récrire	ŒUVRE *f.*	*choisir* GENRE(S) *m.*
pondre	ROMAN *m.* policier	*respecter*
bâcler	fleuve	*mélanger*
	feuilleton	

avoir SUCCÈS *m.*

CRITIQUE *m.* *lire*   *mériter* PRIX *m.* littéraire

     découvrir   CHEF D'ŒUVRE *m.*   *gagner*

     commenter   *obtenir*

     analyser

     comprendre LIVRE *m.* *toucher à* SUJET *m.*   brûlant

     critiquer   *traiter*   d'actualité

     deviner   *épuiser*   éternel

     reconstruire   *il s'agit de*

     démolir

     louer/se moquer de

     trouver beau, laid, ingénieux, naïf, orginal, banal.

     porter en triomphe, aux nues

Tartuffe

Le théâtre

SPECTATEUR/TRICE *louer*   PLACE *f.* (FAUTEUIL *m.* d'orchestre, au balcon)
  acheter PROGRAMME *m.*
  déposer MANTEAU *m.* au vestiaire
  suivre OUVREUSE *f.*
  donner POURBOIRE *m.*   grand SUCCÈS *m.*
  s'asseoir
  applaudir, crier bravo! bis!
SALLE *f.* comble   *s'ennuyer, s'endormir*   ÉCHEC *m.*
  vide   *huer, siffler*   «FOUR» *m.*
  enthousiaste

REPRÉSENTATION *f.* premier ACTE *m.*   RIDEAU *m. se lever* SCÈNE *f.* éclairée
  ENTR'ACTE *m.*   *tomber*   LUMIÈRES *f.*
       encombrée
       DÉCORS *m.*

RÉPÉTITION *f.* générale   ACTEUR, ACTRICE   *apprendre* RÔLE *m.*
       jouer
       répéter
       se maquiller
       avoir TRAC *m.*
          SOUFFLEUR *m.*
        TROU *m.*
          de mémoire

METTEUR *m.* en scène   *saluer*
MISE *f.*   *émouvoir* PUBLIC *m.*

La musique

MUSICIEN, -ENNE *interpréter* MORCEAU *m.* de musique   CUIVRES *m.* COR *m.*
       exécuter

jouer de INSTRUMENT *m.*   VIOLON *m.*
s'exercer   CORDES *f.* ALTO *m.*
se perfectionner   VIOLONCELLE *m.*
donner CONCERT *m.*
      RÉCITAL *m.*
faire fausse NOTE *f.*
      partie de QUATUOR *m.*
      battre MESURE *f.*
CHEF *m.* d'orchestre *diriger*
      mener BAGUETTE *f.*

                                    chanter juste
                                             faux
CHANTEUR, -EUSE *avoir* belle VOIX *f.* douce   DUO *m.*
      petite   aiguë   SOLO *m.*
      grosse   caverneuse   CHŒUR *m.*
être doué   CHORALE *f.*
      en voix
      enroué

AMATEUR *m.* de, musique *écouter*
      choisir, mettre DISQUE *m.* MICROSILLON *m.*
      se griser
      s'extasier   *allumer* ÉLECTROPHONE *m.*
                               faire tonitruer vieux PHONO *m.*

La peinture

PEINTRE *m.* *peindre* à l'huile TOILE *f.*   PAYSAGE *m.*
      dessiner sur le vif DESSIN *m.*   NATURE MORTE
      esquisser   TABLEAU *m.* mural   PORTRAIT *m.* ressembler
      composer   PEINTURE *f.* de plein air
                                    de chevalet

      mélanger COULEURS *f.* PINCEAU *m.* BROSSE *f.*
      contraster
      faire chanter TONS *m.* PALETTE *f.* FACTURE *f.* habile
      allier   gauche «CROÛTE» *f.*

      matérialiser GOUACHE *f.*   *exposer*   EXPOSITION *f.*
                    AQUARELLE *f.*   *vendre* VENTE *f.* aux enchères
                    HUILE *f.*
      reproduire LITHO *f.*   REPRODUCTION *f.*
                   FRESQUE *f.*
      graver GRAVURE *f.*   *copier* COPIE *f.* habile
                                    imiter   fidèle
                                    faire FAUX *m.*

      du dimanche
      anecdotique
      pompier, académique
      figuratif
      abstrait

SCULPTEUR *m. sculpter* SCULPTURE *f.*
      modeler TERRE *f.*
      fondre

Le cinéma

	METTEUR *m.* en scène	*choisir*	SCÉNARIO *m.*
FILM *m.* policier		*adapter*	
documentaire		*découper*	SÉQUENCE *m.*
d'actualités		*monter*	MONTAGE *m.*
historique		*diriger*	PRISE *f.* de vues
d'aventures		*agencer*	
COMÉDIE *f.*		*articuler*	gros PLANS *m.*
DRAME *m.*			VEDETTES *f.*
DESSIN ANIMÉ *m.*	DISTRIBUTION *f.*	*distribuer*	ACTEUR/ACTRICE DOUBLURES *f.*
SUCCÈS *m. faire* salle comble	CRITIQUE *m.*	*admirer*	
ÉCHEC *m.* mauvaise PRODUCTION *f.* = «NAVET» *m.*		*acclamer*	HABILETÉ *f.*

L'inspiration

LEXICOTEST

A. Complétez chaque phrase par le mot approprié qui en précise le sens.
1. Les dramaturges grecs ont écrit des _____ dont le sujet reste actuel.
2. Quand on veut qu'un pianiste recommence il faut crier _____!
3. Tous les grands acteurs ont _____ avant d'entrer en scène.
4. C'est à force de _____ qu'on devient capable de jouer un rôle.
5. Ce film chaque fois salle _____. Quel succès!

6. Les acteurs ont été sifflés parce qu'ils étaient _____.
7. Celui qui conduit un orchestre s'appelle un _____.
8. Je vois la main de Matisse : C'est sa _____ large et claire.
9. Comme ce portrait est _____. On dirait que votre mère va parler.
10. Il s'agit d'un sujet banal. Trouvez donc un style plus _____.

B. Remplacez les expression en italiques par un des termes familiers indiqués dans la liste à droite.

1. Tâchez de me *faire* cet article pour notre prochain numéro.
2. C'est un peintre tout ce qu'il y a de plus *respectueux des conventions*.
3. Je n'ai jamais vu une *peinture si affreuse*!
4. Ni un si *mauvais film*!
5. Cette saison, au théâtre, il n'y a eu que des *échecs*.

a. une croûte
b. un four
c. pondre
d. pompier
e. un navet

C. Montrez la différence entre les expressions suivantes en les employant dans des phrases complètes.

1. Un conducteur de balayeuse et un chef d'orchestre
2. Une pièce de théâtre et un morceau de musique
3. Une esquisse et une fresque
4. Louer une place de théâtre et louer une pièce de théâtre
5. Mener à la baguette et mêler sur la palette
6. Une mise en scène et une vente aux enchères
7. Un dessin animé et un dessin sur le vif
8. Un personnage et un caractère
9. Siffler un acteur et souffler un rôle
10. La facture d'un peintre et la facture d'un marchand de tableaux

EXERCICES (Oral)

A. *Rappel de structure.*

1. Voilà un paysage. Il me plaît beaucoup   Voilà un paysage *qui* me plaît beaucoup.

_____ J'en admire les couleurs.
_____ Monet en serait content.
_____ On reconnaît Monet à sa facture,
_____ Il lui faut un bon éclairage.
_____ Je l'aime.
_____ J'en ai envie.
_____ Le peintre y a passé deux ans.

2. C'est un romancier. On le dit réaliste.   C'est un romancier *qu'*on dit réaliste.

_____ Je vous recommande ses descriptions.
_____ Votre frère m'a parlé de lui.

——————————— Il a beaucoup d'estime pour lui.

——————————— J'ai lu ses livres.

——————————— Ses héros meurent tous à la fin.

——————————— Tu devrais le lire.

——————————— On reparlera de lui dans dix ans.

3. Elle chante faux. Cela me met toujours   Elle chante faux, *ce*
   en colère.   *qui* me met toujours
                                             en colère.

——————————— Tout le monde le sait.

——————————— Son mari en rougit.

——————————— C'est dommage pour une cantatrice.

——————————— On ne peut pas pardonner cela.

——————————— En cela nous nous ressemblons.

——————————— On en rit beaucoup sous cape.

B. *Jeu structural.*

Répétez la phrase modèle, puis modifiez-la avec les mots proposés.

1. Voici le peintre avec qui je peignais le dimanche.

—— la palette ———————————————

—— le pinceau ———————————————

——————————— au moyen de ———————

2. C'est le poème qu'il a écrit.

——————— plus beau ———————————

——————————— tragédie ——————————

——————————————— il est l'auteur.

3. Ce qui m'intéresse, c'est l'art avec lequel il dirige.

——————— j'aime ———————————————

——————————————— les gestes ——————

——————————————————— il (en) a le secret.

C. *Questions.*

Répondez en mettant en relief le mot indiqué entre parenthèses.

1. (Matisse)   Qui a décoré la chapelle? C'est Matisse qui l'a décorée.
2. (au Louvre)   Où peut-on voir ce tableau?
3. (*La Peste*)   De quel roman parle-t-il?
4. (le pays)   Cela se passe en Algérie?
5. (le moment)   Cela se passe en 1940?
6. (Balzac)   À qui faites-vous allusion?
7. (la jalousie)   De quel sentiment s'agit-il?
8. (l'huile)   De quel moyen s'est servi Delacroix?
9. (les cuivres)   Q'est-ce qu'on entend après les violons?
10. (composer)   Qu'est-ce qui est plus difficile?

D. *Phrases à lier.*

Employez la liaison (de coordination ou de subordination) qui vous
semble la plus logique. Trouvez plusieurs réponses.

1. Il pleut. Je sors sans chapeau. (a) *Bien qu*'il pleuve, je sors sans chapeau.
   (b) Il pleut; je sors *quand même* sans chapeau.
2. C'est un peintre moderne. Il sait dessiner.
3. La critique est facile. L'art est difficile.
4. Il peint vite. Le modèle ne se fatigue pas trop.
5. Il plaît au public. Il joue vraiment bien.
6. Tu composes une symphonie. Tu gagneras de l'argent.
7. Son style est violent. Nous sentons que c'est la guerre.
8. C'est un virtuose. Je ne l'aime pas.
9. Trop de personnages. C'est un défaut. Balzac crée un monde.
10. Les descriptions sont intéressantes. L'action est lente.

E. *Thème oral.*
   1. Voici la chanteuse dont j'admire la voix. *Répétez.*
   2. Here is the painter whose colors are so beautiful. *Traduisez.*
   3. _____ a novelist whose heroes all die.
   4. _____ a sculptor whose statues sell well.
   5. _____ the poem in the structure of which I am interested.
   6. _____ the chapter the equilibrium of which is admirable.
   7. _____ a film the stars of which are well known.

EXERCICES (Écrit)

A. Faites des phrases liées (par des mots de liaison) avec les éléments suivants; vous pouvez ajouter des éléments et changer l'ordre des propositions; mais faites chaque fois une phrase logique.
   1. Le goût a changé _____ les impressionistes restent modernes _____ ils traduisent le dynamisme de la vie.
   2. On veut _____ le style fait plus qu'imiter la nature _____ il faut aussi savoir la décrire.
   3. J'entre dans la galerie _____ il y avait des gens _____ ils boivent _____ ils ne regardent pas les tableaux _____ ils sont venus pour le vernissage.
   4. J'aime la musique classique _____ le jazz me ravit _____ la musique concrète m'étonne _____ j'ai peur _____ je ne comprendrai jamais.
   5. Il faut choisir _____ la poésie m'intéresse _____ les romans m'amusent je ne suis pas fanatique _____ je lis _____ cela me divertit.

B. Observez la composition du paragraphe suivant tiré de *L'Homme révolté* d'Albert Camus.

   Bien que cela heurte les préjugés du temps, le plus grand style en art est l'expression de la plus haute révolte. *Comme* le vrai classicisme n'est qu'un romantisme dompté, le génie est une révolte qui a créé sa propre mesure. *C'est pourquoi* il n'y a pas de génie, *contrairement à ce qu'*on enseigne aujourd'hui, dans la négation et le désespoir.

1. Quelles notions sont exprimées par les mots en italique? Trouvez des synonymes de ces mots.
2. Essayez d'écrire un paragraphe en français ayant la même structure logique (les mêmes liaisons): sur le thème facilité-hermétisme en poésie, ou bien figuratif-abstrait en peinture (comme ici: révolte-désespoir).

C. Écrivez en trois paragraphes de cinq lignes un jugement sur un roman que vous avez lu. Le plan sera le suivant, par exemple:

1er paragraphe: qualité des analyses de personnages.

2ème paragraphe: faiblesse de l'action, incohérences.

3ème paragraphe: pourquoi vous aimez quand même ce roman.

L'Inspiration

Fenêtre I

Une Toile*

Jean Guichard-Meili. Critique d'art qui a longtemps tenu cette rubrique
dans *Esprit*.

Une toile. Qu'est-ce qu'une toile?
Une interrogation? Une réponse? Un miroir? Un reflet? Une fenêtre ouverte
sur le monde? Ou sur soi? Un objet? Un meuble meublant? De la poésie
peinte? Un défi? Un témoignage? Une confession? Un message? Un cri?
Une «surface plane recouverte de couleurs en un certain ordre assemblées»?[1] 5
Une bouteille à la mer? La projection d'un rêve? Le souvenir d'un mouvement de la main? Un tissu enduit de pâtes pigmentées et solidifiées? Un
moyen de retarder la marche du temps? Une arme politique? Un document?
Un microcosme? Un champ magnétique? Un organisme vivant?
Il y a le choix (et plus de choix encore). Chaque époque, chaque tempéra- 10
ment choisit. Chaque spectateur. L'œuvre demeure, environnée d'un essaim
de questions.

*   *   *

Qu'est-ce que cette toile-ci?
Avant tout, une présence, et d'abord physique, bien sûr. Cette toile est
ici, en tel endroit choisi pour elle, dans son cadre de bois naturel et doré, 15
et parmi d'autres objets, d'autres œuvres, comme au sein d'une famille qui

---

* Jean Guichard-Meili, *Esprit*. Paris. Septembre 1962.
[1] Citation de Maurice Denis, ami de Gauguin et peintre parisien.

l'aurait adoptée. (Orpheline, dès qu'elle a quitté l'atelier du peintre, souffrante, quand on l'expose, quand on l'entrepose, elle revit chez qui l'aime et lui fait place.)

20   C'est une toile de petit format—un 8 figure, en langage technique—, c'est-à-dire de quarante-six centimètres de largeur sur trente-huit de haut. (L'artiste l'a utilisée dans le sens horizontal et non pas, du reste, pour une «figure».) Dimensions modestes, on le voit. Il s'agit là d'une «peinture de chambre», au sens où l'on dit «musique de chambre». Elle est donc à son aise au centre

25   d'un panneau d'un mètre vingt-cinq environ, dans une pièce à peu près carrée, de moins de quatre mètres de côté. Le regard la saisit et l'embrasse parfaitement à une distance de un à deux mètres, la situe dans son espace entre trois et quatre mètres, peut s'approcher pour en scruter utilement les détails jusqu'à une vingtaine de centimètres. Une vaste baie l'éclaire d'une

30   bonne lumière de face, pendant la journée. La lumière électrique lui est beaucoup moins favorable, parce qu'elle altère considérablement le rapport des jaunes avec les gris, essentiel en l'espèce.[2]

Couleurs. Annonçons les couleurs.[3] L'artiste pour peindre cette toile a composé sa palette ainsi: noir, ocre jaune, ocre rouge, bleu outremer, blanc.

35   La gamme est très restreinte. Il n'en faudrait pas déduire que la coloration de l'œuvre est sommaire. D'abord parce que le blanc allié à chacune des autres couleurs engendre de multiples variations de tons, particulièrement dans le registre des gris, selon une très forte tradition de la peinture, ou du moins d'une certaine famille de peintres.

40   Impossible, à son propos, de ne pas écrire l'adjectif: nacrée, à cause de tous ces blancs-gris et gris-blancs qui jouent doucement les uns sur les autres. Mais en même temps elle est ferme et dorée comme un grain de blé mûr, végétale, issue de la terre.

Issue de la terre. Car il s'agit bien d'un «paysage»—ne l'ai-je pas dit

45   encore?—ou plutôt de dix, de vingt paysages confondus en un seul, qui ressemble à tous et ne reproduit aucun d'eux. Lorsqu'il fallut, au moment où la toile fut exposée, la désigner par un titre, l'artiste indiqua simplement: «1er mai». premier mai qui n'est pas celui du muguet[4] avec son imagerie convenue. Ce jour-là nous nous trouvions ensemble à Saint-Sulpice-de-

50   Favières et dans la campagne environnante.

Il faisait un temps radieux, mais ce n'est pas un vert printanier qui domine dans mes souvenirs ni sur les photographies (en couleurs) prises alors: c'est un accord de bleus et de gris pâles, dans le ciel; dans la végétation, une profusion de jaunes: genêts en fleurs, haies et jeunes pousses. Ces jaunes, ces

55   gris, ces bleus, restituant sur la toile une certaine lumière, cette lumière

---

[2] *en l'espèce* dans ce cas précis.
[3] Expression des jeux de cartes, où les couleurs sont noir et rouge.
[4] *le premier mai* en France est la fête du travail; c'est aussi la fête du muguet, on en offre des bouquets aux dames ce jour-là.

coincide à jamais pour moi avec celle de la journée que j'ai dite, dans cette région modeste et douce de l'Île de France[5]—clarté blonde dans l'église Saint-Sulpice, reflet des vieux murs le long des rues du village, soleil filtrant à travers les branches de tel arbre chargé de gui, limpide atmosphère de la campagne, avec tout à coup le trait d'azur du ruisseau qui s'appelle la 60 Renarde.

Dira-t-on que c'est là rêver, ajouter aux intentions du peintre? Peut-être. Mais qu'est-ce qu'un objet d'art sur lequel on ne peut rêver? Et quel vrai créateur n'est dépassé par sa création?

Rêver, regarder. Regarder et rêver. 65

QUESTIONS

1. De quoi une toile peut-elle témoigner ou confesser? (*l.* 4)
2. Comment une toile peut-elle retarder la marche du temps?
3. Expliquez «chaque époque choisit» (*l.* 10 à 11) Quel a été le choix du 18ème siècle? Et celui du 19ème avant les impressionistes? Et celui des cubistes? Et celui des surréalistes? Et celui des réalistes soviétiques? Donnez des exemples.
4. Expliquez «une toile . . . souffrante quand on l'expose» (*l.* 17 à 18)
5. Quelles sont les dimensions de la toile? (Montrez approximativement)
6. (*l.* 39) Quelle est cette «famille de peintres»? Pouvez-vous en montrer des tableaux?
7. À quelles images, comparaisons, métaphores pourriez-vous comprendre qu'il s'agit d'un paysage, même si l'auteur ne le disait pas?
8. Relevez dans l'avant-dernier paragraphe (Il faisait un temps radieux . . .) toutes les expressions qui expriment une qualité de la lumière. Expliquez leur valeur littéraire: comment chacune nous fait sentir cette qualité différente de la lumière.
9. Que pensez-vous d'une critique qui ajoute aux intentions de l'auteur?

SITUATIONS

1. À tour de rôle chacun choisit une définition de la peinture dans le premier paragraphe («Qu'est-ce qu'une toile . . .») et le justifie avec des exemples de tableaux dont les reproductions pourront être apportées en classe.
2. Développez la question 9 sous forme de débat. Une partie de la classe veut qu'on respecte les intentions du peintre ou du poète; l'autre partie tient qu'on doit ignorer ce qu'ils ont voulu faire et interroger l'œuvre seule.

---

[5] *L'Île de France* région autour de Paris, qui fut le premier royaume de France, entouré de possessions seigneuriales.

COMPOSITIONS

1. Dans une lettre furieuse le peintre réfute la description de sa toile ci-dessus. Il affirme qu'il a voulu peindre le portrait de sa tante. Il s'emporte contre la critique qui rêve mais ne regarde pas.
2. Décrivez la toile qui vous plaît le plus, paysage, nature morte ou portrait. Essayez d'imiter les quatre derniers paragraphes du texte ci-dessus. (Depuis «Couleurs.»)
3. Commentez cette phrase: «Tout créateur est dépassé par sa création».

Fenêtre II

Nouveau roman et nouveau cinéma*

RAYMOND JEAN. Né en 1925 à Marseille. A enseigné aux États-Unis et au Vietnam avant de devenir Maître de conférences à la Faculté des Lettres d'Aix. A écrit quelques bons romans: *La Conférence*, 1961, *Les Grilles*, 1963, *Le Village*, 1966 et *La Vive*, 1968. Excellent critique littéraire: *Nerval par lui-même* et *La Littérature et le réel*, recueil d'articles parus dans *Les Cahiers du Sud* et dans *Le Monde*.

Aujourd'hui, lorsqu'on voit un film comme *Thérèse Desqueyroux* de Franju,[1] on éprouve un sentiment de surprise qui se transforme vite en sentiment d'inquiétude. Ce peut être aussi un sentiment de sympathie ou d'admiration, bien sûr, l'œuvre étant belle et estimable. Mais il est certain que l'on se sent d'abord gêné, frustré de quelque chose devant un film à ce 5 point fidèle au roman dont il s'inspire, devant une narration cinématographique si lisse, si unie, si régulière qu'elle en paraît plate. Frustré de quoi? Difficile à dire. Mais surtout sans doute d'une excitation de l'esprit qui réside dans une habitude que nous sommes en train de prendre: celle de ne pas entrer dans une œuvre facilement et comme de plain-pied. Si l'*accès* est 10 trop facile, notre élan retombe et s'épuise, notre vision ne s'accroche à aucune aspérité, aucun relief, et finalement l'appréhension du réel ne se fait pas. Le spectateur est dans la situation de quelqu'un qui ne cherche plus ce qu'il a déjà trouvé et qui ne trouve pas ce qu'il est supposé (ou ce qu'il aurait aimé) chercher. C'est ce que j'ai ressenti en voyant *Thérèse Desqueyroux*. 15 Il me semble que ce film m'a surtout permis de ne pas relire le roman de Mauriac[2]—ou de le relire à travers lui—et que j'y enverrai très volontiers tous ceux qui n'auront pas le temps d'ouvrir le livre. Ils ne seront ni trahis ni trompés. Mais moi, j'ai dû l'être. Pourquoi?

*   *   *

---

* Raymond Jean, *La Littérature et le réel*. Paris, Albin Michel, 1965.
[1] *Franju* metteur en scène français qui a réalisé *Thérèse Desqueyroux*, film qui suit très fidèlement le roman de Mauriac.
[2] *François Mauriac*, né à Bordeaux en 1885, est célèbre d'abord pour ses romans (dont *Thérèse Desqueyroux*—1926—et sa suite, *La Fin de la nuit*—1935—, *Le Nœud de Vipères*—1932—et *La Pharisienne*—1940). Il est surtout depuis vingt ans vigoureux polémiste qui suit de près l'actualité politique dans son *Bloc Notes*. Élu membre de l'Académie Française en 1933, il a eu le Prix Nobel de Littérature en 1952. Mort en 1970.

20   C'est que le «nouveau roman»[3] comme le cinéma «nouvelle vague»[4] nous apprennent à saisir les œuvres dans leur langage, c'est-à-dire leur vraie structure, et non à nous intéresser à l'histoire qu'elles nous racontent. Que cette histoire précisément soit trop bien racontée et un vide se fait: il n'y a aucune *tension* entre l'œuvre et nous, rien qui satisfasse nos nouvelles exi-
25   gences de lecture ou de regard. On voit par là le danger des adaptations de romans traditionnels ou classiques au cinéma. *Thérèse Desqueyroux* qui peut encore être lu comme un roman de 1926 ne peut guère être vu comme un film de 1962. Cela ne veut pas dire que l'on était en droit d'exiger de Franju un effort d'imagination (d'ailleurs lequel?) qui visiblement n'entrait pas dans
30   son propos, puisque son parti pris était de se tenir avec probité et rigueur au ras du récit de Mauriac. Mais on se prend à penser que des transpositions très libres—irritantes et déconcertantes—comme celle qu'Astruc,[4] avec *L'Éducation sentimentale*,[5] a faite du roman de Flaubert, sont en définitive plus près d'une certaine fidélité. J'avoue pourtant que j'aurais rêvé d'une
35   vraie, belle et «exacte» *Éducation sentimentale* en couleur, un peu semblable à cette *Vie*[5] qu'Astruc avait si bien su tirer de Maupassant. Mais il est probable que cette fois il aura senti le danger dont je parlais et aura préféré ne garder de l'œuvre de Flaubert qu'un certain nombre de situations propres à nourrir un film dont le *tempo*, le style, le ton, l'accent, l'atmosphère soient
40   résolument modernes et proches de notre sensibilité contemporaine—dominée justement par le cinéma. C'est ce qu'avait fait—à mon sens avec plus d'audace encore—Albicocco[6] avec *La Fille aux yeux d'or* de Balzac. L'un et l'autre ont eu raison, non dans la mesure où ils ont réussi (ce qui peut parfaitement être contesté), mais dans la mesure où ils nous ont fait sentir qu'il était plus
45   important à leurs yeux de s'exprimer dans leur propre langue (cinémato-graphique) que dans celle de Balzac ou de Flaubert.

Faut-il conclure que Balzac et Flaubert, eux aussi, trouveraient plus commode aujourd'hui d'être cinéastes que romanciers? Posée de cette manière la question est malheureuse. Mais il est certain que nous pouvons commencer
50   à nous demander combien de romanciers «possibles» le cinéma a absorbés

---

[3] *le nouveau roman*   expression utilisée par les critiques pour désigner la génération de romanciers qui a commencé à se faire connaître entre 1950 et 1960. Elle englobe des écrivains aussi variés que Robbe-Grillet, Butor, N. Sarraute, M. Duras, R. Pinget, C. Simon et S. Beckett, mais qui ont tous en commun une certaine objectivité devant la réalité extérieure et un grand souci de rigueur dans l'utilisation de la technique romanesque.

[4] «nouvelle vague» est au cinéma ce que le «nouveau roman» est à la littérature. À l'origine l'appellation désigne un petit groupe de critiques des *Cahiers du Cinéma* qui ont abandonné la plume du critique pour la caméra du metteur en scène: Truffaut (*Les 400 coups*), Godard (*À Bout de souffle*), Chabrol (*Les Cousins*) et Astruc (*Le Rideau cramoisi*). Astruc est l'auteur de l'expression: «La caméra-stylo» qui résume très bien l'esthétique de la nouvelle vague. On fait aujourd'hui son «premier film» aussi facilement qu'autrefois on écrivait son «premier roman».

[5] *L'Éducation sentimentale*   roman de Flaubert (1869) adapté très librement au cinéma par Astruc. *Une Vie*   roman de Maupassant (1883) adapté très fidèlement par Astruc.

[6] *La Fille aux yeux d'or* est une nouvelle de Balzac (troisième épisode de l'*Histoire des Treize*, 1835) qui a été portée à l'écran par un jeune metteur en scène dont c'était le premier film: Albicocco.

au cours de ces dernières années. Jean-Luc Godard[7] déclarait récemment:
«Je me considère comme un essayiste, je fais des essais en forme de romans
ou des romans en forme d'essais: simplement, je les filme au lieu de les écrire.
Si le cinéma devait disparaître, je me ferais une raison: je passerais à la
télévision, et si la télévision devait disparaître, je reviendrais au papier et   55
au crayon.» La vérité est que le cinéma ne disparaissant pas, le roman
s'épuise et, en tant que genre, est à bout de souffle. C'est une des significations
—entre autres—du phénomène «nouveau roman»: on assiste à un retranchement du roman sur un terrain où il court le risque de se détruire mais d'où
au moins il ne peut être délogé, puisqu'il s'agit de celui de la pure «création   60
scripturale», pour reprendre l'excellente expression de Jean Ricardou.[8]
Pendant ce temps le cinéma s'approprie les anciens domaines. C'était d'abord
une sorte de consommation gloutonne de tout ce qui existait de traditionnel
—consommation dont l'intensité maximum a coïncidé avec les nombreuses
adaptations qu'il y a eu, voilà quelques années, d'œuvres de Zola—, mais   65
bientôt les tendances les plus neuves et les plus originales du roman ont
commencé elles aussi à être assimilées. Il s'est donc passé ceci: au fur et à
mesure que le roman se repliait sur lui-même, le cinéma comblait le vide qu'il
laissait, mais par là même si l'impérialisme chaque jour grandissant du
cinéma contribuait à créer un «nouveau roman», ce «nouveau roman» ne   70
pouvait qu'appeler, attirer à lui un «nouveau cinéma.» En d'autres termes,
le roman amené sous la pression du cinéma à se chercher un style nouveau,
agit en retour sur le cinéma en lui imposant la fascination de ce style.

*   *   *

Cela est devenu manifeste du jour où l'on a vu des écrivains, comme
Marguerite Duras ou Robbe-Grillet[9] (avec *Marienbad* d'abord, puis avec   75
L'Immortelle) disposer du double clavier d'expression du nouveau roman
et du nouveau cinéma. Mais il y a plus important et plus intéressant encore:
certains films aujourd'hui nous donnent l'impression d'une étonnante équiva-
lence d'écriture avec le roman contemporain. Jamais je n'ai senti cela d'une
manière plus nette qu'en voyant (et il est tout de même symptomatique que   80
cette œuvre appartienne à la plus récente vague de la production cinématographique) *Cléo de cinq à sept* d'Agnès Varda.
Dans ce film, ce qui frappe d'abord c'est peut-être un certain accent, un

---

[7] J.-L. Godard est de loin le plus productif et le plus controversé des metteurs en scène «nouvelle
vague». Il conçoit, écrit, dirige et produit une moyenne de trois ou quatre films par an, de
qualité inégale, mais jamais indifférents. Les plus connus sont *Weekend, La Chinoise, Alpha-
ville, Pierrot le fou* et *La Femme Mariée.*

[8] Jean Ricardou a écrit des romans (*L'Observatoire de Cannes*—1961, *La Prise de Constantinople*
—1965) et surtout un remarquable essai: *Problèmes du nouveau roman* (1967).

[9] Robbe-Grillet a écrit le scénario de *L'Année dernière à Marienbad* (1961) qui a été mis en scène
par Alain Resnais. *L'Immortelle* a été écrit et mis en scène par Robbe-Grillet lui-même (1963)
comme *Trans-Europe Express* (1967) et *L'Homme qui ment* (1968).
Marguerite Duras a adapté certains de ses livres (*Barrage contre le Pacifique, Moderato
Cantabile, Le Marin de Gibraltar*) pour le cinéma, mais elle a écrit aussi le scénario de *Hiroshima
mon amour*, mis en scène par A. Resnais.

mélange de tendresse et de détachement à l'égard des personnages et notam-
85   ment du personnage principal, Cléo. Mais on ne peut pas ne pas voir que
l'originalité de l'œuvre tient surtout à un style déambulatoire caractéristique
d'un certain type de roman contemporain: un homme ou une femme marche
dans les rues d'une ville, à la recherche des autres et de soi-même, se sent
vacant, laisse' se promener son regard sur les objets qui l'environnent. Tout
90   se passe en un temps limité, ce qui impose à l'œuvre une unité et une simplicité sévères et oblige en même temps l'auteur à intégrer à la matière
romanesque ou cinématographique sur laquelle il travaille tous les détails,
gestes indifférents, temps morts qui composent le tissu de la réalité quotidienne. La promenade, la marche brisée de Cléo entre sa visite chez la voyante
95   et sa visite au médecin de l'hôpital en compagnie du jeune militaire qu'elle
a rencontré, ne représente rien d'autre que ce mouvement d'errance en un
lieu clos qui dans tant d'œuvres contemporaines permet à la description
pure de s'exercer, au *regard* de jouer librement en dehors de tout enchaîne-
ment d'événements, de toute progression d'intrigue, de tout drame, c'est-à-
100 dire de toute action.

Après une telle œuvre, on serait tenté de dire que le *récit* n'est plus possible.
Et telle est bien la source du vague malaise que l'on éprouve à voir *Thérèse
Desqueyroux*. En acceptant de jouer en toute honnêteté le jeu du récit, ce
film tombe sous le coup d'une critique finalement beaucoup plus grave que
105 celle que Sartre adressait naguère au roman de Mauriac:[10] il nous conduit
à *lire* une histoire (et ce qui la caractérise en effet est qu'elle est parfaitement
lisible) alors que nous attendons de la *regarder*.

Le problème n'est pas de savoir si le cinéma a importé une «école du
regard» chez les romanciers ou si le roman en réexporte les pratiques chez
110 les cinéastes. Le problème est qu'il est devenu impossible de faire comme si
ces pratiques n'avaient jamais existé.

QUESTIONS

1. Quels sentiments éprouve l'auteur lorsqu'il voit un film comme *Thérèse
   Desqueyroux*?
2. Pourquoi se sent-il gêné?
3. Quel est l'auteur du roman *Thérèse Desqueyroux*? Quel rapport y a-t-il
   entre le film et le livre?
4. Que nous apprend le «nouveau roman»?
5. Quel est le danger des adaptations de romans classiques au cinéma?
6. Quels metteurs en scène ont essayé de transposer, dans la langue cinématographique, des œuvres classiques?

---

[10] Dans un article célèbre (recueilli dans *Situations I*) Sartre accusa Mauriac de ne jamais créer
dans ses romans des personnages vraiment libres, puisque lui Mauriac, les manipulait comme
Dieu manipule l'homme. Sartre concluait son article: «Dieu n'est pas artiste, M. Mauriac
non plus.»

7. Que déclare J.-L. Godard?

8. L'auteur mentionne «une des significations» du phénomène «nouveau roman». Laquelle?

9. Quel rapport l'auteur voit-il entre le nouveau roman et le nouveau cinéma?

10. Qu'est-ce qui frappe tout d'abord lorsqu'on voit *Cléo de cinq à sept*?

11. À quelle conclusion peut-on aboutir après avoir vu un tel film?

12. Quelle est la raison du vague malaise que l'auteur a éprouvé à voir *Thérèse Desqueyroux*?

SITUATIONS

1. L'adaptation cinématographique d'un roman.
   Le film est-il fidèle au livre? Le trahit-il? Est-il meilleur? moins bon?
   Quels problèmes soulève cette adaptation?
   La discussion, pour être fructueuse, doit être organisée à propos d'un film que tout le monde a vu, qui transpose un livre que tout le monde a lu. (*L'Étranger* par exemple). Au besoin, il serait utile de préparer cette discussion en faisant lire à la classe *Thérèse Desqueyroux* et en projetant le film (qui existe en 16 mm, ainsi que *Cléo de cinq à sept* et est facile à louer).

2. Un producteur de films discute avec deux associés: «quel chef d'œuvre de la littérature universelle pourrons-nous adapter au cinéma?» La discussion porte
   (a) sur la valeur du livre
   (b) sur le succès commercial
   (c) sur la distribution
   Cette situation peut être traitée sérieusement, ou au contraire de façon grotesque, selon que vous voulez glorifier le cinéma ou ridiculiser Hollywood.

3. Débat sur les mérites comparés du *roman* et du *film*. Chaque partie devra essayer d'aller jusqu'au fond du problème, c'est-à-dire d'aborder à la fois l'esthétique du genre, ses conditions de production, de distribution, et l'effet qu'il peut produire sur le public.

COMPOSITIONS

1. Écrivez la critique d'un film que vous venez d'aller voir.
2. Discutez ces lignes de Malraux:

> «On peut analyser la mise en scène d'un grand romancier. Que son objet soit le récit de faits, la peinture ou l'analyse de caractères, voire une interrogation sur le sens de la vie; il est amené à raconter — c'est à dire à résumer et à mettre en scène — c'est à dire à rendre présent.»

Choisissez un roman qui se prête particulièrement à cette analyse: français, de Malraux, Sartre ou Camus; américain, Hemingway; russe, Dostoievsky, *etc.*

3. Comparez les plaisirs de la lecture, avec ceux que vous pouvez éprouver à voir un film.

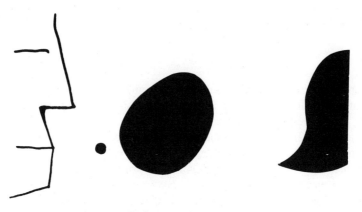

Toujours avoir le mot de la fin

Appendice A

Phonétique

Conseils généraux

Tension

Pour parler français avec clarté et netteté, il faut articuler exagérément, c'est-à-dire que les muscles qui forment les sons (langue, lèvres, mâchoires) doivent être très tendus, leurs mouvements très précis. Tension constante, pas de mollesse.

Antériorité

La majorité des sons français sont prononcés à l'avant de la bouche, la pointe de la langue près des dents. C'est ce qu'on appelle l'antériorité du français. Pensez à dire la plupart des sons plus près des dents que vous ne le faites généralement.

Qualité des voyelles et Syllabation ouverte

Pas de relâchement d'effort: les voyelles sont attaquées en douceur puis dites avec une tension de plus en plus grande et coupées brusquement, en pleine tension, par la consonne ou la pause qui suit. On dit aussi que la majorité des syllabes françaises sont ouvertes, c'est à dire qu'elles finissent sur une voyelle. Elles sont fermées, cas plus rare, lorsqu'elles finissent sur une consonne (prononcée).

Paul	vient
↑	↑
syllabe fermée	syllabe ouverte

Il / cir / cu / l¢ en / voi / tur¢ /   3 syllabes fermées, 3 syllabes ouvertes

En anglais, c'est exactement le contraire: la majorité des syllabes sont fermées, elles finissent par une consonne; l'articulation de cette consonne est préparée pendant qu'on dit la voyelle, celle-ci change alors de caractère ce qui produit la diphtongaison de cette voyelle. En français, la diphtongaison n'a jamais lieu, la voyelle est pure, elle garde le même timbre, jusqu'à la fin. Il faut donc s'exercer à prononcer les syllabes comme si elles finissaient toutes par une voyelle, en maintenant un son très tendu jusqu'au bout de la voyelle.

Ï- / lci- / rcu- / l¢ en- / voi- / tu- / r¢

Lorsqu'un mot se termine par une consonne, les muscles se détendent très nettement après la production de cette consonne, ce qui la rend très audible. Ce n'est pas toujours le cas en anglais.

Rythme

En français, toutes les *syllabes* sont égales. Seule la dernière syllabe d'un groupe rythmique est différente: elle est deux fois plus longue environ qu'une syllabe non accentuée et elle est prononcée sur un ton plus haut ou plus bas (voir Intonation). En français, *l'accent* «tonique» n'est pas un accent de force, mais un accent de longueur dans le temps, un accent de durée. On appelle *groupe rythmique* un groupe de mots qui forment une unité de sens, logique et syntaxique; dans un tel groupe, il y a un accent tonique, un seul; il allonge la dernière voyelle du groupe.

il circūle en voitūre
il ne circule pās dans une voiture blānche

Les parties de la phrase séparées par des signes de ponctuation forment des *groupes de souffle*. Il peut y avoir un ou plusieurs groupes rythmiques dans un groupe de souffle. Après chaque groupe de souffle on fait une pause plus ou moins longue.

Il ne me reste plūs qu'à tirer les rideāux, /
me mettre la ceintūre, /
fréquenter les talūs des gares de ceintūres, /
le canal de Pantīn, /
Clignancūōrt, /
le matīn quand les pūces ne marchent pās. / /

Jacques Audiberti, Paris fut.

Enchaînements: les mots qui forment un groupe rythmique sont prononcés comme s'ils faisaient un seul mot, il n'y a pas d'arrêt de voix d'un mot à l'autre, les mots se suivent sans coupure et la voix glisse d'un mot à l'autre. Si deux voyelles sont en contact, la voix passe de l'une à l'autre par simple changement de la position des muscles articulatoires:

j'ai entendu le klaxn̄ō.

Si une consonne finit le premier mot, elle est prononcée comme si elle était au début du mot suivant (syllabation ouverte):

Il pense à la contraventiōn.
    pen sà la

Les *liaisons* sont un cas d'enchaînements qui obéissent à certaines règles d'usage. Il faut se souvenir surtout que: les liaisons sont interdites entre deux groupes rythmiques, après «et» et «alors», après un nom singulier suivi d'un adjectif:
    un accident / épouvantable, devant un h dit «aspiré»: les / Halles.
obligatoires, entre déterminants et noms: des anciens hommes,
    pronom personnel et verbe: ils arrivent, arrivent-ils? après de petits mots inaccentués: très, sous, dans, sans, plus, moins, tout, en (conjonction): très animée, sous une voiture, plus étroite, en attendant.
Le *e caduc* n'est jamais accentué, sauf dans le cas du pronom personnel complément en fin de groupe rythmique: donne-lē, dit-lē. S'il est prononcé, il a la valeur d'une syllabe entière non accentuée, s'il tombe, il disparaît complètement. La prononciation ou disparition du *e* caduc obéissent à des règles d'usage. Ces règles peuvent se résumer ainsi:

fin de groupe rythmique: le *e* disparaît; intérieur de groupe rythmique: entre deux consonnes, le *e* disparaît. Le *e* reste si sa disparition mettrait trois consonnes en contact.

En première syllabe de groupe rythmique on peut toujours prononcer le *e*.

De toutes pārts je reçois leurs coups de cōrnes, leurs longues trōmpes.

J. Audiberti

Lorsque *e* est prononcé il est dit à peu près comme [œ] donc lèvres bien arrondies.

Intonation

L'intonation du français parlé de la conversation est beaucoup plus variée, beaucoup moins monotone qu'on ne le dit. Mais l'étudiant devra essayer de copier le plus près possible l'intonation de la lecture et du style oratoire pour être certain d'effacer les défauts qu'il apporte de sa propre langue.

Phrases énonciatives. La phrase commence à un niveau bas (plus bas qu'en anglais) le ton reste plat sur les syllabes inaccentuées, il monte nettement sur chaque syllabe accentuée (fin de groupe rythmique) sauf sur la dernière syllabe de la phrase avant le point, qui est dite sur un ton très bas.

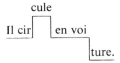

S'il y a plusieurs groupes rythmiques dans la phrase, la syllabe dite sur le ton le plus haut (sommet de hauteur principale) est celle qui marque une division importante au point de vue du sens. Cela dépend parfois non seulement de la logique, mais aussi de l'intention qu'on veut traduire en donnant plus de relief à une partie de la phrase plutôt qu'à une autre.

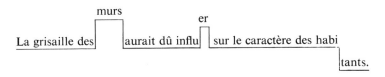

ou

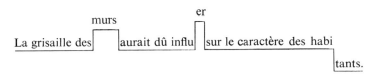

(Bernard Dadié, *Un Nègre à Paris*.)

Phrases impératives, ou phrases énonciatives courtes. – La phrase commence haut et descend très bas, par paliers ou niveaux successifs.

Les phrases exclamatives suivent aussi ce schéma, ou le schéma exactement inverse.

Phrases interrogatives

Les phonéticiens ne sont pas tous d'accord sur le dessin mélodique de certaines d'entre elles. L'étudiant ne fera pas de faute et il sera toujours compris dans son intention s'il pense à commencer ce type de phrase un peu plus haut que la phrase énonciative et s'il la finit nettement plus haut lorsqu'il n'y a pas de marque grammaticale d'interrogation dans la phrase (inversion ou mot interrogatif), et, s'il y a un mot ou une tournure interrogative, descend après la fin de cette marque d'interrogation et remonte légèrement sur la dernière syllabe. Pour plus de détails et des exemples voyez la Charpente I: «Comment poser une question».

Les voyelles à deux timbres

Il y a en français trois voyelles qui ont chacune deux timbres:

EU [ø] dit «fermé» lèvres très arrondies
    [œ] dit «ouvert» lèvres moins arrondies
O   [o] dit «fermé» lèvres très arrondies
    [ɔ] dit «ouvert» lèvres moins arrondies
E   [e] dit «fermé» lèvres très étirées
    [ɛ] dit «ouvert» lèvres moins étirées

La distinction entre les deux timbres de chaque voyelle est rarement phonémique, nécessaire au sens, surtout en contexte. Elle est cependant importante dans les voyelles accentuées, plus longues donc plus audibles. L'étudiant prononcera aussi bien que la plupart des Français s'il se souvient d'employer:

le [ø] [o] [e], – fermés (donc avec l'articulation la plus ferme) lorsque ces voyelles finissent le mot, même si ce mot est à l'intérieur d'un groupe rythmique et n'a donc pas d'accent propre.

Il utilisera le [œ] [ɔ] [ɛ], – ouverts, lorsque le mot se termine par une consonne prononcée.

timbres fermés:	*timbres ouverts*:
stationer [e]	à toute vitesse [ɛ]
des badauds [o]	le code [ɔ]
les feux [ø]	un avertisseur [œ]

Exception: lorsque la consonne finale est [z], on utilise aussi les timbres fermés [o] et [ø] (mais pas pour E). L'orthographe «au» ou «ô» suivi d'une consonne finale de mot se prononce aussi [o].

une rose [o]
heureuse [ø]   mais thèse [ɛ]
la côte [o]
un autre [o]

Les voyelles non accentuées, ou plutôt les voyelles de mots jamais accentués ou de syllabes jamais accentuées (autres que la dernière des mots pris isolément) ont un timbre plutôt ouvert; en particulier, le O non accentué est toujours prononcé [ɔ] ce qui présente une difficulté pour les anglophones.

Les problèmes de prononciation qui viennent d'être expliqués sont repris en résumé dans le tableau qui suit. S'y ajoutent, les problèmes de prononciation des phonèmes. Le professeur peut se servir de ce tableau comme fiche de diagnostic individuel.

Pour les exercices correctifs spécifiques à chaque difficulté, utiliser les «Exercices systématiques de prononciation française» de Monique Léon.

Diagnostic phonétique

NOM:

DATE:

Marquez dans la case

XX: toujours, ou presque toujours incorrect, à travailler.
 X: parfois incorrect, à surveiller.
 O: toujours correct.

LA PHRASE

LE RYTHME

ce que vous faites:	*remèdes:*
Égalité syllabique.	
Syllabes non accentuées avalées ou articulées sans netteté.	Lire en donnant la même valeur à toutes les syllabes inaccentuées. Marquer le temps en frappant dans les mains: 1 temps = 1 syllabe.
Syllabation ouverte.	
Syllabes terminées le plus souvent par une consonne comme en anglais.	S'exercer à couper les syllabes après la voyelle.
Accents: répartition	
Diction saccadée due aux trop nombreux accents de mots (1 syllabe sur deux) ou à leur place: 1ère syllabe.	Lire chaque groupe rythmique d'une phrase comme s'il s'agissait d'un seul mot. L'accent «tonique» étire la voyelle finale du groupe rythmique et elle seule.

ce que vous faites:	*remèdes:*
Accent: nature	
Accent réalisé par l'intensité de la syllabe accentuée, comme en anglais.	L'accent, en français, est réalisé par l'allongement de la voyelle finale du groupe. Lire en tirant sur les voyelles accentuées, sans appuyer ni frapper.
Enchaînements	
vocaliques consonantiques	Lire en liant la voyelle ou la consonne finale d'un mot à la voyelle initiale du mot suivant.
Liaisons	
oubliées lorsqu'elles sont obligatoires	
faites lorsqu'elles sont interdites	Réviser les règles.

LES E CADUCS

dits quand ils sont supprimés	Réviser les règles
supprimés quand ils sont nécessaires.	

L'Intonation	
Intonation trop chantante, en vagues.	S'exercer à lire chaque phrase sur une seule note en montant seulement sur le sommet de hauteur et en descendant sur la dernière syllabe.
Montées trop timides.	Marquer nettement les montées intonatives de la phrase énonciative. Commencer la phrase sur un ton assez bas.
Descentes insuffisantes	Dire la dernière syllabe sur une note exagérément basse.
Dessin mélodique incorrect dans la phrase interrogative.	Réviser les règles.

VOYELLES ORALES

ce que vous faites:	*remèdes:*
Toutes diphtonguées, tension décroissante.	Lire en syllabes ouvertes, articuler tendu (muscles), conserver la même note pendant toute la durée de la voyelle, couper court l'émission avec les lèvres ou la main.

ce que vous faites:	*remèdes*:
les [i] mous, son pas pur	Travail devant le miroir. Tirer bien les coins des lèvres:
les [y] comme des [u] ou des [ə] (ex.: du comme doux ou de)	Pour dire le [y] français: partir de [i]; garder la langue dans la même position ramener les lèvres très arrondies en avant comme pour dire [u] ⊕
les [ø] pas assez fermés, on les entend plutôt comme [œ]	Travail devant le miroir. Lèvres fermement arrondies langue plus en avant. ←⊣ ⊕
les [e] pas essez fermés, on les entend plutôt comme [ɛ]	Travail devant le miroir, coins des lèvres bien tirès. Dire en remplaçant les [e] par des [i]. Revenir ensuite aux [e], lèvres aussi tirées: ←⊣
confusion entre [e] et [ə] (ex.: des et de)	Travail devant le miroir, contrastant [e], lèvres étirées et [ə], lèvres arrondies.←⊣ ⊕
les [o] pas assez fermés, on les entend plutot comme [ɔ]	Travail devant le miroir, en contraste, avec [o] lèvres plus arrondies que pour [ɔ] ← ⊕
les [u] pas assez clairs, on entend [ɔ] ou [œ]	Travail devant le miroir, lèvres très arrondies en avant, langue massée en arrière de la bouche. ← ⊕
[a] prononcé [ə] en syllabe non accentuée (ex.: la dit comme le)	Toujours clair en français quelque soit sa position. Langue plate, bouche bien ouverte.

VOYELLES NASALES [ã] [õ] [ɛ̃]

ce que vous faites:	*remèdes*:
toutes dénasalisées	L'air doit passer par la bouche et le nez (contrôler en mettant les doigts sous les narines; on doit les sentir vibrer).
nasales, mais avec un [n] parasite	Lire en syllabes ouvertes, avec effort de tension articulatoire.
voyelles orales nasalisées devant [n] (ex.: dans Jeanne, bonne, pleine)	Lire en syllabes ouvertes. Exercices de contraste: Jean-Jeanne, bon- bonne, plein-pleine.

ce que vous faites:	*remèdes*:
les [õ] prononcés plutôt comme [ã]	Attention à la tension articulatoire Bien arrondir les lèvres. Travail devant le miroir. ⊕

SEMI-CONSONNES

ce que vous faites:	*remèdes*:
le [j] pas assez net entre deux voyelles, ou en finale (ex.: voyage et fille)	Le dos de la langue doit remonter vers le palais et le fermer presque, avec un bruit très fortement mouillé, comme dans «yes» en anglais. Difficulté: la voyelle précédent le [j] final doit être ouverte: soleil, œil. [ɛ] [œ]
le [y] prononcé comme [w]	Partir de [y] (voir voyelles orales). Puis travailler d'abord le groupe [y−i] = [yi]. Prononcer rapidement, tendu, lèvres et langue comme pour siffler. Travail devant le miroir.

CONSONNES

ce que vous faites:	*remèdes*:
le [r] prononcé avec le bout de la langue (vers le palais), et la langue creusée (rétroflexe)	La pointe de la langue doit rester collée aux dents du bas, la langue est plate, l'arrière de la langue frotte la luette comme pour se gargariser. Travail au miroir pour vérifier la position de la langue.
le [r] bien placé, -uvulaire, mais dur, trop raclé, pas sonore.	Articuler avec plus de douceur. Dire «rourou» comme les pigeons, jusqu'à obtenir un [r] uvulaire sonore.
le [r] mal prononcé dans certaines positions seulement; par ordre de difficulté croissante: initial final intervocalique devant consonne après consonne	

ce que vous faites:	*remèdes:*
le [l] anglais: langue creusée en arrière de la pointe, qui touche le palais (surtout en finale)	Éviter de creuser la langue, faire effort pour la bomber. La pointe au niveau des alvéoles supérieures, les bords en contact avec le tour de la mâchoire supérieure. Travail devant le miroir.
les [t] [d] [n], comme en anglais pointe de la langue sur les alvéoles.	La pointe de la langue doit être au niveau du tranchant des incisives supérieures.
les [p] [t] [k], trop explosifs en initiale, passage d'air en force.	Exercices en tenant une feuille de papier devant la bouche. Tendre les muscles de la gorge comme pour tousser puis prononcer [p] [t] [k]: la feuille ne doit pas bouger.
combinaison [sj] + voyelle prononcée: [ʃ] = ch (ex.: dans Monsieur, nation) combinaison [zj] + voyelle prononcée [ʒ] = j (ex.: mes yeux)	Le [s] et le [z] français s'articulent avec la pointe de la langue derrière les dents inférieures; garder cette position pendant l'articulation de [j] et de la voyelle.
confusion entre [s] et [z] (ex.: ils sont et ils ont)	Exercices en contraste: doigts sur le larynx: [z] le larynx vibre [s] le larynx ne vibre pas.
[ʒ] en initiale précédé de [d] comme dans «joy» en anglais.	Ne pas mettre la pointe de la langue en contact avec les dents. L'effet doit être le même que dans le mot anglais «pleasure»

Synthèse des observations

Appendice B

Formes orales du verbe

La conjugaison française est grandement simplifiée par la phonétique parce que les formes orales sont moins nombreuses que les formes écrites (trois ou quatre au lieu de six) et que beaucoup de verbes irréguliers sont en fait réguliers par la prononciation.

Les numéros du tableau indiquent les trois personnes du pluriel (1: nous, 2: vous, 3: ils) et du singulier (4: je, 5: tu, 6: il). La «base 1» est la forme du *présent de l'indicatif, première personne du pluriel,* moins la désinence (-ons); la «base 3» est la troisième personne du pluriel, et la «base 5», la troisième personne du singulier.

Le Glossaire indiquera la classe de chaque verbe (sauf ceux de la classe I).

Si nous cherchons le conditionnel de **convenir** (classe II, b), il faut ajouter les désinences du tableau à la «base 5»: nous **convien** | drions, vous **convien** | driez, ils-je-tu-il [convjɛ̃drɛ].

Avec un peu de pratique, les formes du tableau doivent être acquises. Ainsi tous les conditionnels de verbes comme **vendre** ou **venir** ont une même terminaison qu'on peut retenir. C'est par ce genre d'analogie que les Français ont appris leurs verbes et non par la répétition des conjugaisons. Ces dernières sont utiles pour apprendre l'orthographe, une fois maîtrisée la prononciation des verbes «régularisés» par la prononciation.

CLASSE I   *Base*: PRÉSENT DE L'INDICATIF

	Ia			Ib		
1 nous parlons	*base* 1	[parl − ɔ̃]	nous levons	*base* 1	[ləv − ɔ̃]
2 vous parlez		[parl − e]	vous levez		[ləv − e]
3 ils parlent	*base* 3	[parl]	ils lèvent	*base* 3	[lɛv]
4 je parle		[parl]	je léve		[lɛv]
5 tu parles	*base* 5	[parl]	tu lèves	*base* 5	[lɛv]
6 il parle		[parl]	il lève		[lɛv]

IMPARFAIT DE L'INDICATIF

1 nous parlions		[− jɔ̃]
2 vous parliez		[− je]
3 ils parlaient		[− ɛ]
4 je parlais	*base* 1	[− ɛ]
5 tu parlais		[− ɛ]
6 il parlait		[− ɛ]

SUBJONCTIF NO. 1

1	base 1	[−jɔ̃]
2	base 1	[−je]
3, 4, 5, 6	base 3	

FUTUR

1, 3			[−rɔ̃]
2, 4	(une consonne)	base 5	[−re]
5, 6			[−ra]
1, 3			[−ərɔ̃]
2, 4	(deux consonnes)	base 5	[−əre]
5, 6			[−əra]

CONDITIONNEL PRÉSENT

1		[−ərjɔ̃]
2	base 5	[−ərje]
3, 4, 5, 6		[−rɛ]

PARTICIPES

PRÉSENT	base 1	[−ã]
PASSÉ	base 1	[−e]

INFINITIF

parler [parl −e] base 1 [−e] [ləv −e] lever

comme parler:
  presque tous les verbes en −**er**

  quelques verbes en −**ir** :
    assaillir (*part. passé* assailli)
    cueillir (*part. passé* cueilli)
    tressaillir (*part. passé* tressailli)

comme lever :

base 1 : [ə] ⎰ acheter / appeler / jeter / geler / mener ⎱ base 3 : [ɛ]

base 1 : [e] préférer

CLASSE II   *Base* : PRÉSENT DE L'INDICATIF

IIa			IIb		
1 nous vendons	base 1	[vãd −ɔ̃]	nous prenons	base 1	[prən −ɔ̃]
2 vous vendez		[vãd −e]	vous prenez		[prən −e]
3 ils vendent	base 3	[vãd]	ils prennent	base 3	[prɛn]
4 je vends		[vã]	je prends		[pɾã]*
5 tu vends	base 5	[vã]	tu prends	base 5	[pɾã]*
6 il vend		[vã]	il prend		[pɾã]*

* nasalisation

IMPARFAIT DE L'INDICATIF

1 nous prenions		[−jɔ̃]
2 vous preniez	base 1	[−je]
3, 4, 5, 6		[−ɛ]

SUBJONCTIF NO. 1

1	*base* 1	[−jɔ̃]
2	*base* 1	[−je]
3, 4. 5. 6,	*base* 3	

FUTUR

1, 3		[−drɔ̃]
2, 4	*base* 5	[−dre]
5, 6		[−dra]

CONDITIONNEL PRÉSENT

1		[−drijɔ̃]
2	*base* 5	[−drije]
3, 4, 5, 6		[−drɛ]

PARTICIPES

PRÉSENT	*base* 1	[−ã]	
PASSÉ	*base* 1 [−y]	*base* 5	(*sauf* pris)

INFINITIF

vendre   [vã − drə]   *base* 5   [−drə]   [prã − drə]   prendre

comme vendre:	*comme* prendre:
attendre	comprendre
descendre	méprendre
pendre	surprendre
rendre	craindre (1&3 [krɛɲ], 5 [krɛ̃])
bases irrégulières:	plaindre (1&3 [plɛɲ-], 5 [plɛ̃])
résoudre (1&3 [rezolv-], 5 [rezu])	peindre (1&3 [pɛɲ-], 5 [pɛ̃])
moudre (1&3 [mul-], 5 [mu])	teindre (1&3 [tɛɲ-], 5 [tɛ̃])
coudre (1&3 [kuz-], 5 [ku])	joindre (1&3 [ʒwaɲ-), 5 [ʒwɛ̃])
participe passé irrégulier:	*bases irrégulières*:
résoudre (résolu)	tenir (tən-], [tjɛn-]) tenu
	venir ([vən-], [vjɛn-]) venu

CLASS III   *Base*: PRÉSENT DE L'INDICATIF

1 nous finissons	*base* 1	[finis − ɔ̃]	*irréguliers*	disons
2 vous finissez		[finis −e]	*partiels*:	dites
3 ils finissent	*base* 3	[finis]		disent
4 je finis		[fini]		dis
5 tu finis	*base* 5	[fini]		dis
6 il finit		[fini]		dit

IMPARFAIT DE L'INDICATIF

1 nous finissions		[−jɔ̃]
2 vous finissiez	*base* 1	[−je]
3, 4, 5, 6		[−ɛ]

SUBJONCTIF NO. 1

1	*base* 1	$[-j\tilde{ɔ}]$
2	*base* 1	$[-je]$
3, 4, 5, 6	*base* 3	

FUTUR

1, 3		$[-r\tilde{ɔ}]$
2, 4	*base* 5	$[-re]$
5, 6		$[-ra]$

CONDITIONNEL PRÉSENT

1		$[-rj\tilde{ɔ}]$
2	*base* 5	$[-rje]$
3, 4, 5, 6		$[-rɛ]$

PARTICIPES

PRÉSENT	*base* 1	$[-\tilde{a}]$
PASSÉ	*base* 5	

INFINITIF

finir   [fini $-$ r]   *base* 5 $-$ r | *irréguliers*: *base* 3 $-$ r
                                                   exemple: vivre

comme finir: *comme* vivre (vivons, vécu):
   choisir (choisissons)   battre (battons, battu)
   conduite (conduisons)   mettre (mettons, mis)
   conclure (concluons)   suivre (suivons, suivi)
   cuire (cuisons)
   écrire (écrivons)   s'asseoir (asseyons, assoyons
   s'enfuir (enfuyons)   asseyent, assoient
   luire (luisons)   assied, assoit
   rire (rions)   *part. passé* assis)
   suffire (suffisons)   *participe passé irrégulier*:
   traire (trayons)   croire (croyons, cru)
                                                      lire (lisons, lu)
                                                      plaire (plaisons, plu)

CLASSE IV   *Base*: PRÉSENT DE L'INDICATIF

	IVa			IVb		
1 nous partons	*base* 1	[part $-\tilde{ɔ}$]	nous couvrons	*base* 1	[kuvr $-\tilde{ɔ}$]
2 vous partez		[part $-e$]	vous couvrez		[kuvr $-e$]
3 ils partent	*base* 3	[part]	ils couvrent		[kuvr]
4 je pars		[par]	je couvre		[kuvr]
5 tu pars	*base* 5	[par]	tu couvres		[kuvr]
6 il part		[par]	il couvre		[kuvr]

		IMPARFAIT DE L'INDICATIF		
1 nous partions		[−jɔ̃]		[−ijɔ̃]
2 vous partiez	*base* 1	[−je]	*base* 1	[−ije]
3, 4, 5, 6		[−ɛ]		[−ɛ]

		SUBJONCTIF NO. 1		
1	*base* 1	[−jɔ̃]	*base* 1	[−ijɔ̃]
2	*base* 1	[−je]	*base* 1	[−ije]
3, 4, 5, 6	*base* 3		*base* 3	

		FUTUR	
1, 3		[−irɔ̃]	
2, 4	*base* 1	[−ire]	
5, 6		[−ira]	

		CONDITIONNEL PRÉSENT	
1		[−irjɔ̃]	
2	*base* 1	[−irje]	
3, 4, 5, 6		[−irɛ]	

		PARTICIPES		
PRÉSENT		*base* 1	[−ã]	
PASSÉ	*base* 1	[−i]		*irrégulier* : couvert

		INFINITIF			
partir	[part −ir]	*base* 1	−ir	[kuvr −ir]	couvrir

comme partir :	*comme* couvrir :
dormir	ouvrir
sentir	offrir
mentir	souffrir
servir	
sortir	
bouillir	

Formes écrites du verbe

Les problèmes de l'orthographe du verbe en français sont bien différents de la simplicité relative que présentent les formes orales indiquées au tableau précédent. Il en résulte que l'organisation des verbes en classes change beaucoup si on passe de l'oral à l'écrit.

CLASSE 1: parler

Infinitif: parler; *infinitif passé*: avoir parlé; *futur*: parlerai; *conditionnel*: parlerais
Participe présent: parlant; *indicatif imparfait*: parlais; *subjonctif présent*: parle, parles, parle, parlions, parliez, parlent

Participe passé: parlé; *passé composé*: ai parlé; *plus-que-parfait*: avais parlé; *passé antérieur*: eus parlé; *futur antérieur*: aurai parlé; *conditionnel passé*: aurais parlé; *subjonctif passé*: aie parlé; *subjonctif plus-que-parfait*: eusse parlé

Indicatif présent: parle, parles, parle, parlons, parlez, parlent; *impératif*: parle, parlons, parlez

Passé simple: parlai; *subjonctif imparfait*: parlasse

*Verbes en **-er**, orthographes irregulières*

1. Acheter

Indicatif présent: achète, achètes, achète, achètent; *futur*: achèter + ai, as, a, ons, ez, ont.

Comme acheter: lever

2. Appeler

Indicatif présent: appelle, appelles, appelle, appellent; *futur*: appeller + ai, as, a, ons, ez, ont.

3. Ennuyer

Indicatif présent: ennuie, ennuies, ennuie, ennuient; *futur*: ennuier + ai, as, a, ons, ez, ont

Comme ennuyer: nettoyer, payer

4. Espérer

Indicatif présent: espère, espères, espère, espèrent

Comme espérer: préférer

5. Jeter

Indicatif présent: jette, jettes, jette, jettent; *futur*: jetter + ai, as, a, ons, ez, ont.

6. Manger

Indicatif présent: nous mangeons; *indicatif imparfait*: mangeais, mangeais, mangeait, mangeaient; *participe présent*: mangeant

Comme manger: changer, plonger

CLASSE I: Irréguliers en **-er**

1. Aller

Infinitif: aller; *infinitif passé*: être allé; *futur*: irai; *conditionnel*: irais

Participe présent: allant; *indicatif imparfait*: allais; *subjonctif présent*: aille, ailles, aille, allions, alliez, aillent

Participe passé: allé; *passé composé*: suis allé; *plus-que-parfait*: étais allé; *passé antérieur*: fus allé; *futur antérieur*: serai allé; *conditionnel passé*: serais allé; *subjonctif passé*: sois allé; *subjonctif plus-que-parfait*: fusse allé

Indicatif présent: vais, vas, va, allons, allez, vont; *impératif*: va, allons, allez

Passé simple: allai; *subjonctif imparfait*: allasse

2. Envoyer

Infinitif: envoyer; *infinitif passé*: avoir envoyé; *futur*: enverrai; *conditionnel*: enverrais

Participe présent: envoyant; *indicatif imparfait*: envoyais; *subjonctif présent*: envoie, envoies, envoie, envoyions, envoyiez, envoient

Participe passé: envoyé; *passé composé*: ai envoyé; *plus-que-parfait*: avais envoyé; *passé antérieur*: eus envoyé; *futur antérieur*: aurai envoyé; *conditionnel passé*: aurais envoyé; *subjonctif passé*: aie envoyé; *subjonctif plus-que-parfait*: eusse envoyé

Indicatif présent: envoie, envoies, envoyons, envoyez, envoient; *impératif*: envoie, envoyons, envoyez

Passé simple: envoyai; *subjonctif imparfait*: envoyasse

CLASSE II: sort**ir**, entend**re**, recev**oir**

CLASSE IIA: verbes en **-ir**

1. Courir

Infinitif: courir; *infinitif passé*: avoir couru; *futur*: courrai; *conditionnel*: courrais

Participe présent: courant; *indicatif imparfait*: courais; *subjonctif présent*: coure, coures, coure, courions, couriez, courent

Participe passé: couru; *passé composé*: ai couru; *plus-que-parfait*: avais couru; *passé antérieur*: eus couru; *futur antérieur*: aurai couru; *conditionnel passé*: aurais couru; *subjoncitf passé*: aie couru; *subjonctif plus-que-parfait*: eusse couru

Indicatif présent: cours, cours, court, courons, courez, courent; *impératif*: cours, courons, courez

Passé simple: courus; *subjonctif imparfait*: courusse

2. Mourir

Infinitif: mourir; *infinitif passé*: être mort; *futur*: mourrai; *conditionnel*: mourrais

Participe présent: mourant; *indicatif imparfait*: mourais; *subjonctif présent*: meure, meures, meure, mourions, mouriez, meurent

Participe passé: mort: *passé composé*: suis mort; *plus-que-parfait*: étais mort; *passé antérieur*: fus mort; *futur antérieur*: serai mort; *conditionnel passé*: serais mort; *subjonctif passé*: sois mort; *subjonctif plus-que-parfait*: fusse mort

Indicatif présent: meurs, meurs, meurt, mourons, mourez, meurent; *impératif*: meurs, mourons, mourez

Passé simple: mourus; *subjonctif imparfait*: mourusse

3. Ouvrir

Infinitif: ouvrir; *infinitif passé*: avoir ouvert; *futur*: ouvrirai; *conditionnel*: ouvrirais

Participe présent: ouvrant; *indicatif imparfait*: ouvrais; *subjonctif présent*: ouvre, ouvres, ouvre, ouvrions, ouvriez, ouvrent

Participe passé: ouvert: *passé composé*: ai ouvert; *plus-que-parfait*: avais ouvert; *passé antérieur*: eus ouvert; *futur antérieur*: aurai ouvert; *conditionnel passé*: aurais ouvert; *subjonctif passé*: aie ouvert; *subjonctif plus-que-parfait*: eusse ouvert

Indicatif présent: ouvre, ouvres, ouvre, ouvrons, ouvrez, ouvrent; *impératif*: ouvre, ouvrons, ouvrez
Passé simple: ouvris; *subjonctif imparfait*: ouvrisse
Comme ouvrir: souffrir, couvrir

4. Sortir

Infinitif: sortir; *infinitif passé*: être sorti; *futur*: sortirai; *conditionnel*: sortirais
Participe présent: sortant; *indicatif imparfait*: sortais; *subjonctif présent*: sorte, sortes, sorte, sortions, sortiez, sortent
Participe passé: sorti; *passé composé*: suis sorti; *plus-que-parfait*: étais sorti; *passé antérieur*: fus sorti; *futur antérieur*: serai sorti; *conditionnel passé*: serais sorti; *subjonctif passé*: sois sorti; *subjonctif plus-que-parfait*: fusse sorti
Indicatif présent: sors, sors, sort, sortons, sortez, sortent; *impératif*: sors, sortons, sortez
Passé simple: sortis; *subjonctif imparfait*: sortisse
Comme sortir: partir, servir, dormir, sentir

5. Tenir

Infinitif: tenir; *infinitif passé*: avoir tenu; *futur*: tiendrai; *conditionnel*: tiendrais
Participe présent: tenant; *indicatif imparfait*: tenais, *subjonctif présent*: tienne, tiennes, tienne, tenions, teniez, tiennent
Participe passé: tenu: *passé composé*: ai tenu; *plus-que-parfait*: avais tenu; *passé antéreur*: eus tenu; *futur antérieur*: aurai tenu; *conditionnel passé*: aurais tenu; *subjonctif passé*: aie tenu; *subjonctif plus-que-parfait*: eusse tenu
Indicatif présent: tiens, tiens, tient, tenons, tenez, tiennent; *impératif*: tiens, tenons, tenez
Passé simple: tins; *subjonctif imparfait*: tinsse
Comme tenir: venir

CLASSE IIB: verbes en **-re**

1. Boire

Infinitif: boire; *infinitif passé*: avoir bu; *futur*: boirai; *conditionnel*: boirais
Participe présent: buvant; *indicatif imparfait*: buvais; *subjonctif présent*: boive, boives, boive, buvions, buviez, boivent
Participe passé: bu; *passé composé*: ai bu; *plus-que-parfait*: avais bu; *passé antérieur*: eus bu; *futur antérieur*: aurai bu; *conditionnel passé*: aurais bu; *subjonctif passé*: aie bu; *subjonctif plus-que-parfait*: eusse bu
Indicatif présent: bois, bois, boit, buvons, buvez, boivent; *impératif*: bois, buvons, buvez
Passé simple: bus; *subjonctif imparfait*: busse

2. Conduire

Infinitif: conduire; *infinitif passé*: avoir conduit; *futur*: conduirai; *conditionnel*: conduirais
Participe présent: conduisant; *indicatif imparfait*: conduisais; *subjonctif présent*: conduise, conduises, conduise, conduisions, conduisiez, conduisent

Participe passé: conduit; *passé composé*: ai conduit; *plus-que-parfait*: avais conduit; *passé antérieur*: eus conduit; *futur antérieur*: aurai conduit; *conditionnel passé*: aurais conduit; *subjonctif passé*: aie· conduit; *subjonctif plus-que-parfait*: eusse conduit
Indicatif présent: conduis, conduis, conduit, conduisons, conduisez, conduisent; *impératif*: conduis, conduisons, conduisez
Passé simple: conduisis; *subjonctif imparfait*: conduisisse

3.   Craindre

Infinitif: craindre; *infinitif passé*: avoir craint; *futur*: craindrai; *conditionnel*: craindrais
Participe présent: craignant; *indicatif imparfait*: craignais; *subjonctif présent*: craigne craignes, craigne, craignions, craigniez, craignent
Participe passé: craint; *passé composé*: ai craint; *plus-que-parfait*: avais craint; *passé antérieur*: eus craint; *futur antérieur*: aurai craint; *conditionnel passé*: aurais craint *subjonctif passé*: aie craint; *subjonctif plus-que-parfait*: eusse craint
Indicatif présent: crains, crains, craint, craignons, craignez, craignent; *impératif*: crains, craignons, craignez
Passé simple: craignis; *subjonctif imparfait*: craignisse
Comme craindre: éteindre, peindre, plaindre

4.   Croire

Infinitif: croire; *infinitif passé*: avoir cru; *futur*: croirai; *conditionnel*: croirais
Participe présent: croyant; *indicatif imparfait*: croyais; *subjonctif présent*: croie, croies, croie, croyions, croyiez, croient
Participe passé: cru; *passé composé*: ai cru; *plus-que-parfait*: avais cru; *passé antérieur*: eus cru; *futur antérieur*: aurai cru; *conditionnel passé*: aurais cru; *subjonctif passé*: aie cru; *subjonctif plus-que-parfait*: eusse cru
Indicatif présent: crois, crois, croit, croyons, croyez, croient; *impératif*: crois, croyons, croyez
Passé simple: crus; *subjonctif imparfait*: crusse

5.   Dire

Infinitif: dire; *infinitif passé*: avoir dit; *futur*: dirai; *conditionnel*: dirais
Participe présent: disant; *indicatif imparfait*: disais; *subjonctif présent*: dise, dises, dise, disions, disiez, disent
Participe passé: dit; *passé composé*: ai dit; *plus-que-parfait*: avais dit; *passé antérieur*: eus dit; *futur antérieur*: aurai dit; *conditionnel passé*: aurais dit; *subjonctif passé*: aie dit; *subjonctif plus-que-parfait*: eusse dit
Indicatif présent: dis, dis, dit, disons, dites, disent; *impératif*: dis, disons, dites
Passé simple: dis; *subjonctif imparfait*: disse

6.   Écrire

Infinitif: écrire; *infinitif passé*: avoir écrit; *futur*: écrirai; *conditionnel*: écrirais
Participe présent: écrivant; *indicatif imparfait*: écrivais; *subjonctif présent*: écrive, écrives, écrive, écrivions, écriviez, écrivent

Participe passé: écrit; *passé composé*: ai écrit; *plus-que parfait*: avais écrit; *passé antérieur*: eus écrit; *futur antérieur*: aurai écrit; *conditionnel passé*: aurais écrit; *subjonctif passé*: aie écrit; *subjonctif plus-que-parfait*: eusse écrit

Indicatif présent: écris, écris, écrit, écrivons, écrivez, écrivent; *impératif*: écris, écrivons, écrivez

passé simple: écrivis; *subjonctif imparfait*: écrivisse

7. Faire

Infinitif: faire; *infinitif passé*: avoir fait; *futur:* ferai; *conditionnel*: ferais

Participe présent: faisant; *indicatif imparfait*: faisais; *subjonctif présent*: fasse, fasses, fasse, fassions, fassiez, fassent

Participe passé: fait; *passé composé*: ai fait; *plus-que-parfait*: avais fait; *passé antérieur*: eus fait; *futur antérieur*: aurai fait; *conditionnel passé*: aurais fait; *subjonctif passé*: aie fait; *subjonctif plus-que-parfait*: eusse fait

Indicatif présent: fais, fais, fait, faisons, faites, font; *impératif*: fais, faisons, faites

Passé simple: fis; *subjonctif imparfait*: fisse

8. Lire

Infinitif: lire; *infinitif passé*: avoir lu; *futur*: lirai; *conditionnel*: lirais

Participe présent: lisant; *indicatif imparfait*: lisais; *subjonctif présent*: lise, lises, lise, lisions, lisiez, lisent

Participe passé: lu; *passé composé*: ai lu; *plus-que-parfait*: avais lu; *passé antérieur*: eus lu; *futur antérieur*: aurai lu; *conditionnel passé*: aurais lu; *subjonctif passé*: aie lu; *subjonctif plus-que-parfait*: eusse lu

Indicatif présent: lis, lis, lit, lisons, lisez, lisent; *impératif*: lis, lisons, lisez

Passé simple: lus; *subjonctif imparfait*: lusse

9. Mettre

Infinitif: mettre; *infinitif passé*: avoir mis; *futur*: mettrai; *conditionnel*: mettrais

Participe présent: mettant; *indicatif imparfait*: mettais; *subjonctif présent*: mette, mettes, mette, mettions, mettiez, mettent

Participe passé: mis; *passé composé*: ai mis; *plus-que-parfait*: avais mis; *passé antérieur*: eus mis; *futur antérieur*: aurai mis; *conditionnel passé*: aurais mis; *subjonctif passé*: aie mis; *subjonctif plus-que-parfait*: eusse mis

Indicatif présent: mets, mets, met, mettons, mettez, mettent; *impératif*: mets, mettons mettez

Passé simple: mis; *subjonctif imparfait*: misse

Comme mettre: promettre, permettre

10. Naître

Infinitif: naître; *infinitif passé*: être né; *futur*: naîtrai; *conditionnel*: naîtrais

Participe présent: naissant; *indicatif imparfait*: naissais; *subjonctif présent*: naisse, naisses, naisse, naissions, naissiez, naissent

Participe passé: né; *passé composé*: suis né; *plus-que-parfait*: étais né; *passé antérieur*: fus né; *futur antérieur*: serai né; *conditionnel passé*: serais né; *subjonctif passé*: sois né; *subjonctif plus-que-parfait*: fusse né

Indicatif présent: nais, nais, naît, naissons, naissez, naissent; *impératif*: nais, naissons, naissez
Passé simple: naquis; *subjonctif imparfait*: naquisse

11. Paraître

Infinitif: paraître; *infinitif passé*: paru; *futur*: paraîtrai; *conditionnel*: paraîtrais
Participe présent: paraissant; *indicatif imparfait*: paraissais; *subjonctif présent*: paraisse, paraisses, paraisse, paraissions, paraissiez, paraissent
Participe passé: paru; *passé composé*: ai paru; *plus-que-parfait*: avais paru; *passé antérieur*: eus paru; *futur antérieur*: aurai paru; *conditionnel passé*: aurais paru; *subjonctif passé*: aie paru; *subjonctif plus-que-parfait*: eusse paru
Indicatif présent: parais, parais, paraît, paraissons, paraissez, paraissent; *impératif*: parais, paraissons, paraissez
Passé simple: parus; *subjonctif imparfait*: parusse

12. Prendre

Infinitif: prendre; *infinitif passé*: avoir pris; *futur*: prendrai; *conditionnel*: prendrais
Participe présent: prenant; *indicatif imparfait*: prenais; *subjonctif présent*: prenne, prennes, prenne, prenions, preniez, prennent
Participe passé: pris; *passé composé*: ai pris; *plus-que-parfait*: avais pris; *passé antérieur*: eus pris; *futur antérieur*: aurai pris; *conditionnel antérieur*: aurais pris; *subjonctif passé*: aie pris; *subjonctif plus-que-parfait*: eusse pris
Indicatif présent: prends, prends, prend, prenons, prenez, prennent; *impératif*: prends, prenons, prenez
Passé simple: pris; *subjonctif imparfait*: prisse
Comme prendre: comprendre, apprendre

13. Rire

Infinitif: rire; *infinitif passé*: avoir ri; *futur*: rirai; *conditionnel*: rirais
Participe présent: riant; *indicatif imparfait*: riais; *subjonctif présent*: rie, ries, rie, riions, riiez, rient
Participe passé: ri; *passé composé*: ai ri; *plus-que-parfait*: avais ri; *passé antérieur*: eus ri; *futur antérieur*: aurai ri; *conditionnel passé*: aurais ri; *subjonctif passé*: aie ri; *subjonctif plus-que-parfait*: eusse ri
Indicatif présent: ris, ris, rit, rions, riez, rient; *impératif*: ris, rions, riez
Passé simple: ris; *subjonctif imparfait*: risse
Comme rire: sourire

14. Suffire

Infinitif: suffire; *infinitif passé*: avoir suffi; *futur*: suffirai; *conditionnel*: suffirais
Participe présent: suffisant; *indicatif imparfait*: suffisais; *subjonctif présent*: suffise, suffises, suffise, suffisions, suffisiez, suffisent
Participe passé: suffi; *passé composé*: ai suffi; *plus-que-parfait*: avais suffi; *passé antérieur*: eus suffi; *futur antérieur*: aurai suffi; *conditionnel passé*: aurais suffi; *subjonctif passé*: aie suffi; *subjonctif plus-que-parfait*: eusse suffi

Indicatif présent: suffis, suffis, suffit, suffisons, suffisez, suffisent; *impératif*: suffis, suffisons, suffisez
Passé simple: suffis; *subjonctif imparfait*: suffise

15. Suivre

Infinitif: suivre; *infinitif passé*: avoir suivi; *futur*: suivrai; *conditionnel*: suivrais
Participe présent: suivant; *indicatif imparfait*: suivais; *subjonctif présent*: suive, suives, suive, suivions, suiviez, suivent
Participe passé: suivi; *passé composé*: ai suivi; *plus-que-parfait*: avais suivi; *passé antérieur*: eus suivi; *futur antérieur*: aurai suivi; *conditionnel passé*: aurais suivi; *subjonctif passé*: aie suivi; *subjonctif plus-que-parfait*: eusse suivi
Indicatif présent: suis, suis, suit, suivons, suivez, suivent; *impératif*: suis, suivons, suivez
Passé simple: suivis; *subjonctif imparfait*: suivisse

16. Taire

Infinitif: taire; *infinitif passé*: avoir tu; *futur*: tairai; *conditionnel*: tairais
Participe présent: taisant; *indicatif imparfait*: taisais; *subjonctif présent*: taise, taises, taise, taisions, taisiez, taisent
Participe passé: tu; *passé composé*: ai tu; *plus-que-parfait*: avais tu, *passé antérieur*: eus tu; *futur antérieur*: aurai tu; *conditionnel passé*: aurais tu; *subjonctif passé*: aie tu; *subjonctif plus-que-parfait*: eusse tu
Indicatif présent: tais, tais, tait, taisons, taisez, taisent; *impératif*: tais, taisons, taisez
Passé simple: tus; *subjonctif imparfait*: tusse
Comme taire: plaire

17. Tendre

Infinitif: tendre; *infinitif passé*: avoir tendu; *futur*: tendrai; *conditionnel*: tendrais
Participe présent: tendant; *indicatif imparfait*: tendais; *subjonctif présent*: tende, tendes, tende, tendions, tendiez, tendent
Participe passé: tendu; *passé composé*: ai tendu; *plus-que-parfait*: avais tendu; *passé antérieur*: eus tendu; *futur antérieur*: aurai tendu; *conditionnel passé*: aurais tendu; *subjonctif passé*: aie tendu; *subjonctif plus-que-parfait*: eusse tendu
Indicatif présent: tends, tends, tend, tendons, tendez, tendent; *impératif*: tends, tendons, tendez
Passé simple: tendis; *subjonctif imparfait*: tendisse
Comme tendre: défendre, descendre, entendre, attendre, perdre, répondre, vendre

18. Vivre

Infinitif: vivre; *infinitif passé*: avoir vécu; *futur*: vivrai; *conditionnel*: vivrais
Participe présent: vivant; *indicatif imparfait*: vivais; *subjonctif présent*: vive, vives, vive, vivions, viviez, vivent
Participe passé: vécu; *passé composé*: ai vécu; *plus-que-parfait*: avais vécu; *passé antérieur*: eus vécu; *futur antérieur*: aurai vécu; *conditionnel passé*: aurais vécu; *subjonctif passé*: aie vécu; *subjonctif plus-que-parfait*: eusse vécu

Indicatif présent: vis, vis, vit, vivons, vivez, vivent; *impératif*: vis, vivons, vivez
Passé simple: vécus; *subjonctif imparfait*: vécusse

CLASSE IIC: verbes en -oir

1. Vouloir

Infinitif: vouloir; *infinitif passé*: avoir voulu; *futur:* voudrai; *conditionnel*: voudrais
Participe présent: voulant; *indicatif imparfait*: voulais; *subjonctif présent*: veuille,
  veuilles, veuille, voulions, vouliez, veuillent
Participe passé: voulu; *passé composé*: ai voulu; *plus-que-parfait*: avais voulu; *passé
  antérieur*: eus voulu; *futur antérieur*: aurai voulu; *conditionnel passé*: aurais
  voulu; *subjonctif passé*: aie voulu; *subjonctif plus-que-parfait*: eusse voulu
Indicatif présent: veux, veux, veut, voulons, voulez, veulent; *impératif*: veuille,
  voulons, voulez
Passé simple: voulus; *subjonctif imparfait*: voulusse

2. Falloir

Infinitif: falloir; *infinitif passé:* avoir fallu; *futur*: il faudra; *conditionnel*: il faudrait
Indicatif imparfait: il fallait; *subjonctif présent*: il faille
Participe passé: fallu; *passé composé*: il a fallu; *plus-que-parfait*: il avait fallu; *passé
  antérieur*: il eut fallu; *futur antérieur*: il aura fallu; *conditionnel passé*: il aurait
  fallu; *subjonctif passé*: il ait fallu; *subjonctif plus-que-parfait*: il eût fallu
Indicatif présent: il faut
Passé simple: il fallut; *subjonctif imparfait*: il fallût

3. Pleuvoir

Infinitif: pleuvoir; *infinitif passé*: avoir plu; *futur*: il pleuvra; *conditionnel*: il
  pleuvrait
Participe présent: pleuvant; *indicatif imparfait*: il pleuvait; *subjonctif présent*:
  il pleuve
Participe passé: plu; *passé composé*: il a plu; *plus-que-parfait*: il avait plu; *passé
  antérieur*: il eut plu; *futur antérieur*: il aura plu; *conditionnel passé*: il aurait plu;
  subjonctif passé: il ait plu; *subjonctif plus-que-parfait*: il eût plu
Indicatif présent: il pleut
Passé simple: il plut; *subjonctif imparfait*: il plût

4. Devoir

Infinitif: devoir; *infinitif passé*: avoir dû, due; *futur*: devrai; *conditionnel*: devrais
Participe présent: devant; *indicatif imparfait*: devais; *subjonctif présent*: doive,
  doives, doive, devions, deviez, doivent
Participe passé: dû; *passé composé*: ai dû; *plus-que-parfait*: avais dû; *passé
  antérieur*: eus dû; *futur antérieur*: aurai dû; *conditionnel passé*: aurais dû;
  subjonctif passé: aie dû; *subjonctif plus-que-parfait*: eusse dû
Indicatif présent: dois, dois, doit, devons, devez, doivent; *impératif*: dois, devons,
  devez
Passé simple: dus; *subjonctif imparfait*: dusse

5. Voir

Infinitif: voir; *infinitif passé*: avoir vu; *futur*: verrai; *conditionnel*: verrais
Participe présent: voyant; *indicatif imparfait*: voyais; *subjonctif présent*: voie, voies, voie, voyions, voyiez, voient
Participe passé: vu; *passé composé*: ai vu; *plus-que-parfait*: avais vu; *passé antérieur*: eus vu; *futur antérieur*: aurai vu; *conditionnel passé*: aurais vu; *subjonctif passé*: aie vu; *subjonctif plus-que-parfait*: eusse vu
Indicatif présent: vois, vois, voit, voyons, voyez, voient; *impératif*: vois, voyons, voyez
Passé simple: vis; *subjonctif imparfait*: visse

6 Pouvoir

Infinitif: pouvoir; *infinitif passé*: avoir pu; *futur*: pourrai; *conditionnel*: pourrais
Participe présent: pouvant; *indicatif imparfait*: pouvais; *subjonctif présent*: puisse, puisses, puisse, puissions, puissiez, puissent
Participe passé: pu; *passé composé*: ai pu; *plus-que-parfait*: avais pu; *passé antérieur*: eus pu; *futur antérieur*: aurai pu; *conditionnel passé*: aurais pu; *subjonctif passé*: aie pu; *subjonctif plus-que-parfait*: eusse pu
Indicatif présent: peux, peux, peut, pouvons, pouvez, peuvent
Passé simple: pus; *subjonctif imparfait*: pusse

7. Savoir

Infinitif: savoir; *infinitif passé*: avoir su; *futur:* saurai; *conditionnel*: saurais
Participe présent: sachant; *indicatif imparfait*: savais; *subjonctif présent*: sache, saches, sache, sachions, sachiez, sachent
Participe passé: su; *passé composé*: ai su; *plus-que-parfait*: avais su; *passé antérieur*: eus su; *futur antérieur*: aurai su; *conditionnel passé*: aurais su; *subjonctif passé*: aie su; *subjonctif plus-que-parfait*: eusse su
Indicatif présent: sais, sais, sait, savons, savez, savent; *impératif*: sache, sachons, sachez
Passé simple: sus; *subjonctif imparfait*: susse

8. Décevoir

Infinitif: décevoir; *infinitif passé*: avoir déçu; *futur*: décevrai; *conditionnel*: décevrais
Participe présent: décevant; *indicatif imparfait*: décevais; *subjonctif présent*: déçoive, déçoives, déçoive, décevions, déceviez, déçoivent
Participe passé: déçu; *passé composé*: ai déçu; *plus-que-parfait*: avais déçu; *passé antérieur*: eus déçu; *futur antérieur*: aurai déçu; *conditionnel passé*: aurais déçu *subjonctif passé*: aie déçu; *subjonctif plus-que-parfait*: eusse déçu
Indicatif présent: déçois, déçois, déçoit, décevons, décevez, déçoivent; *impératif:* déçois, décevons, décevez
Passé simple: déçus; *subjonctif imparfait*: déçusse
Comme décevoir: apercevoir, recevoir

9. Asseoir

Infinitif: asseoir; *infinitif passé*: avoir assis; *futur:* assiérai *ou* assoirai; *conditionnel*: assiérais *ou* assoirais

Participe présent: asseyant *ou* assoyant; *indicatif imparfait*: asseyais *ou* assoyais; *subjonctif présent*: asseye, asseyes, asseye, asseyions, asseyiez, asseyent *ou* assoie, assoies, assoie, assoyions, assoyiez, assoient
Participe passé: assis; *passé composé*: ai assis; *plus-que-parfait*: avais assis; *passé antérieur*: eus assis; *futur antérieur*: aurai assis; *conditionnel passé*: aurais assis; *subjonctif passé*: aie assis; *subjonctif plus-que-parfait*: eusse assis
Indicatif présent: assieds, assieds, assied, asseyons, asseyez, asseyent, *ou* assois, assois, assoit, assoyons, assoyez, assoient; *impératif*: assieds, asseyons, asseyez *ou* assois, assoyons, assoyez
Passé simple: assis; *subjonctif imparfait*: assisse
Comme asseoir: s'asseoir

CLASSE III: finir

Infinitif: finir; *infinitif passé*: avoir fini; *futur*: finirai; *conditionnel*: finirais
Participe présent: finissant; *indicatif imparfait*: finissais; *subjonctif présent*: finisse, finisses, finisse, finissions, finissiez, finissent
Participe passé: fini; *passé composé*: ai fini; *plus-que-parfait*: avais fini; *passé antérieur*: eus fini; *futur antérieur*: aurai fini; *conditionnel passé*: aurais fini; *subjonctif passé*: aie fini; *subjonctif plus-que-parfait*: eusse fini
Indicatif présent: finis, finis, finit, finissons, finissez, finissent; *impératif*: finis finissons, finissez
Passé simple: finis; *subjonctif imparfait*: finisse

Verbe irrégulier en -ir

Haïr

Infinitif: haïr; *infinitif passé*: avoir haï; *futur*: haïrai; *conditionnel*: haïrais
Participe présent: haïssant; *indicatif imparfait*: haïssais; *subjonctif présent*: haïsse, haïsses, haïsse, haïssions, haïssiez, haïssent
Participe passé: haï; *passé composé*: ai haï; *plus-que-parfait*: avais haï; *passé antérieur*: eus haï; *futur antérieur*: aurai haï; *conditionnel passé*: aurais haï; *subjonctif passé*: aie haï; *subjonctif plus-que-parfait*: eusse haï
Indicatif présent: hais, hais, hait, haïssons, haïssez, haïssent; *impératif*: hais, haïssons, haïssez
Passé simple: haïs; *subjonctif imparfait*: haïsse

Avoir

Infinitif: avoir; *infinitif passé*: avoir eu; *futur*: aurai; *conditionnel*: aurais
Participe présent: ayant; *indicatif imparfait*: avais; *subjonctif présent*: aie, aies, ait, ayons, ayez, aient
Participe passé: eu; *passé composé*: ai eu; *plus-que-parfait*: avais eu; *passé antérieur*: eus eu; *futur antérieur*: aurai eu; *conditionnel passé*: aurais eu; *subjonctif passé*: aie eu; *subjonctif plus-que-parfait*: eusse eu
Indicatif présent: ai, as, a, avons, avez, ont; *impératif*: aie, ayons, ayez
Passé simple: eus; *subjonctif imparfait*: eusse

Être

Infinitif: être; *infinitif passé*: ayant été; *futur*: serai; *conditionnel*: serais

Participe présent: étant; *indicatif imparfait*: étais; *subjonctif présent*: sois, sois, soit, soyons, soyez, soient

Participe passé: été; *passé composé*: ai été; *plus-que-parfait*: avais été; *passé antérieur*: eus été; *futur antérieur*: aurai été; *conditionnel passé*: aurais été; *subjonctif passé*: aie été; *subjonctif plus-que-parfait*: eusse été

Indicatif présent: suis, es, est, sommes, êtes, sont; *impératif*: sois, soyons, soyez

Passé simple: fus; *subjonctif imparfait*: fusse

Ordre du groupe verbal

sujet	négation	pronom direct indirect réfléchi	pronom direct	pronom indirect	verbe auxiliaire	négation	participe passé
	ne			y en		pas plus jamais	
je		me					
tu		te					
il			le				
		se		lui			
elle			la				
on		se					
nous		nous					
vous		vous					
ils							
		se	les	leur			
elles							

EXEMPLES:

Je ne vous l'ai pas donné.
Je ne me suis pas trompé.
Je ne la lui ai jamais donnée.

Vous ne vous en souvenez pas.
Vous ne me l'avez pas donné.
Vous ne les leur avez jamais donnés.

Il ne s'en souvient pas.
Il ne vous l'a pas donné.
Il ne lui en a plus parlé.

Appendice D

C'est ... Il est

I. Nom

	déterminant	adjectif	nom	complément du nom
C'est ——— Ce sont	un, une, des de mon, etc. tout aucun chaque le, la, les	vieux	professeur ville lui, elle	de français de Jean qui parle dont je parle où nous allons que j'aime
Il est ——— Ils sont		professeur* bon prof. mauvais prof. beau joueur		

*Nom qui fonctionne comme adjectif.

II. Adjectif, Adverbe, Préposition

référence spécifique	référence non-spécifique
Il est idiot (Henri) (son discours) Il est ici (mon frère) Il est en France (Henri)	C'est idiot (ce qu'il dit) C'est ici (qu'il habite) C'est en France (qu'il est)

III. Propositions adjectivales

La planche	c'est difficile à faire	
	Il est difficile de faire	la planche
Il viendra	c'est probable	
	Il est probable qu'	il viendra

EXERCICES ORAUX

A. *Expansion*

1. (un) Il est professeur.   C'est un professeur.
   (bon)   C'est un bon professeur.
   (de français)   C'est un bon professeur de français.
2. (un) Il est catholique.   C'est un catholique.
   (un) Il est français.   C'est un Français.
   (des) Ils sont soldats.   Ce sont des soldats.
   (des) Ils sont idiots.   Ce sont des idiots.
3. (le) Il est français; il s'en va demain.   C'est le Français qui s'en va demain.
   (les) Ils sont professeurs. Ils arrivent.   Ce sont les professeurs qui arrivent.
   (la) Elle est aveugle. Elle passe.   C'est l'aveugle qui passe.

B. *Transformation*

1. Il est bon ce livre?   C'est un bon livre?
   Elle est bonne la soupe?   C'est une bonne soupe?
   Il n'est pas gentil, ce garçon!   Ce n'est pas un gentil garçon!
   Ils ne sont pas doux, ces cigares!   Ce ne sont pas des cigares doux!
2. C'est un joli chapeau.   Il est joli, ce chapeau.
   Ce sont des meubles anciens.   Ils sont anciens, ces meubles.
   Ce n'était pas un vieux cheval.   Il n'était pas vieux, ce cheval.
   Est-ce une grande voiture?   Elle est grande, votre voiture?
3. Voler un avion, c'est facile.   Il est facile de voler un avion.
   Faire voler un avion, c'est difficile.   Il est difficile de faire voler un avion.
   Voyager, c'est intéressant.   Il est intéressant de voyager.
   Vous parler, c'est agréable.   Il est agréable de vous parler.
4. C'est un exercice difficile à faire.   Il est difficile de faire cet exercice.
   C'est une robe facile à repasser.   Il est facile de repasser cette robe.
   C'est une ville difficile à oublier.   Il est difficile d'oublier cette ville.
   C'est un pays facile à voir.   Il est facile de voir ce pays.
5. Il est triste de vivre vieux.   Ce qui est triste, c'est de vivre vieux.
   Il me plaît de lire tard.   Ce qui me plaît, c'est de lire tard.
   Il est juste de punir les chefs.   Ce qui est juste, c'est de punir les chefs.

C. *Questions*

(midi) Quelle heure est-il?   Il est midi.
(tard) Quelle heure était-il?   Il était tard.
(trois heures) Quelle heure est-il?   Il est trois heures.
(hier matin) Quand était-ce?   C'était hier matin.
(aujourd'hui) Quel jour vient-il?   C'est aujourd'hui.
(ce soir) Quand le bal a-t-il lieu?   C'est ce soir.
(étudiant) Que fait votre frère?   Il est étudiant.
(un ami) Qui est-ce?   C'est un ami.
(un avion) Qu'est-ce que c'est que ça?   C'est un avion.
(Pau) Quelle est cette ville?   C'est Pau.

(intéressant)	Pourquoi lisez-vois ce livre?	Il est intéressant.
(intéressant)	Pourquoi lisez-vous?	C'est intéressant.
(agréable)	Pourquoi venez-vous dans cet hôtel?	Il est agréable.
(agréable)	Pourquoi venez-vous ici?	C'est agréable.

Le subjonctif en français

Le subjonctif exprime une attitude *subjective*. On le trouve:

A. Après certains verbes:

1. *Expression des sentiments*

(a) le doute	je doute ... qu'elle *vienne*.
	je ne crois pas
la possibilité	il est possible
	il se peut
l'impossibilité	il est impossible
	il n'est pas possible
l'improbabilité	il est improbable
	mais pour la *probabilité* on a l'*indicatif*: «il est probable qu'elle viendra»

(b) la crainte	je crains ... qu'elle **ne** *vienne*.
	j'ai peur
ne explétif	il est à craindre
	je tremble
	pour dire le contraire, on emploie la négation **ne ... pas**.
	EXEMPLE «Je crains qu'elle ne vienne pas».

(c) le souhait	je souhaite ... qu'elle *vienne*.
	j'aimerais bien (avec «j'espère», on a l'indicatif: voir II)
	je prie
	je voudrais
	je désire (Pourvu qu'elle vienne!)
le regret	je regrette
	je suis désolé (Quel dommage qu'elle vienne!)

(d) l'ordre	je veux ... qu'il *vienne*.
	j'ordonne
	je conseille
	je permets
	je demande
la défense	je défends
	j'interdis
	je ne veux pas

(e) le jugement   il faut ... qu'elle *vienne*.
    impersonnel   il ne faut pas
      moral   il est regrettable
            il est juste
            il est temps

2. *Expression d'une opinion. (Dans ce cas le mode peut être indicatif ou subjonctif)*

(a) *Déclaration* (déclarer, dire, raconter, affirmer, annoncer)

PHRASE AFFIRMATIVE	INDICATIF
il déclare	qu'elle est intelligente.
il dit	
il affirme	

PHRASE NÉGATIVE OU INTERROGATIVE	INDICATIF
il ne déclare pas	qu'elle est intelligente
il ne dit pas	
il n'affirme pas	
dit-il/ne dit-il pas	qu'elle est intelligente?
affirme-t-il/n'affirme-t-il pas	

(b) *Jugement personnel, intellectuel* (croire, penser, trouver, supposer deviner, s'imaginer, compter, être sur, espérer)

PHRASE AFFIRMATIVE	INDICATIF
il croit	qu'elle est intelligente
il pense	
il est sûr	
il espère	

PHRASE NÉGATIVE OU INTERROGATIVE	SUBJONCTIF
il ne croit pas	qu'elle soit intelligente.
il ne pense pas	
il n'est pas sûr	
il n'espère pas	
croit-il	
pense-t-il	
est-il sûr	
espère-t-il	

Il est important de comprendre qu'il existe une marge de choix réelle dans ce cas: toute nuance d'appréciation (donc de subjectivité) entraîne le subjonctif, et toute nuance d'affirmation l'indicatif.

NOTES: (a) Certains verbes demandent une construction plus compliquée:

je m'attends *à ce qu*'elle vienne
je m'oppose
je tiens

(b) Quand le sujet est le même dans les deux propositions, on met la seconde à l'infinitif précédé de DE:

je suis heureux qu'*elle* vienne (elle).

je suis heureux de venir (moi).

(c) Après les verbes: *ordonner, demander, écrire, défendre, conseiller, dire, permettre à quelqu'un de faire quelque chose, empêcher, persuader* on utilise aussi une construction infinitive:

J'ordonne à ma fille de ranger sa chambre.

J'écris à une amie de venir me voir.

Je persuaderai mes parents de venir.

Je conseille à Cécile de finir ses études.

Il empêche le professeur de parler.

Dans tous les autres cas où l'anglais utilise une construction infinitive, il faut traduire en français par une proposition subordonnée au subjonctif:

I want Pierre to do it: Je veux que Pierre le fasse.

We want everyone to know it: Nous voulons que tout le monde le sache.

B. Après certaines conjonctions

1. *Expressions de temps*

je lis	en attendant	qu'elle vienne
	jusqu'à ce	
	avant	qu'elle NE vienne

Mais avec **Après que** il faut l'**indicatif** «je lis après qu'elle est partie.»

2. *Cause fausse ou supposée*

je ne l'aime pas, non qu'il soit désagréable ...

ce n'est pas qu'il soit désagréable ...

soit qu'il soit désagréable, soit que je sois difficile.

Mais, pour une cause **vraie**, il faut l'**indicatif**:

Je ne l'aime pas parce qu'il EST désagréable.

3. *Le but*

ce Russe parle anglais	pour que	je puisse le comprendre.
	afin que	
	de façon que	
	de sorte que	
	de manière que	
parlez plus fort	que	je puisse vous comprendre.

4. *La conséquence lorsque la principale est négative ou interrogative*

ce Russe ne parle pas russe de sorte que je puisse le comprendre.

ce Russe parle-t-il anglais de sorte que je puisse le comprendre?

Mais, si la phrase est **affirmative:** ce Russe parle anglais de sorte que je *peux* le comprendre

(Notez la différence de nuance avec la même phrase, mais au subjonctif, exprimant le but.)

Autres conjonctions du même ordre:

de façon que	si ... que
de manière que	tant ... que
si bien que	tellement ... que
tant et si bien que	tel ... que
à tel point que	

5. *La supposition*

j'irai chez le dentiste

à condition que   vous veniez avec moi.
à supposer que
en supposant que
pourvu que
en admettant que
soit que ... soit que ...
si ... que
quelque ... que

6. *L'opposition*

je l'aime

quoiqu'il   soit désagréable
bien que
à moins que
quelque ... que
si ... que
pour ... que
tout ... que
encore que
quoi que
qui que
quel que
où que
sans que

7. *Autre cas:*

si quelqu'un doit le faire, *autant que* ce soit moi.

NOTE: Lorsque le sujet des deux propositions est le même, on utilise l'infinitif:

J'écoute avant de parler.
Je mange pour vivre.
Je me soigne afin de guérir.
Je parle sans m'arrêter.
Je me tais de peur de me tromper.
Je me cache de crainte d'être vu.

C. Dans les propositions relatives

On utilise le subjonctif quand l'antécédent est indéfini:

Je cherche quelqu'un (une personne), (un homme) qui sache faire la cuisine. (Et je ne suis pas sûr de trouver quelqu'un!)

Quand l'existence de l'antécédent est certaine, on a l'**indicatif**.

J'ai trouvé quelqu'un (une personne), (un homme) qui **sait** faire la cuisine.

D. Dans les propositions qui suivent un jugement superlatif

(Idée que la personne ou la chose en question est incomparable **pour moi**)

C'est le plus bel enfant que je connaisse.
C'est le seul endroit où je puisse le rencontrer.
C'est le dernier effort que je veuille faire.
C'est l'unique raison que nous ayons de le voir.
Il n'y a qu'elle qui réussisse ainsi la pâte feuilletée.

Les mêmes phrases à l'indicatif expriment seulement la *constatation* d'un fait:

C'est le plus bel enfant que je connais.
C'est le seul endroit où je peux le rencontrer.
C'est le dernier effort que je veux faire.
C'est l'unique raison que nous avons de la voir.
Il n'y a qu'elle qui réussit ainsi la pâte feuilletée.

Difficultés de traduction

Les expressions *quelque ... que, quel ... que, qui ... que, quelque, qui que, quoi que, où que, de quelque manière que, quel que,* qui exigent toutes le subjonctif, se traduisent par un mot anglais terminé par le suffixe **-ever**. Mais les pronoms et adverbes anglais terminés par ce suffixe n'exigent pas toujours un subjonctif en français.

whoever comme sujet du verbe **to be** peut se traduire par:
qui que ce soit qui + subjonctif
quiconque + indicatif
celui qui + indicatif
qui + indicatif

whoever did that ...
Qui que ce soit qui ait fait cela, je le punirai.
Quiconque a fait cela, je le punirai.
Je punirai *celui qui* a fait cela.
Qui a fait cela, a fait une mauvaise action.

whatever avant le nom: **whatever your sorrow ...**
se traduit par: *Quel que soit* votre chagrin ...
après le nom; **give him any job whatever ...**

se traduit par: Donnez-lui *n'importe quel* travail.

I shall see anyone whatever: je verrai *n'importe qui*.

whenever   se traduit par: *toutes les fois que* + indicatif
ou: *lorsque* + indicatif

Whenever I see him, he is happy: *Toutes les fois que* je le vois, il est heureux.

Whenever you see him, be careful: *Lorsque* vous le verrez, faites attention.

however much   comme adverbe de degré se traduit souvent par: *avoir beau* + infinitif

However much you laugh, I shall do it:
Vous *avez beau* rire, je le ferai.

However much I write, he does not answer:
J'*ai beau* écrire, il ne répond pas.

Lexique

Le lexique contient tous les mots ou expressions utilisés dans *Le Moulin à Paroles* à l'exception de ceux qui figurent dans *Le Dictionnaire du français fondamental* de Georges Gougenheim.

ATTENTION: les *définitions* ne sont valables que dans le contexte où chaque mot apparaît dans le livre; les *transcriptions* phonétiques correspondent à la prononciation la plus courante du français contemporain.

abandon [abɑ̃dɔ̃] *m.* **à l'abandon** abandonné

abattage [abataʒ] *m.* action de couper des arbres

aborder [abɔʀde] prendre contact avec

abréger [abʀeʒe] rendre plus court

abréviation [abʀevjasjɔ̃] *f.* réduction d'un mot par une suite plus courte d'éléments

abroger [abʀoʒe] supprimer une loi

absolu [apsoly] d'une très grande rigueur; **majorité absolue** moitié des voix plus une

abstenir(s') [apstəniʀ] ne pas prendre part volontairement à un vote

absurde [apsyʀd] ridicule, stupide

abuser [abyze] utiliser quelque chose à l'excès

acajou [akaʒu] *m.* bois rouge d'Amérique

accabler [akable] faire succomber quelqu'un sous le poids d'une peine morale ou physique

accélération [akseleʀasjɔ̃] *f.* rapidité, plus grande, d'actions qui se succèdent

acceptable [aksɛptabl] qui peut être accepté

accès [aksɛ] *m.* approche, entrée

accessoire [aksɛswaʀ] *m.* qui accompagne une chose principale

acclamer [aklame] saluer par des cris d'admiration

accomplissement [akɔ̃plismɑ̃] *m.* achèvement de l'éducation de l'enseigné; action de terminer ce que l'on a commencé

accoster [akɔste] mouvement d'un navire qui vient se placer le long d'un quai

accoté [akote] appuyé

accoucher [akuʃe] donner naissance

accroupi [akʀupi] assis sur les talons

accumuler(s') [akymyle] se mettre en tas

accusation [akyzasjɔ̃] *f.* action d'accuser

acharné [aʃaʀne] qui s'attache violemment à quelque chose

acompte [akɔ̃t] *m.* paiement partiel donné sur le montant d'une dette

à-coup [aku] *m.* arrêt brusque, suivi d'une reprise brutale, d'un mouvement qui devrait être continu

acquisition [akizisjɔ̃] *f.* ce que l'on a obtenu par l'expérience, l'habitude, l'étude ou l'achat

action-cadre [aksjɔ̃kadʀ] *f.* action qui englobe d'autres actions

actionnaire [aksjoneʀ] *m.* personne qui possède des parts dans une société commerciale

activité [aktivite] *f.*   **volcan en...** qui n'est pas éteint

adhésion [adezjɔ̃] *f.*   action de partager une idée, une opinion

admissible [admisibl] *m.*   candidat qui a subi avec succès les premières épreuves d'un examen et est admis à subir les suivantes

adolescence [adolesɑ̃s] *f.*   période de la vie où l'être humain passe de l'état d'enfant à celui d'adulte

adonner à(s') [adone a]   se consacrer à

adorer [adore]   aimer passionnément quelque chose ou quelqu'un

aède [aɛd] *m.*   poète (littéraire)

affabilité [afabilite] *f.*   qualité d'une personne qui manifeste de la politesse, de la bienveillance dans sa façon d'accueillir autrui

affaire [afɛR] *f.*   **faire des affaires:** tirer profit d'une opération commerciale

affecter [afɛkte]   exercer une action défavorable sur

affectif [afɛktif]   qui touche le senti-ment et non la raison

affleurer [afløRe]   apparaître

affligé [afliʒe]   qui est atteint de quelque mal

affliger [afliʒe]   causer un grand chagrin

affluence [aflyɑ̃s] *f.*   grand nombre de personnes se rassemblant en un même lieu

affoler(s') [afole]   perdre son sang froid

affrontement [afRɔ̃tmɑ̃] *m.*   rencontre de deux ennemis qui s'attaquent

affronter(s') [afRɔ̃te]   s'opposer

agape [agap] *f.*   festin entre amis

agencer [aʒɑ̃se]   disposer une chose de manière qu'elle soit adaptée à sa destination; la combiner avec d'autres pour former un tout harmonieux

agglutiné [aglytine]   se dit de nombreu-ses personnes rassemblées au même endroit et qui n'en partent pas

agrégé [agReʒe]   se dit d'un professeur qui a subi avec succès les épreuves du concours national français nommé «l'agrégation»

agrément [agRemɑ̃] *m.*   **faire un voyage d'...** voyager pour le plaisir

agressif [agResif]   qui a le tempéra-ment d'attaquer

agrumes [agRum] *m. pl.*   nom collectif désignant le citron et les fruits voisins (oranges, limons, etc)

aguerrir(s') [ageRiR]   devenir capable de supporter des épreuves pénibles

aide-mémoire [ɛdmemwaR] *m.*   résumé destiné à donner les faits importants essentiels, les formules principales d'une science

aiglefin [ɛgləfɛ̃] *m.*   poisson du genre de la morue

aigre [ɛgR]   amer, peu agréable

aîné [ɛne]   né le premier; frère ou sœur plus âgé

air [ɛR] *m.*   **premier...** premier aspect; **peinture de plein...** peinture faite dans la nature

aire [ɛR] *f.*   **... de lancement** espace d'où on lance les missiles

aisance [ɛzɑ̃s] *f.*   liberté de mouvements; richesse relative

aisé [eze]   personne qui a des facilités de parole, d'action; personne qui a des facilités d'argent

aisément [ezemɑ̃]   facilement

alcooliser(s') [alkolize]   prendre, boire régulièrement de l'alcool

alignement [aliɲmɑ̃] *m.*   situation de plusieurs objets ou personnes sur une ligne droite

allégresse [alegRɛs] *f.*   joie débordante

aller [ale]   **... simple** billet de train ou d'avion permettant d'aller à destination sans retour payé; **... et retour** billet de train ou d'avion permettant d'aller à destination avec retour payé; **... donc** interjec-tion qui marque l'incrédulité ou l'impatience

allergie [alɛRƷi] *f.* modification apportée dans l'état de l'organisme par l'introduction d'un virus

allocation [alokasjɔ̃] *f.* ... s **familiales** subvention mensuelle versée par le gouvernement aux familles ayant des enfants

allusion [alyzjɔ̃] *f.* mot, phrase qui fait penser à une personne, à une chose, sans qu'on en parle

aloi [alwa] *m.* **de bon...** de bonne qualité

alpin [alpɛ̃] qui appartient aux Alpes

alpinisme [alpinizm] *m.* sport consistant à faire l'ascension des montagnes

alpiniste [alpinist] *m.* personne qui fait de l'alpinisme

altérer [alteRe] provoquer un changement dans l'aspect d'une chose pour aboutir à un état plus mauvais

alto [alto] *m.* instrument de musique qui ressemble au violon.

alunir [alyniR] se poser sur la lune

alunissage [alynisaƷ] *m.* action d'alunir

amariné [amaRine] **être...** être habitué à la mer

ambitieux [ãbisjø] qui désire obtenir ce qui est jugé supérieur

ambivalent [ãbivalã] caractère de ce qui a deux aspects complètement différents ou même opposés

améliorer [ameljoRe] rendre meilleur

aménagement [amenaƷmã] *m.* disposer avec ordre tout ce qui se trouve à l'intérieur d'un appartement

aménager [amenaƷe] mettre, dans une pièce, les éléments nécessaires de façon à pouvoir l'utiliser à l'usage qu'on veut en faire

amende [amãd] *f.* peine qui consiste à payer une certaine somme d'argent en réparation de la faute commise

amendement [amãdmã] *m.* modification apportée à un projet ou à une proposition de loi en discussion

amenuiser(s') [amənyize] devenir plus petit, moins important

amérir [ameRiR] se poser sur la mer

ameublement [amœbləmã] *m.* ensemble des meubles

amie [ami] *f.* **une petite...** appellation donnée à une jeune fille qui sort avec un garçon

amoncellement [amɔ̃sɛlmã] *m.* entassement

amovible [amovibl] qu'on peut déplacer

amphithéâtre [ãfiteatR] *m.* salle de faculté dans laquelle sont données des conférences

amplifié [ãplifje] rendu plus grand ou plus intense

ampoulé [ãpule] se dit de propos prétencieux et sans profondeur

amuse-gueule [amyzgœl] *m.* petits hors-d'œuvre

analogue [analɔg] se dit de ce qui offre la même ressemblance avec quelque chose d'autre

andrinople [ãdRinɔpl] *m.* étoffe de coton bon marché, généralement rouge

anéantir [aneãtiR] détruire complètement

anecdote [anɛgdɔt] *f.* court récit d'un fait peu ordinaire, amusant

angine [ãƷin] *f.* mal de gorge

angoisse [ãgwas] *f.* inquiétude profonde

animation [animasjɔ̃] *f.* ensemble des passants et de la circulation

animer [anime] soutenir et augmenter l'énergie des gens au cours d'une fête

annexer [anɛkse] prendre possession

annuler [anyle] rendre nul

anonymat [anonima] *m.* état de ce qui est anonyme

anonyme [anonim] sans nom, inconnu

anormal [anɔRmal] qui n'est pas normal

anxiété [ãksjete] *f.* état de celui qui éprouve une grande inquiétude

apathique [apatik] inactif, manque total de volonté

apéritif [apeʀitif] *m.* alcool bu avant le repas

appartenir [apaʀtəniʀ] **il ne m'appartient pas de** ce n'est pas mon devoir de...

appellation [apelasjɔ̃] *f.* nom donné à une chose fabriquée, généralement un vin

appendice [apɛ̃dis] *m.* supplément à la fin d'un ouvrage

appétissant [apetisɑ̃] qui excite le désir de manger

appétit [apeti] *m.* désir par lequel se manifeste le besoin de manger

applaudir [aplodiʀ] battre des mains pour manifester son contentement

apposer [apoze] mettre (en parlant d'une signature.)

apposition [apozisjɔ̃] *f.* mot mis avant

appréhension [apʀeɑ̃sjɔ̃] *f.* sentiment de peur que quelque chose désagréable arrive

apprêter(s') [apʀete] être sur le point de faire quelque chose

approprié [apʀopʀije] **terme...** terme correct, qui convient

approvisionner(s') [apʀovizjone] se munir de provisions

approximativement [apʀɔksimativmɑ̃] à peu près

appui [apɥi] *m.* support, soutien

aptitude [aptityd] *f.* disposition, naturelle ou acquise, à faire quelque chose

araignée [aʀeɲe] *f.* morceau de bœuf pris au flanc de l'animal et de qualité inférieure

arc [aʀk] *m.* arme avec laquelle on lance des flèches

archaïque [aʀkaik] ancien et démodé

architecte [aʀʃitɛkt] *m.* personne qui réalise les plans de tout édifice et qui en dirige l'exécution

ardeur [aʀdœʀ] *f.* force qui porte à faire quelque chose

argileux [aʀʒilø] **terre argileuse** terre qui a pour particularité de ne pas laisser passer l'eau

argot [aʀgo] *m.* ensemble de termes, de locutions, ou de formes grammaticales qu'utilisent les gens d'un même groupe social ou professionnel et par lesquels ils se distinguent consciemment des autres groupes

argument [aʀgymɑ̃] *m.* preuve, raisonnement apporté à l'appui d'une affirmation

aride [aʀid] qualifie une terre très sèche sur laquelle rien ne pousse

aristo [aʀisto] *m.* abrévation populaire pour **aristocrate**

arpenter [aʀpɑ̃te] parcourir à grands pas

arrhes [aʀ] *f. pl.* argent payé d'avance

arrivage [aʀivaʒ] *m.* arrivée de marchandises

arrogant [aʀogɑ̃] qui manifeste une fierté méprisante et insultante

artère [aʀtɛʀ] *f.* rue importante

artichaut [aʀtiʃo] *m.* variété de légume qui se mange cru ou qui entre dans la composition de plats cuisinés

articuler [aʀtikyle] prononcer, parler clairement

artificiel [aʀtifisjɛl] contraire de **naturel**

artisanal [aʀtizanal] fait par un artisan

as [as] *m.* carte à jouer, ordinairement la plus importante dans l'échelle des valeurs

ascension [asɑ̃sjɔ̃] *f.* action de monter au sommet d'une montagne

aspérité [aspeʀite] *f.* partie rugueuse d'une surface lisse

aspirateur [aspiʀatœʀ] *m.* appareil électrique qui a pour rôle d'absorber les poussières

aspiration [aspiʀzsjɔ̃] *f.* désir

assaisonnement [asezɔnmɑ̃] *m.* ensemble des épices qui entrent dans la composition d'un plat

assaisonner [asezone] ajouter des épices à un plat pour lui donner un goût plus agréable; augmenter considérablement une note à payer

assemblée [asãble] *f.* ... **Nationale** réunion de délégués, de députés, d'élus qui délibèrent ensemble sur des questions politiques

assertion [asɛRsjɔ̃] *f.* synonyme de **affirmation**

assiette [asjɛt] *f.* ... **anglaise** plat froid de salade et de viande

assimilation [asimilasjɔ̃] *f.* rapprochement de plusieurs choses ou personnes en les considérant comme semblables, identiques

assortir [asɔRtiR] disposer ensemble des objets qui se conviennent parfaitement

assouvir [asuviR] contenter, satisfaire

assujettissement [asyʒetismã] *m.* rendre sujet

assumer [asyme] se charger volontairement de quelque chose

assurer [asyRe] s'occuper de quelque chose de façon permanente

astiquer [astike] polir en frottant

atout [atu] *m.* série de cartes dominantes (trèfle, cœur, pique ou carreau)

attachant [ataʃã] auquel ou à qui on s'attache sentimentalement

attacher [ataʃe] ... **de l'importance** considérer comme important

attaquer [atake] faire la critique de

atteler [atle] accrocher les unes aux autres

attendrir(s') [atãdRiR] s'émouvoir

atténuer [atenɥe] rendre plus faible, moins intense

atterré [ateRe] être énormément touché par une grande peine

atterrir [ateRiR] se dit d'un avion qui se pose sur une piste

attester [atɛste] certifier l'exactitude d'une chose

attirance [atiRãs] *f.* particularité de ce qui attire

attitude [atityd] *f.* manière de se tenir

attrait [atRe] *m.* qui est attrayant

attraper [atRape] arriver juste à temps pour prendre le train, l'avion...

attrayant [atRejã] qui attire agréablement

attroupement [atRupmã] *m.* réunion d'un grand nombre de personnes dans la rue

attrouper(s') [atRupe] grand nombre de personnes qui se réunissent dans la rue

auberge [obɛRʒ] *f.* petit hôtel et restaurant de campagne; ... **de la jeunesse** centre d'accueil et de vacances pour les jeunes

aumônier [omonje] *m.* prêtre attaché à un établissement

ausculter [oskylte] écouter les bruits produits par un corps humain, avec ou sans l'aide d'un appareil, afin d'établir un diagnostic

authentique [otãtik] véritable

auto-gestion [otoʒɛstjɔ̃] *f.* se dit de certains établissements publics (facultés) dont les membres ont décidé de s'occuper eux-mêmes des affaires financières

automobiliste [otomobilist] *m.* personne qui conduit une automobile

autoritaire [otoRitɛR] façon de parler encommandant

auto-stop [otostɔp] *m.* procédé consistant, pour un piéton, à arrêter un automobiliste sur la route, afin de demander un transport gratuit

autrui [otRɥi] *m.* ensemble des personnes autres que soi-même

auvergnat [ovɛRɲa] qui est né en Auvergne ou qui appartient à cette région

avant [avã] *m.* joueur de football de première ligne

avant-garde [avãgaRd] *f.* petit groupe de personnes qui précède un groupe plus important

avenant [avnã] attrayant, agréable

avènement [avɛnmã] *m.* venue, arrivée

aventureux [avãtyʀø] pleirf de risques

avertisseur [avɛʀtisœʀ] *m.* klaxon, appareil sonore qui se trouve sur toutes les voitures

aveugle [avœgl] **confiance...** confiance sans limite

avocat [avoka] *m.* sorte de fruit qui a l'aspect d'une poire

avoir [avwaʀ] **... les yeux plus gros que le ventre** prétendre plus qu'on ne peut faire

axe [aks] *m.* ligne qui passe par le centre d'un corps, au milieu d'un lieu, considéré dans sa longueur

b-a, ba [beaba] *m.* alphabet; nom donné aux éléments les plus simples d'une science

babiole [babjɔl] *f.* jouet, objet sans valeur

baccalauréat [bakaloʀea] *m.* examen général portant sur tout l'enseigne-ment du second degré et marquant la fin de cette catégorie d'études

bâcler [bakle] faire à la hâte et sans précautions

bague [bag] *f.* **... de fiançailles** bague que le garçon offre à la jeune fille qu'il a choisie, pour marquer officiellement qu'il se fiance avec elle

baguette [bagɛt] *f.* petit bâton mince dont le chef d'orchestre se sert pour diriger les musiciens

baie [be] *f.* très grande fenêtre

baignade [beɲad] *f.* action de se baigner

baigner [beɲe] **la lumière baigne** la lumière se répand largement sur quelque chose

baignoire [beɲwaʀ] *f.* cuve où l'on se baigne

bail [baj] *m.* contrat par lequel le possesseur d'un immeuble en permet l'usage, à certaines conditions et pour un certain temps

balayeuse [balejøz] *f.* véhicule utilisé pour nettoyer les rues

ballade [balad] *f.* promenade (langue familière)

banal [banal] (contraire de **original**) ordinaire, simple

banquet [bãke] *m.* grand repas

banquette [bãkɛt] *f.* siège dans un train ou un restaurant

baptiser [batize] donner un nom

barber(se) [baʀbe] s'ennuyer

baronne [baʀɔn] *f.* sorte de danse

bas-fonds [bafɔ̃] *m.* quartiers misérables d'une ville

basse [bas] **chaussures...** s chaussures sans talon

bâti [bati] **bien...** de forte carrure

battre [batʀ] mélanger les cartes

battu [baty] **terre...** e sol nu, durci par une pression répétée (passage de voitures, de piétons)

bavure [bavyʀ] *f.* **... d'écorce** partie de l'écorce qui déborde la cassure du bois

belote [bəlɔt] *f.* jeu de cartes

béquille [bekij] *f.* support pour marcher

berceur [bɛʀsœʀ] qui provoque un sentiment de calme, de joie

berge [bɛʀʒ] *f.* bord d'une rivière, d'un fleuve

berline de la cour [bɛʀlindəlakuʀ] sorte de danse

bêtise [betiz] *f.* parole ou action bête, sans intelligence

béton [betɔ̃] *m.* matériau de construction très résistant

betterave [bɛtʀav] *f.* plante dont on tire du sucre

bicorne [bikɔʀn] *m.* chapeau à deux pointes que portent les douaniers espagnols

bidonville [bidɔ̃vil] *m.* quartier d'une ville où les maisons sont construites avec divers matériaux et où s'entassent des populations misérables

bien [bjɛ̃] **... entendu** naturellement

bien-être [bjɛnɛtʀ] *m.* sensation

agréable que produit la pleine satisfaction des besoins physiques

bienfaisant [bjɛ̃fəsɑ̃] qui fait du bien, qui réconforte

bienheureux [bjɛnøʀø] qui rend très heureux, qui favorise des désirs

bigarrure [bigaʀy] *f.* mélange de couleurs

bis [bis] cri par lequel on invite un artiste à recommencer ce qu'il vient de faire

bistrot [bistro] *m.* petit café (langue familière).

bizuth [bizy] *m.* élève de première année dans les grandes écoles (argot d'étudiants)

bizuthage [bizytaʒ] *m.* action de faire subir des brimades à un bizuth

blague [blag] *f.* plaisanterie

blaguer [blage] dire des plaisanteries

blanquette [blɑ̃kɛt] *f.* plat préparé comme un ragoût

bloquer [bloke] boucher

bocal [bokal] *m.* récipient de verre

bœuf [bœf] *m.* . . . **à la mode** plat préparé avec de la viande de bœuf entourée de lard et cuite en ragoût

boire [bwaʀ] . . . **une tasse** avaler de l'eau en nageant et sans le vouloir; . . . **un coup** boire un verre d'une boisson quelconque; . . . **les paroles de quelqu'un** l'écouter très attentivement et avec admiration

bondé [bɔ̃de] plein

borner(se) [bɔʀne] se limiter à

boston [bɔstɔ̃] *m.* sorte de danse

bostonner [bɔstone] danser le boston

bouche [buʃ] *f.* **l'eau en vient à la** . . . avoir très envie de manger un mets; **garder pour la bonne** . . . réserver pour la fin, de façon à rester sur ce qu'on croit être le plus agréable; **faire la fine** . . . se montrer dégoûté et difficile en face d'un mets

bouchée [buʃe] *f.* quantité d'un aliment qui entre en une seule fois dans la bouche

bouchon [buʃɔ̃] *m.* liège adapté à la ligne de pêche et servant de flotteur

bouder [bude] manifester de la mauvaise humeur par son attitude, son silence

boudeur [budœʀ] *m.* qui boude

bouleau [bulo] *m.* arbre à bois blanc, des régions froides et tempérées

bourgade [buʀgad] *f.* petit bourg

bourratif [buʀatif] qui alourdit l'estomac

bourrer [buʀe] . . . **le crâne à quelqu'un** le tromper en lui présentant les choses sous un jour favorable, alors que la situation est mauvaise

boursier [buʀsje] *m.* étudiant qui reçoit une aide financière

bousculade [buskylad] *f.* désordre, remous de foule

boute-en-train [butɑ̃tʀɛ̃] *m.* personne qui a le don d'animer une fête par sa bonne humeur

bovins [bovɛ̃] *m. pl.* ensemble des bœufs, vaches, taureaux

branlant [bʀɑ̃lɑ̃] qui n'est pas solide

bras [bʀa] *m.* **avoir le** . . . **en écharpe** avoir le bras blessé, retenu par une pièce de tissu généralement passée autour du cou

brasse [bʀas] *f.* l'une des façons de nager

brassière [bʀasjɛʀ] *f* . . . **de sauvetage** veste qui permet de flotter sur l'eau

brave [bʀav] honnête, bon, serviable

brebis [bʀəbi] *f.* femelle de mouton

brèche [bʀɛʃ] *f.* ouverture faite dans un corps dur comme un mur, un rempart, le sol

bretelles [bʀətɛl] *f. pl.* bandes de cuir, de tissu passant sur les épaules, pour soutenir un pantalon

breton [bʀətɔ̃] *m.* qui est né ou qui appartient à la Bretagne

brioche [bʀijoʃ] *f.* sorte de pâtisserie faite avec de la fleur de farine, du beurre et des œufs

bronzer [bʀɔ̃ze] action du soleil sur la peau des personnes de race blanche

brouillage [bʀujaʒ] *m.*　trouble des sens

brûlant [bʀylã]　pressant; **sujet** . . .
sujet dangereux, où la discussion
est risquée

bûcher [byʃe]　étudier avec ardeur et
sans relâche

buis [bɥi] *m.*　arbuste toujours vert,
dont le bois est très dur

buisson [bɥisɔ̃] *m.*　bouquet d'arbustes bas

buveur [byvœʀ] *m.*　**gros** . . . personne
qui boit beaucoup d'alcool

cabillaud [kabijo] *m.*　morue fraîche

cabine [kabin] *f.*　partie à l'avant des
avions réservée au pilote

cabinet [kabine] *m.*　ensemble des
ministres d'un État

cachet [kaʃe] *m.*　caractère original qui
retient l'attention

cache-tampon [kaʃtãpɔ̃] *m.*　jeu qui
consiste à aller à la recherche d'un
objet qui a été caché

cacheter [kaʃte]　fermer une lettre en
la collant; fermer un colis avec des
cachets

cadet [kade] *m.*　dernier né, frère ou
sœur plus jeune

cadran [kadʀã] *m.*　partie d'une
horloge ou d'une montre où on lit
l'heure

cagibi [kaʒibi] *m.*　petite pièce servant
de débarras

caissier [kesje] *m.*　celui qui tient la
caisse et reçoit l'argent

calé [kale]　se dit d'une personne qui
a une connaissance très étendue

cambrioler [kãbʀijole]　voler dans les
appartements, les maisons d'habitation

cambrioleur [kãbʀijolœʀ] *m.*　personne
qui cambriole

camembert [kamãbɛʀ] *m.*　variété de
fromage fait avec du lait de vache

caméra [kameʀa] *f.*　appareil servant
à prendre des films animés

camper [kãpe]　tracer vivement et avec
sûreté les caractéristiques d'un
personnage de roman

cancre [kãkʀ] *m.*　mauvais élève
ignorant et paresseux

canif [kanif] *m.*　petit couteau à lame
pliante

cannelle [kanɛl] *f.*　écorce aromatique

cantatrice [kãtatʀis] *f.*　chanteuse
d'opéra

canular [kanylaʀ] *m.*　action, propos
qui a pour but d'abuser de la
crédulité de quelqu'un

C.A.P.E.S. [kapɛs] *m.*　diplôme
pédagogigue du professorat de
l'enseignement du second degré

capter [kapte]　séduire

carabinier [kaʀabinje] *m.*　douanier
(en Espagne)

caractère [kaʀaktɛʀ] *m.*　**danse de** . . .
danse qui exprime une action et des
sentiments

cardon [kaʀdɔ̃] *m.*　sorte de légume du
même genre que l'artichaut

carreau [kaʀo] *m.*　catégorie de cartes
à jouer

carrière [kaʀjɛʀ] *f.*　profession à
laquelle on consacre sa vie

cartésien [kaʀtezjɛ̃]　se dit de ce qui
est caractérisé par la rigueur, la
déduction logique

casqué [kaske]　qui porte un casque

casse-croûte [kaskʀut] *m.*　repas léger
préparé d'avance et qui peut se
manger rapidement

casser [kase]　. . . **la tête** ennuyer;
. . . **les pieds** fatiguer quelqu'un

caste [kast] *f.*　classe des citoyens qui
tient à se distinguer des autres par
ses mœurs, ses privilèges

catalan [katalã] *m.*　né ou qui appartient
à la Catalogne

caverneux [kavɛʀnø]　**voix** . . . **se** voix
grave et sonore aux accents plus ou
moins sinistres

cécité [sesite] *f.*　état de celui qui est
aveugle

ceinture [sɛ̃tyʀ] *f.*　. . . **de sauvetage** voir
brassière; mettre la . . . se priver de
quelque chose

célébrer [selebʀe]　fêter

céleri [selʀi] *m.* sorte de légume qui se mange en salade et qui entre dans la composition de plats cuisinés

cellule [selyl] *f.* élément très petit, constitutif de tout être vivant

censé [sãse] **être** . . . être supposé

certes [sɛʀt] très certainement

certifié [sɛʀtifje] **professeur** . . . se dit d'un professeur qui a obtenu le C.A.P.E.S.

chahut [ʃay] *m.* désordre causé par l'indiscipline des élèves

chaîne [ʃɛn] *f.* ensemble des postes diffusant simultanément le même programme de radio ou de télévision

chaise [ʃɛz] *f.* . . . **longue** fauteuil sur lequel on peut s'allonger

chalet [ʃale] *m.* maison dans la montagne, généralement construite en bois

chambrer [ʃãbʀe] porter à la température ambiante

chandail [ʃãdaj] *m.* vêtement tricoté en laine

chanter [ʃãte] louer, faire des louanges; **faire** . . . **des tons** assembler sur une toile des couleurs gaies

chariot [ʃaʀjo] *m.* petite voiture montée sur roues qu'on utilise pour le transport des bagages

charlatan [ʃaʀlatã] *m.* celui qui exploite la crédulité du public

charme [ʃaʀm] *m.* arbre à bois blanc commun en France

charolais [ʃaʀole] *m.* région de France située dans la Bourgogne

chauffard [ʃofaʀ] *m.* conducteur dangereux

chauffer [ʃofe] . . . **une locomotive** activer le foyer de façon à faire monter la pression de la vapeur

chauvinisme [ʃovinism] *m.* défaut de celui qui admire trop son pays

chef [ʃɛf] *m.* . . . **d'orchestre** celui qui conduit l'orchestre avec sa baguette

chevalet [ʃvale] *m.* monture en bois où le peintre pose sa toile pour peindre

chèvre [ʃɛvʀ] *m.* variété de fromage fait avec du lait de chèvre

chichement [ʃiʃmã] vivre en évitant même les plus petites dépenses

chien [ʃjɛ̃] *m.* **entre** . . . **et loup** période de la journée précédant immédiatement la nuit et où il est très difficile de distinguer les détails des choses qui se présentent à la vue

chœur [kœʀ] *m.* groupe de personnes qui chantent ensemble; **enfant de** . . . enfant qui assiste le prêtre dans les offices religieux

choix [ʃwa] *m.* **avoir une place de** . . . avoir une des meilleures places

christiana [kʀistjana] *m.* mouvement qui permet de pivoter sur les skis

chroniqueur [kʀonikœʀ] *m.* personne qui écrit des articles de journaux sur un sujet particulier

chuchotement [ʃyʃɔtmã] *m.* bruit de voix basses

cible [sibl] *f.* but sur lequel on lance ou tire des projectiles

cicatrice [sikatʀis] *f.* marque laissée par une blessure

ciel [sjɛl] *m.* **à ciel ouvert** aux vues de tout le monde

cinquième [sɛ̃kjɛm] **le** . . . le cinquième arrondissement à Paris

circonférence [siʀkɔ̃feʀãs] *f.* figure géométrique ronde

circonspection [siʀkɔ̃spɛksjɔ̃] *f.* méfiance

circonstancié [siʀkɔ̃stãsje] minutieux, attentif

circuler [siʀkyle] . . . **en voiture** rouler en auto

cirer [siʀe] frotter le sol d'un appartement avec de la cire

cité [site] *f.* . . . **universitaire** ensemble de bâtiments réservés aux étudiants (restaurants et chambres à coucher)

civière [sivjɛʀ] *f.* appareil à brancards servant à transporter des blessés ou des malades

clair [klɛʀ] . . . **comme de l'encre de chine** incompréhensible

clandestin [klãdɛstɛ̃] qui se fait de façon cachée

clarine [klaʀin] *f.* clochette que l'on pend au cou des animaux au pâturage en montagne

classement [klasmã] *m.* opération qui consiste à classer, par ordre de mérite, les élèves d'une classe, d'après la note qu'ils ont reçue à la composition trimestrielle

classique [klasik] qui n'est pas extraordinaire, que tout le monde fait

clavier [klavje] *m.* ensemble des touches d'un piano, d'un instrument de musique semblable ou d'une machine à écrire

clé [kle] *f.* **institution** . . . institution de première importance; moyen de comprendre, d'expliquer quelque chose

cliquetis [klikti] *m.* bruit d'objets métalliques entrechoqués

cloison [klwazɔ̃] *f.* mur qui sépare les pièces d'un appartement

cochonnaille [koʃonaj] *f.* nourriture à base de porc, souvent mangée comme hors-d'œuvre

code [kɔd] *m.* . . . **de la route** ensemble des lois réglant la circulation

cœur [kœʀ] *m.* **le** . . . **n'y est pas** ne pas avoir d'enthousiasme pour; catégorie de cartes à jouer

coexister [koɛgziste] exister simultanément

coffre [kɔfʀ] *m.* meuble de bois très simple dont la face supérieure est un couvercle mobile

cogner [koɲe] . . . **la voiture** lui faire subir un choc; **se** . . . se heurter

cohérent [koeʀã] se dit de quelque chose dont tous les éléments s'organisent de façon logique

coïncider [koɛ̃side] correspondre exactement

coing [kwɛ̃] *m.* fruit dont on fait des confitures ou de la pâte

coléreux [koleʀø] personne qui se met facilement en colère

collaborer [kolaboʀe] participer à l'élaboration d'une œuvre

collation [kolasjɔ̃] *f.* action, pouvoir de donner un titre universitaire

collé [kole] **être** . . . échouer un examen

collègue [kolɛg] *m.* personne exerçant le même genre de fonction administrative qu'une autre

collision [kolizjɔ̃] *f.* choc entre deux ou plusieurs véhicules

colonne [kolɔn] *f.* . . . **vertébrale** tige osseuse s'étendant de la base du crâne à la naissance des cuisses

coloris [koloʀi] *m.* nuance délicate et agréable de la couleur

comble [kɔ̃bl] très plein

commande [komãd] *f.* demande de marchandise

commerçant [komɛʀsã] **rue** . . . **e** rue où il y a beaucoup de magasins

commettre [komɛtʀ] faire; . . . **un excès de vitesse** conduire plus vite qu'il n'est permis

commissaire [komisɛʀ] *m.* . . . **du bord** officier, à bord d'un bateau, chargé du bien-être des passagers

commission [komisjɔ̃] *f.* ensemble des membres choisis par une assemblée pour étudier un projet, surveiller divers actes; . . . **mixte** commission qui comprend des personnes appartenant à des catégories différentes

commode [komɔd] facile

commun [komɛ̃] **en** . . . sans distinction

communier [komynje] être en communion de sentiment

communion [komynjɔ̃] *f.* accord complet

compenser [kɔ̃pãse] équilibrer le mal par le bien

compétence [kɔ̃petãs] *f.* connaissance approfondie

complaisance [kɔ̃plezãs] *f.* attitude qui montre un désir d'être agréable, de rendre service; satisfaction

comportement [kɔ̃poʀtmã] *m.* façon de se conduire

comporter [kɔ̃pɔʀte] avoir

comptant [kɔ̃tɑ̃] **payer** . . . payer immédiatement en billets ou en chèques

compte [kɔ̃t] *m.* . . . à rebours : 10, 9, 8, 7, 6, 5, 4, 3, 2, 1 «feu»

compter [kɔ̃te] . . . que espérer fortement que . . .

concassé [kɔ̃kase] broyé en fragments grossiers

concept [kɔ̃sɛpt] *m* idée, représentation mentale d'une chose

conception [kɔ̃sɛpsjɔ̃] *f.* représentation qu'on se fait d'une chose, idée qu'on en a

conciliabule [kɔ̃siljabyl] *m.* conversation privée, faite en secret

concilier [kɔ̃silje] trouver un rapprochement entre deux choses diverses et quelquefois opposées

concomitant [kɔ̃kɔmitɑ̃] simultané, qui arrive en même temps

concurrence [kɔ̃kyʀɑ̃s] *f.* rivalité entre fabricants, marchands

concurrent [kɔ̃kyʀɑ̃] *m.* personne qui se mesure avec une autre

conditionner [kɔ̃disjone] déterminer

condoléance [kɔ̃doleɑ̃s] *f.* témoignage donné à quelqu'un de la part qu'on prend à sa douleur

confection [kɔ̃fɛksjɔ̃] *f.* **robe de** . . . robe prête à porter

conférence [kɔ̃feʀɑ̃s] *f.* discours d'un professeur

configuration [kɔ̃figyʀasjɔ̃] *f.* aspect d'ensemble

conflit [kɔ̃fli] *m.* opposition

confrère [kɔ̃fʀɛʀ] *m.* personne qui exerce le même métier

congelé [kɔ̃ʒle] soummis au froid pour conserver

connaisseur [konesœʀ] *m.* personne qui sait apprécier une marchandise, un mets

consciencieux [kɔ̃sjɑ̃sjø] se dit d'une personne qui remplit avec soin tous ses devoirs

conscient [kɔ̃sjɑ̃] se dit de quelqu'un qui sait exactement ce qu'il fait au moment où il le fait

conseil [kɔ̃sɛj] *m.* **d'État** tribunal administratif qui est aussi appelé à donner un avis préalable à certains décrets du gouvernement

consentir [kɔ̃sɑ̃tiʀ] accepter

considération [kɔ̃sideʀasjɔ̃] *f.* raison servant à diriger une action, une décision dans telle ou telle autre direction

consigner [kɔ̃siɲe] rapporter par écrit

constamment [kɔ̃tamɑ̃] tout le temps, sans arrêt

consultation [kɔ̃syltasjɔ̃] *f.* action de consulter une personne

consulter [kɔ̃sylte] regarder (consulter sa montre); prendre avis, conseil de quelqu'un

contact [kɔ̃takt] *m.* **entrer en** . . . entrer en relation

contempler [kɔ̃tɑ̃ple] regarder avec soin, étonnement ou admiration

contenance [kɔ̃tnɑ̃s] *f.* manière de se tenir dans telle ou telle circonstance

contestation [kɔ̃tɛstasjɔ̃] *f.* action de contester

contester [kɔ̃tɛste] ne pas reconnaître exact, valable; mettre en question

continuel [kɔ̃tinyɛl] qui dure sans interruption

continuité [kɔ̃tinɥite] *f.* qualité d'une chose qui n'est pas interrompue dans sa durée

contracter [kɔ̃tʀakte] attraper (un rhume)

contraignant [kɔ̃tʀeɲɑ̃] qui contraint

contraindre(se) [kɔ̃tʀɛ̃dʀ] s'obliger à

contraste [kɔ̃tʀast] *m.* opposition marquée entre deux choses

contravention [kɔ̃tʀavɑ̃sjɔ̃] *f.* papier où un agent de police constate qu'une faute a été commise par un automobiliste

contrebandier [kɔ̃tʀəbɑ̃dje] *m.* celui qui introduit en fraude dans un pays des objets taxés ou interdits

contredire [kɔ̃tRədiR] dire le contraire

contrée [kɔ̃tRe] *f.* certaine étendue de pays

contremaître [kɔ̃tRəmɛtR] *m.* celui qui dirige les ouvriers d'un atelier

contrevenir [kɔ̃tRəvniR] agir contre une loi

contribuable [kɔ̃tRibɥabl] *m.* personne soumise à l'impôt

contribuer [kɔ̃tRibɥe] participer à un résultat par une collaboration active

contrôleur [kɔ̃tRolœR] *m.* personne chargée de contrôler les billets dans les véhicules de transport public

convenablement [kɔ̃vnabləmɑ̃] comme il faut

converser [kɔ̃vɛRse] causer, échanger des propos sur un ton familier

convertir [kɔ̃vɛRtiR] changer en

conviction [kɔ̃viksjɔ̃] *f.* état d'esprit d'une personne qui croit fermement ce qu'elle dit ou pense

convoi [kɔ̃vwa] *m.* suite de wagons entraînés par une seule machine

convoquer [kɔ̃voke] appeler officiellement quelqu'un

cooptation [kooptasjɔ̃] *f.* mode de recrutement consistant, pour une assemblée, à désigner elle-même ses membres

coopter [koopte] admettre par cooptation

coquet [koke] élégant

cor [kɔr] *m.* instrument de musique à vent, en cuivre

corbeille [kɔRbɛj] *f.* ... **à papier** panier rond et haut dans lequel on jette les vieux papiers

cordée [kɔRde] *f.* groupe d'alpinistes reliés entre eux par une corde pour plus de sécurité

cordon [kɔRdɔ̃] *m.* ... **bleu** excellente cuisinière; morceau de corde ou de tresse d'un textile moins grossier que le chanvre

cornélien [kɔRneljɛ̃] qui présente le caractère des personnages de Corneille

correct [kɔRɛkt] qui suit la règle

corridor [kɔRidɔR] *m.* couloir

corvée [kɔRve] *f.* travail obligatoire et généralement peu agréable

costaud [kɔsto] se dit d'une personne forte, très musclée

côté [kote] *m.* **de son** ... pour sa part

coter [kote] estimer, donner un prix

couche [kuʃ] *f.* classe sociale

couchette [kuʃɛt] *f.* wagons spéciaux dans lesquels les passagers peuvent dormir

couler [kule] ... **une œillade** regarder quelqu'un adroitement et d'un air complice; verser dans un moule une substance liquide pour en obtenir l'empreinte

coulissant [kulisɑ̃] **porte** ... **e** porte qui glisse sur un rail et s'ouvre parallèlement au mur qui la porte

coup [ku] *m.* ... **de foudre** sentiment d'amour immédiat; ... **de vin** avoir trop bu du vin; ... **de soleil** brûlure de la peau causée par une exposition trop longue au soleil; **donner un** ... **de fusil** faire payer un prix extrêmement élevé; **donner un** ... **de téléphone** faire un appel téléphonique; **du premier** ... réussir à un examen la première fois qu'on s'y présente; ... **franc** sanctionne une action interdite par la règle du jeu

coupe [kup] *f.* vase ou objet d'art; généralement en métal précieux, attribué comme récompense au vainqueur ou à l'équipe victorieuse d'une compétition; ... **de France** compétition sportive

couper [kupe] **se** ... se croiser (rues); ... **les vivres à quelqu'un** ne plus lui donner à manger

courant [kuRɑ̃] **dans le** ... **de** au cours de

coureur [kuRœR] *m.* sportif qui prend part à une course

courtiser [kuRtize] faire la cour à une jeune fille

couver [kuve] être sur le point

d'éclater (en parlant d'une révolte)

craqueler [kʀakle] se lézarder

creux [kʀø] **heures** . . . **ses** heures durant lesquelles il y a très peu de monde

crevaison [kʀəvezɔ̃] *f.* éclatement ou déchirure d'une chose gonflée

crever [kʀəve] . . . **de faim** avoir très faim; **crève la faim** personne extrêmement pauvre

crevette [kʀəvɛt] *f.* petit crustacé

crise [kʀiz] *f.* . . . **du logement** nombre insuffisant d'habitations

crispation [kʀispasjɔ̃] *f.* contraction

crisper [kʀispe] . . . **la main** serrer la main très fortement et de façon constante

cristallin [kʀistalɛ̃] qui est limpide, clair et agréable comme le cristal

critère [kʀitɛʀ] *m.* principe auquel on se réfère pour faire une analyse

croire (se) [kʀwaʀ] avoir l'impression d'être . . .

croisière [kʀwazjɛʀ] *f.* voyage en bateau

croissance [kʀwasɑ̃s] *f.* développement progressif

croissant [kʀwasɑ̃] *m.* pâtisserie pour le petit déjeuner

croître [kʀwatʀ] pousser, grandir

crosne [kʀozn] *f.* plante comestible originaire du Japon

croulante [kʀulɑ̃t] qui croule

crouler [kʀule] tomber en débris

croupe [kʀup] *f.* fesses

croûte [kʀut] *f.* se dit familièrement d'une très mauvaise peinture (tableau)

cru [kʀy] *m.* terroir spécialisé dans la production d'un vin

cuillerée [kɥijʀe] *f.* contenance d'une cuiller

cuivres [kɥivʀ] *m. pl.* instruments de musique en cuivre

cynique [sinik] qui méprise les convenances sociales

dactylographier [daktilogʀafje] taper un document à la machine à écrire

dame [dam] *f.* **jeu de** . . . **s** jeu de société qui se joue à deux avec des pions sur un damier

darder [daʀde] **le soleil** . . . les rayons du soleil sont brûlants

daurade [doʀad] *f.* nom vulgaire donné à plusieurs sortes de poissons des côtes de France

déambulation [deɑ̃bylasjɔ̃] *f.* action d'aller sans but précis et d'un pas de promenade

débarquer [debaʀke] descendre, quitter un bateau

débat [deba] *m.* discussion au sein d'une assemblée

déboiser [debwaze] couper les bois d'un terrain, d'une montagne

déboîter [debwate] voiture sortant de sa ligne pour en doubler une autre

déborder [debɔʀde] dépasser les bords

déboucher [debuʃe] sortir d'un coup et rapidement (voiture); enlever le bouchon

débris [debʀi] *m. pl.* restes d'un ensemble détruit

décalitre [dekalitʀ] *m.* mesure contenant 10 litres

décaper [dekape] débarrasser une surface de sa couche de peinture

décapiter [dekapite] couper la tête

déceler [desle] découvrir ce qui est caché

décès [dese] *m.* mort

décevant [desvɑ̃] qui déçoit

décevoir [desvwaʀ] tromper un espoir

déchaîner (se) [deʃɛnc] s'exciter

déchiffrer [deʃifʀe] arriver à comprendre le sens difficile d'un texte

déchoir [deʃwaʀ] tomber dans un état moins brillant

décisif [desizif] qui mène à un résultat définitif

déclaration [deklaʀasjɔ̃] *f.* dire à une femme les sentiments amoureux qu'on éprouve pour elle

déclencher [deklãʃe] mettre brusquement en action

décolleté [dekɔlte] *m.* vêtement de femme découvrant le cou, la gorge, les épaules

déconcertant [dekɔ̃sɛRtã] très surprenant

décontracté [dekɔ̃tRakte] sans recherche

déconvenue [dekɔ̃vny] *f.* sentiment résultant d'un espoir trompé

décorateur [dekoRatœR] *m.* personne dont le métier consiste à décorer tout lieu d'habitation

découdre [dekudR] défaire ce qui a été cousu

découler [dekule] résulter

découper [dekupe] technique qui consiste à composer les séquences d'un film

découverte [dekuvɛRt] *f.* action de trouver

décréter [dekRete] décider par autorité légale

dédaigner [dedeɲe] mépriser

dédouaner(se) [dedwane] se dit de quelqu'un qui se relève de la perte de considération, d'influence dans laquelle il était tombé

déduire [dedɥiR] tirer comme conséquence logique

défaillance [defajãs] *f.* faiblesse; maladresse

défaillant [defajã] qui a un défaut

défectueux [defɛktɥø] inutilisable

défi [defi] *m.* provocation

définitif [definitif] qui termine toute chose

dégagement [degaʒmã] *m.* espace libre

delà [dəla] **au . . . de** plus loin que . . .

délasser(se) [delase] se reposer

délecter(se) [delɛkte] prendre un grand plaisir

délibérer [delibeRe] examiner à plusieurs reprises les différents aspects d'une question

délirant [deliRã] extravagant

déloger [delɔʒc] faire partir, par la force, quelque chose ou quelqu'un d'une place qu'il occupe

déloyal [delwajal] qui ne respecte pas les accords ou les pactes, qui manque de bonne foi

déluré [delyRe] se dit d'une personne qui a l'esprit vif et des manières très libres

démarrage [demaRaʒ] *m.* action de démarrer

démarrer [demaRe] mettre le moteur d'un véhicule en marche; commencer à rouler

démissionner [demisjone] renoncer à exercer son métier dans le même poste

démobiliser [demobilize] relâcher la tension

demoiselle [dəmwazɛl] *f.* **. . . d'honneur** jeune fille qui accompagne une mariée

démolir [demoliR] ruiner la réputation d'un écrit ou d'une œuvre

démontée [demɔ̃te] **mer . . .** extrêmement agitée

dénoter [denote] indiquer

dentier [dãtje] *m.* appareil qui remplace les dents

départager [depaRtaʒe] faire cesser le partage en nombre égal des voix

dépaysé [depeize] se dit d'une personne qui se trouve dans un milieu inconnu qui lui paraît étrange

dépendant [depãdã] être sous une autorité

dépensier [depãsje] *m.* qui dépense trop facilement son argent

dépérir [depeRiR] perdre progressivement sa force, sa vitalité

dépersonnalisation [depɛRsonalizasjɔ̃] *f.* enlever toute personnalité

dépit [depi] *m.* chagrin, blessure d'amour propre dû à une déception, à une contrariété; **en . . . de** indique ce qui pourrait s'opposer à un fait

déployer(se) [deplwaje] devenir plus intense

dépolitiser [depolitize] enlever à quelque chose son caractère politique

dépouillement [depujmã] *m.* décompter les votes

dépouiller [depuje] enlever à quelqu'un ou à quelque chose tout ce qu'il possède

dépression [depʀesjɔ̃] *f.* creux

dérailler [deʀaje] sortir des rails

déraper [derape] glisser de côté

dérober(se) [deʀobe] fuir, se cacher

déroutant [deʀutã) déconcertant

désagrément [dezagʀemã] *m.* sentiment causé par ce qui déplaît

désaxé [dezakse] déséquilibré

descriptif [deskʀiptif] qui décrit

désenchantement [dezãʃãtmã] *m.* être déçu

déséquilibré [dezekilibʀe] qui manque d'équilibre

déshériter [dezeʀite] priver quelqu'un d'un héritage

déshydraté [dezidʀate] se dit de certains éléments de phrase isolés de leur contexte

désignation [deziɲasjɔ̃] *f.* action de désigner

dès lors [delɔʀ] à partir d'un certain moment

désordonné [dezɔʀdone] qui n'a pas de suite logique

dessein [desɛ̃] *m.* but

dessin [desɛ̃] *m.* . . . **animé** film dessiné

désuni [dezyni] contraire de **uni**

détenir [detniʀ] posséder

déterrer [deteʀe] sortir de terre

détour [detuʀ] *m.* **au . . . d'une rue** tout de suite après un tournant de rue

détrôner [detʀone] enlever la prédominance à

dévaler [devale] descendre rapidement

déverser [devɛʀse] verser abondamment

deviner [dvine] savoir ce qui va arriver

dévisager [devizaʒe] regarder fixement

devises [dviz] *f. pl.* monnaies étrangères

dévoiler [devwale] découvrir

dévouer(se) [devueʀ] se consacrer à quelqu'un

diagnostic [djagnɔstik] *m.* identification d'une maladie par le médecin

diamétralement [djametʀalmã] . . . **opposé** qui est en opposition totale

diapositive [djapozitiv] *f.* photo positive sur film, destinée à être projetée sur un écran

dieppois [djepwa] qui est né ou qui appartient à Dieppe

diète [djet] *f.* ne manger aucun aliment

diététicien [djetetisjɛ̃] *m.* personne qui s'occupe d'établir une alimentation rationnelle

différer [difeʀe] être différent

dinde [dɛ̃d] *m.* gros oiseau de basse-cour

dire [diʀ] montrer

dirigisme [diʀiʒizm] *m.* système politique dans lequel le gouvernment exerce un pouvoir d'orientation et de décision dans le domaine économique

discerner [disɛʀne] voir plus ou moins distinctement en faisant un effort de la vue

discipline [disiplin] *f.* soumission à un règlement

disert [dizɛʀ] se dit d'une personne qui parle avec facilité

disperser(se) [dispɛʀse] contraire de se rassembler

disponible [disponibl] libre

dissoudre(se) [disudʀ] se fondre

distribuer [distʀibɥe] répartir les rôles des acteurs

diversification [divɛʀsifikasjɔ̃] *f.* changement

diversité [divɛʀsite] *f.* variété

divertissant [divɛʀtisã] qui distrait

divertissement [divɛʀtismã] *m.* distraction

documentaire [dokymãtɛʀ] *m.* film établi d'après des documents pris dans la réalité

dolce vita [dɔltʃevita] *f.* vie de plaisirs

domination [dɔminasjɔ̃] *f.* action de dominer

donner [dɔne] **se** . . . **du mal** passer beaucoup de temps à faire un travail consciencieux; . . . **sa langue au chat** se déclarer vaincu et demander la réponse à une charade ou une énigme qu'on ne peut pas trouver; . . . **lieu à** occasionner

doper(se) [dɔpe] prendre un stimulant avant une épreuve sportive

dorénavant [dɔʀenavã] à partir du moment présent

dorer [dɔʀe] recouvrir d'or ou d'une substance de la couleur de l'or; **se** . . . se faire bronzer au soleil

dorloter [dɔʀlote] traiter délicatement et avec beaucoup d'attention

dorsal [dɔʀsal] qui a trait au dos

dortoir [dɔʀtwaʀ] *m.* salle où l'on dort (dans les écoles, les casernes, etc.)

dossier [dosje] *m.* ensemble des documents concernant une affaire

doublet [duble] *m.* mots de même origine mais entrés dans la langue de manière différente

doublure [dublyʀ] *f.* acteur qui en remplace un autre

doué [dwe] **être** . . . avoir des aptitudes, des dons naturels

douteux [dutø] dont il faut se méfier

doyen [dwajɛ̃] *m.* administrateur d'une université

dragée [dʀaʒe] *f.* amande recouverte de sucre durci

dramaturge [dʀamatyʀʒ] *m.* auteur de drames

dresser [dʀese] . . . **procès verbal** rédiger le compte rendu de l'infraction à une loi

drogue [dʀɔg] *f.* nom donné à des stupéfiants tels que l'opium

drogué [dʀɔge] personne qui prend régulièrement de la drogue

droguerie [dʀɔgʀi] *f.* magasin où l'on achète des produits chimiques

droit [dʀwa] *m.* . . . **de douane** somme d'argent que toute personne doit payer au gouvernement pour obtenir l'autorisation de faire entrer une marchandise étrangère dans le pays; **être en** . . . **de** avoir la pleine autorisation de

duel [dɥɛl] *m.* combat entre deux adversaires

dur [dyʀ] **boutiques en** . . . boutiques construites et inamovibles

dynamique [dinamik] se dit de ce qui est relatif au mouvement, à l'action

ébaucher [eboʃe] commencer

écaille [ekaj] *f.* carapace de tortue et servant à la fabrication de certains objets

échanger [eʃãʒe] . . . **des propos anodins** parler de choses peu importantes avec quelqu'un

échappé [eʃape] *m.* coureur qui s'est détaché du peloton et le précède

écharde [eʃaʀd] *f.* petit fragment de bois ou de métal entré dans la chair

écharpe [eʃaʀp] *f.* bande d'étoffe portée autour de cou pour avoir chaud ou pour soutenir un bras blessé

écœurement [ekœʀmã] *m.* dégoût

école [ekɔl] *f.* . . . **libre** école privée, confessionelle ou non

économe [ekonɔm] qui évite de dépenser son argent

économiser [ekonomize] faire des économies

écorcher [ekɔʀʃe] blesser légèrement la peau

écoulé [ekule] passé

écran [ekʀã) *m.* **le petit** . . . la télévision

écritoire [ekʀitwaʀ] *f.* petit ensemble qui comprend tout ce qui est nécessaire pour écrire

écrou [ekʀu] *m.* partie mobile d'un boulon

écuyer [ekɥije] *m.* celui qui servait un chevalier

effervescence [efɛRvesãs] *f.* en ... très
agité

effiler(s') [efile] devenir plus mince

effondrer(s') [efɔ̃dRe] s'écrouler,
tomber en ruine

effriter(s') [efRite] s'en aller en
poussière

effusion [efuzjɔ̃] *f.* vive marque d'un
sentiment

égailler(s') [egɛje] se disperser en tous
sens, en général pour se cacher

égal [egal] ça m'est ... rester
indifférent

égard [egaR] *m.* respect

égarer [egaRe] tromper, perdre; s' ...
ne plus trouver son chemin

élan [elã] *m.* ardeur

élancé [elãse] mince

élargi [elaRʒi] qui est devenu plus large

électrifier [elɛktRifje] doter d'une
installation électrique

élévation [elevasjɔ̃] *f.* distance en
hauteur

éliminer [elimine] écarter quelqu'un
d'un organisme

élite [elit] *f.* petit groupe considéré
comme ce qu'il y a de meilleur dans
un ensemble de personnes

ellipse [elips] *f.* fait de syntaxe
consistant à ne pas exprimer un ou
plusieurs éléments de la phrase qui
ne sont pas indispensables à la
compréhension

émaillé [emɛje] revêtu d'un vernis
très dur résistant à la chaleur

émancipation [emãsipasjɔ̃] *f.* amener
à l'indépendance

embarquer(s') [ãbaRke] monter à bord
d'un bateau

embarras [ãbaRa] *m.* ... du choix
préférence difficile à cause de la
surabondance

embaucher [ãboʃe] engager un ouvrier

embonpoint [ãbɔ̃pwɛ̃] *m.* état d'une
personne grasse

éminent [eminã] se dit d'une personne
que ses qualités mettent nettement
au-dessus du niveau moyen

emménager [ãmenaʒe] s'installer dans
un nouvel appartement

empiler [ãpile] entasser sous forme
de pile

emplettes [ãplɛt] *f. pl.* achat de
marchandises

employer(s') [ãplwaje] s'utiliser

empoisonné [ãpwazone] tué par du
poison

empreinte [ãpRɛ̃t] *f.* trace, marque

enceinte [ãsɛ̃t] qui attend un enfant

enchaîner [ãʃene] lier avec des chaînes

enchanté [ãʃãte] rempli d'un vif plaisir

enchanteur [ãʃãtœR] **contrée
enchanteresse** contrée qui enchante
par sa beauté

enchère [ãʃɛR] *f.* **vente aux ... s**
vente publique à la personne qui
offre le plus d'argent

encombré [ãkɔ̃bRe] occupé par un
très grand nombre

encontre [ãkɔ̃tR] *f.* à l' ... de en
opposition avec

encourager [ãkuRaʒe] favoriser le
développement de quelque chose

endetter [ãdete] charger de dettes

endive [ãdiv] *f.* genre de légume qui
se mange en salade

endosser [ãdose] mettre sur son dos

endroit [ãdRwa] *m.* à l' ... de à
l'égard de

enduit [ãdɥi] *m.* substance qui
recouvre la surface d'un corps;
imprégné

enfiévré [ãfjevRe] exalté

enfler [ãfle] grandir, devenir plus
intense

enfreindre [ãfRɛ̃dR] transgresser

engager [ãgaʒe] **qui n' engage à rien** qui
n'entraînera aucune conséquence

engendrer [ãʒãdRe] produire, créer

engourdissement [ãguRdismã] *m.* demi-
sommeil

engraisser [ãgRese] faire devenir gras

enhardir [ãnaRdiR] rendre hardi

énigme [enigm] *f.* jeu d'esprit consistant
à faire deviner quelque chose au
moyen d'une définition complexe

enivrer [anivʀe]　rendre ivre

enlacé [ɑ̃lase]　deux personnes très serrées, chacune entourant l'autre de ses bras

enorgueillir(s') [anɔʀɡəjiʀ]　être fier

enragé [ɑ̃ʀaʒe]　atteint par la rage

enrayer [ɑ̃ʀeje]　arrêter

enroué [ɑ̃ʀwe]　**être** . . . avoir la voix sourde, voilée

enseignant [ɑ̃seɲɑ̃] *m.*　professeur ou instituteur

enseigne [ɑ̃sɛɲ] *f.*　indication qu'on place sur la façade d'une maison de commerce pour attirer l'attention du public

enseigné [ɑ̃seɲe] *m.*　élève ou étudiant

ensemblier [ɑ̃sɑ̃blje] *m.*　décorateur d'appartements

ensoleillé [ɑ̃soleje]　plein de soleil

ensorcelé [ɑ̃sɔʀsəle]　être très charmé, séduit

entente [ɑ̃tɑ̃t] *f.*　accord

enterrer(s') [ɑ̃teʀe]　s'enfermer, se retirer dans un lieu perdu

entêter(s') [ɑ̃tete]　continuer à vouloir faire une chose malgré les obstacles qu'on rencontre

enthousiaste [ɑ̃tuzjast]　se dit d'une personne qui manifeste une admiration passionnée pour quelque chose

entorse [ɑ̃tɔʀs] *f.*　torsion douloureuse des tendons du pied

entr'acte [ɑ̃tʀakt] *m.*　intervalle de temps entre les parties d'un spectacle

entraîner(s') [ɑ̃tʀene]　conserver la pratique d'un sport par un exercice régulier

entraîneur [ɑ̃tʀenœʀ] *m.*　personne qui a pour métier d'entraîner les sportifs

entrecôte [ɑ̃tʀəkot] *f.*　sorte de biftek; . . . **à point** moins cuit que «bien cuit»; . . . **saignant** plus cuit que «bleu»; . . . **bleu** presque cru

entremets [ɑ̃tʀəme] *m.*　plat sucré qu'on sert après les fromages et avant les fruits

entreposer [ɑ̃tʀəpoze]　déposer momentanément dans un lieu

entreprise [ɑ̃tʀəpʀiz] *f.*　affaire commerciale ou industrielle

entrer [ɑ̃tʀe]　. . . **en fonctions** commencer à travailler dans un nouvel emploi

entretenir(s') [ɑ̃tʀətniʀ]　parler avec

énumérer [enymeʀe]　énoncer

envahir [ɑ̃vaiʀ]　occuper complètement, avec une idée de force imposée

environnement [ɑ̃viʀɔnmɑ̃] *m.*　entourage successivement les parties d'un tout

épaissir [epesiʀ]　devenir épais

épanoui [epanui]　ayant atteint son point parfait de développement

éparpillé [epaʀpije]　dispersé

éperdu [epɛʀdy]　se dit d'un sentiment très vivement ressenti

épicerie [episʀi] *f.*　. . . **du coin** épicerie très proche de la maison d'habitation

épier [epje]　observer en se cachant

épinard [epinaʀ] *m.*　légume vert

épine [epin] *f.*　excroissance dure et pointue qui naît sur certains végétaux

épissure [episyʀ] *f.*　soudure de deux bouts de fils électriques

éplucher [eplyʃe]　enlever aux fruits ou aux légumes ce qui n'est pas mangeable

épopée [epope] *f.*　récit d'aventures héroïques accompagnées de merveilleux

époque [epɔk] *f.*　période de l'année

épousailles [epuzaj] *f. pl.*　synonyme ironique de mariage

équipée [ekipe] *f.*　entreprise téméraire

éreinter(s') [eʀɛ̃te]　s'épuiser de fatigue

errance [eʀɑ̃s] *f.*　état de celui qui vagabonde

erroné [eʀone]　faux

escalader [eskalade]　action de grimper avec effort

escale [ɛskal] *f.*　arrêt momentané d'un bateau ou d'un avion au cours de son voyage

escalope [ɛskalɔp] *f.* tranche mince de viande, principalement de veau

escargot [ɛskaʀgo] *m.* mollusque à coquille en spirale, lent et comestible

escarpé [ɛskaʀpe] se dit d'un terrain qui présente une pente rapide, qui est d'accès difficile

escrime [ɛskʀim] *f.* art de l'épée et du sabre

espèce [ɛspɛs] *f.* **essentiel en l'** ... essentiel en ce qui concerne le sujet dont il est question

espion [ɛspjɔ̃] *m.* personne qui prend des renseignements pour le compte d'un pays étranger

esplanade [ɛsplanad] *f.* terrain plat, uni et découvert, en avant d'un édifice

esprit [ɛspʀi] *m.* **plein d'** ... spirituel; ... **d'équipe** sentiment de solidarité

esquisser [ɛskise] faire le premier tracé d'un dessin en indiquant seulement les grandes lignes

essaim [esɛ̃] *m.* ... **de questions** très grand nombre de questions empressées

essayage [esejaʒ] *m.* séances pour essayer un vêtement en cours de confection

essayiste [esejist] *m.* homme de lettres qui écrit des essais

essence [esɑ̃s] *f.* ce qui constitue la nature d'une chose

essoufflement [esufləmɑ̃] difficulté qu'on éprouve à respirer

essouffler(s') [esufle] perdre, avoir perdu le souffle par un effort excessif

estimable [ɛstimabl] qui mérite l'estime de tous

estivant [ɛstivɑ̃] *m.* personne qui passe des vacances hors du lieu d'habitation habituel

estrade [ɛstʀad] *f.* plancher surélevé par rapport au sol

étape [etap] *f.* lieu d'arrêt après une journée de route

état [eta] *m.* ... **de siège** mesure prise en cas de troubles et qui place les pouvoirs civils sous les ordres du commandement militaire

éternuer [etɛʀnɥe] contraction subite des muscles expiratoires à la suite de laquelle l'air est chassé avec violence par le nez et la bouche

étoile [etwal] *f.* ... **du berger** planète Vénus

étouffe-chrétien [etufkʀetjɛ̃] *m.* nourriture trop bourrative et difficile à avaler

étourderie [etuʀdʀi] *f.* acte commis sans réflexion

étrave [etʀav] *f.* pointe à l'avant d'un bateau

être [ɛtʀ] ... **pour** être favorable à

étroit [etʀwa] intime

euphorie [øfɔʀi] *f.* sentiment de bien être moral et physique

évacuation [evakyasjɔ̃] *f.* ... **des ordures** enlever les ordures

évader(s') [evade] fuir

évanouir(s') [evanwiʀ] perdre connaissance

évanouissement [evanwismɑ̃] *m.* action de s'évanouir

éventaire [evɑ̃tɛʀ] *m.* étalage à l'extérieur d'une boutique

éventualité [evɑ̃tɥalite] *f.* événement incertain, mais possible

évolué [evolɥe] se dit d'une personne qui a atteint un certain degré de développement

exacerber(s') [ɛgzasɛʀbe] s'énerver

exalter [ɛgzalte] enthousiasmer

excitant [ɛksitɑ̃] qui donne plus d'énergie à l'organisme

exécutif [ɛgzekytif] **pouvoir** ... pouvoir chargé d'assurer l'application des lois établies par le pouvoir législatif

exigence [ɛgziʒɑ̃s] *f.* ce qu'une personne exige, réclame d'une autre

exigu [ɛgzigy] contraire de spacieux

exorbitant [ɛgzɔʀbitɑ̃] exagéré, excessif, trop élevé (à propos d'un prix)

exotisme [ɛgzotizm] *m.*   qui se rapporte à des pays lointains

expansion [ɛkspãsjõ] *f.*   développement;
... **économique** développement de la production

explétif [ɛkspletif]   se dit d'un mot, d'une expression qui n'est pas nécessaire au sens de la phrase

explicite [ɛksplisit]   énoncé de façon claire et détaillée

extase [ɛkstaz] *f.*   émotion intérieure violente et agréable

extasier(s') [ɛkstazje]   exprimer son admiration, son ravissement

externe [ɛkstɛʀn] *m.*   élève qui suit les cours d'une école sans y coucher et sans y prendre les repas

extravagant [ɛkstʀavaga]   étrange, qui n'est pas raisonnable

exulter [ɛgzylte]   éprouver une joie très vive

faciliter [fasilite]   rendre facile

facteur [faktœʀ] *m.*   élément

factice [faktis]   qui n'est pas naturel

facture [faktyʀ] *f.*   façon dont une chose est faite

faillir [fajiʀ]   manquer; être sur le point de

faillite [fajit] *f.*   **faire** ... état de tout commerçant qui ne peut plus payer l'achat de ses marchandises

faim [fɛ̃] *f.*   ... **de loup** avoir très faim

faire [fɛʀ]   ... **l'article** vanter; ... **bonne chère** bien manger; ... **carrière** progresser; ... **la cour** chercher à plaire à une femme, à gagner son cœur par toutes sortes d'attentions; ... **l'école buissonnière** manquer l'école pour s'amuser; ... **la grasse matinée** rester tard au lit le matin; ... **le ménage** nettoyer l'appartement; ... **le mur** s'échapper; ... **la navette** aller et venir; ... **part** apprendre; ... **la planche** flotter sur le dos; ... **les 400 coups** faire toutes sortes de tours; ... **la queue** attendre son tour en file; ... **remise**

abandonner, ne pas réclamer; ... **tapisserie** rester assise pendant une danse; ... **la ronde** visite, inspection militaire ou policiaire autour d'un lieu pour s'assurer que tout va bien; se ... **rouler** être roulé par quelqu'un; ... **des affaires** voir **affaire**; se ... **réveiller** demander à quelqu'un de vous réveiller; ... **asseoir** prier quelqu'un de s'asseoir; ... **la poussière** enlever la poussière; ... **la vaisselle** nettoyer la vaisselle; ... **tourner** faire fonctionner; ... **un faux** faire une œuvre qui n'est qu'une copie frauduleuse d'une œuvre d'art connue; se ... **une raison** accepter bon gré mal gré

faisan [fəzã] *m.*   sorte d'oiseau sauvage de la taille d'une poule, très apprécié pour sa chair

familiariser(se) [familjaʀize]   se rendre une chose connue en la pratiquant

familier [familje]   bien connu

famille [famij] *f.*   **tarif de** ... **nombreuse** réduction spéciale accordée aux personnes appartenant à une famille nombreuse

fantaisiste [fãtezist]   voir **extravagant**

fantôme [fãtom] *m.*   être imaginaire qu'on croit être la manifestation d'une personne morte

farandole [faʀãdɔl] *f.*   danse provençale dans laquelle les danseuses se tiennent par la main sur une longue file

fard [faʀ] *m.*   ensemble des produits de beauté que les femmes se mettent sur le visage pour paraître plus belles

fardeau [faʀdo] *m.*   chose qui pèse lourdement et qu'il faut transporter

fastueux [fastɥø]   qui est très luxueux

fatal [fatal]   fixé de façon définitive par le sort

fatigué [fatige]   usé

faucher [foʃe]   couper l'herbe avec une faux

faufiler(se) [fofile]   se glisser adroitement entre des obstacles resserrés

faveur [favœR] *f.*   **avoir la . . . de la société** que la société aime particulièrement

favoriser [favoRize]   encourager

féliciter(se) [felisite]   être heureux de

femme [fam] *f.*   **. . . d'intérieur** femme qui s'occupe avec compétence de son ménage

fenouil [fənuj] *m.*   plante potagère aromatique

fermé [fɛRme]   **être . . . à** être opposé à

fermeté [fɛRmete] *f.*   état de celui qui est solide, ferme

fertile [fɛRtil]   se dit d'une terre riche, sur laquelle toutes les plantes poussent bien

ferveur [fɛRvœR] *f.*   ardeur

feu [fø] *m.*   lumière réglant la circulation; **faire cuire à petit . . .** faire cuire très lentement

feuilleter [fœjte]   tourner les pages d'un livre qu'on parcourt rapidement

ficeler [fisle]   attacher avec une ficelle

ficher [fiʃe]   **. . . le camp** partir

fichier [fiʃje] *m.*   ensemble de fiches comportant de nombreux renseignements

fidèle [fidɛl]   se dit d'une copie qui reproduit exactement l'original

figé [fiʒe]   immobile

figure [figyR] *f.*   **danse à . . .** ensemble des déplacements des danseurs formant un tout harmonieux

fil [fil] *m.*   **. . . direct** ligne de téléphone directe

filet [file] *m.*   **faux . . .** morceau de viande de bœuf; place aménagée au-dessus des banquettes de trains ou autobus, réservée aux bagages

fisc [fisk] *m.*   administration des impôts et taxes

fiscal [fiskal]   qui se rapporte au fisc

flanc [flã] *m.*   **se glisser de . . .** avancer entre des obstacles resserrés en présentant le flanc; côté d'une chose

flatter [flate]   louer à l'excès pour séduire

flegmatique [flɛgmatik]   calme, qui contrôle ses émotions

flexible [flɛksibl]   qui peut se courber facilement sans se casser

flirt danse [flœRtdãs]   sorte de danse

florissant [floRisã]   **santé . . . e** santé parfaite

flot [flo]   grande quantité

fluxion [flyksjɔ̃] *f.*   **. . . de poitrine** inflammation du poumon

foi [fwa] *f.*   **sur la . . . de** d'après la confiance accordée à une chose

fois [fwa]   **si des . . .** si par hasard

fonction [fɔ̃ksjɔ̃] *f.*   **en . . . de** par rapport à; **être . . . de** dépendre de

fonder [fɔ̃de]   prendre pour base

forcené [foRsne]   hors de soi, furieux

format [foRma] *m.*   dimensions d'un objet

forme [foRm] *f.*   **être en pleine . . .** être en très bonne condition physique

fortifier [foRtifje]   rendre plus fort

fortune [foRtyn] *f.*   **une penderie de . . .** penderie fabriquée très rapidement et qui n'a pas les qualités requises

fou [fu] *m.*   joker (aux cartes)

foudroyé [fudRwaje]   tué par la foudre

fouiller [fuje]   chercher avec beaucoup de soins dans les bagages de quelqu'un

foule [ful] *f.*   **une . . . de** un très grand nombre de

fouler [fule]   marcher sur

foulure [fulyR] *f.*   torsion légère de la cheville

four [fuR] *m.*   échec complet d'un spectacle

fourrage [fuRaʒ] *m.*   herbe pour la nourriture et l'entretien des bestiaux

foyer [fwaje] *m.*   lieu d'où provient quelque chose

fracassant [fRakasã]   révolutionnaire

fracassé [fRakase]   brisé avec violence

fracture [fʀaktyʀ] *f.* cassure faite par choc

franchir [fʀɑ̃ʃiʀ] traverser

frapper [fʀape] retenir l'attention

frêne [fʀɛn] *m.* arbre forestier dont l'écorce est grise et assez lisse

friable [fʀijabl] facile à casser

frigo [fʀigo] *m.* réfrigérateur

friture [fʀityʀ] *f.* poissons frits

froisser [fʀwase] chiffonner, marquer de faux plis

froncer [fʀɔ̃se] plisser

frustrant [fʀystʀɑ̃] sentiment provoqué par une privation injuste

funeste [fynɛst] se dit d'une chose qui conduit à une situation dangereuse, nuisible

fur [fyʀ] **au ... et à mesure** dans le même temps et la même proportion

furtif [fyʀtif] en secret; **d'un pas ...** marcher de façon discrète, rapide, comme un voleur

fusée [fyze] *f.* véhicule avec lequel les astronautes voyagent

gage [gaʒ] *m.* ce qu'on dépose quand on se trompe (au cours d'un jeu de société) et qu'on ne peut reprendre qu'après une pénitence

gageure [gaʒyʀ] *f.* action, opinion qui semble impossible

gamme [gam] *f.* série continue dont les éléments sont classés selon une gradation

gant [gɑ̃] *m.* morceau de tissu dont on se recouvre la main et qui sert à faire la toilette

garçon [gaʀsɔ̃] *m.* **... d'honneur** jeune homme chargé d'assister les époux pendant la cérémonie du mariage

garder [gaʀde] **... le silence** conf. **mutisme**

gardien [gaʀdjɛ̃] *m.* **... de but** le goal (abréviation de goalkeeper)

gastronomie [gastʀonomi] *f.* art de bien manger

gâter [gate] traiter avec trop d'indulgence

gâte-sauce [gatsos] *m.* apprenti cuisinier; mauvais cuisinier

gâteux [gatø] se dit d'un vieillard diminué intellectuellement

gaucherie [goʃʀi] *f.* maladresse dans le comportement

gavotte [gavɔt] *f.* ancienne danse

gazon [gazɔ̃] *m.* herbe courte et menue

génération [ʒeneʀasjɔ̃] *f.* ensemble des personnes qui ont à peu près le même âge en même temps

généreux [ʒeneʀø] important

genêt [ʒne] *m.* sorte d'arbuste qui porte des fleurs jaunes

gérant [ʒeʀɑ̃] *m.* administrateur d'un magasin, d'un immeuble

gérer [ʒeʀe] administrer

germain [ʒɛʀmɛ̃] **cousin ...** cousins qui ont au moins le même grand-père ou la même grand-mère

glouton [glutɔ̃] *m.* se dit de quelqu'un qui mange en se bourrant de nourriture goulûment

gorgée [gɔʀʒe] *f.* quantité d'un liquide qu'on peut boire d'un seul coup

gouache [gwaʃ] *f.* procédé de peinture à l'eau

goudron [gudʀɔ̃] *m.* substance noire dont on recouvre les routes

goudronné [gudʀone] recouvert de goudron

goulu [guly] se dit de quelqu'un qui dévore sa nourriture

goût [gu] *m.* **au ... du jour** actuel

grand [gʀɑ̃] **pas ... chose** presque rien

grange [gʀɑ̃ʒ] *f.* bâtiment de campagne qui sert à abriter la paille, le foin, les récoltes

gratte-ciel [gʀatsjɛl] *m.* maison très haute

graver [gʀave] décorer avec des dessins en creux

gravité [gʀavite] *f.* importance

gravure [gʀavyʀ] *f.* image gravée

greffe [gʀɛf] *f.* opération consistant à rattacher au corps d'un animal ou d'une personne des parties prises sur lui-même ou sur un autre individu

grillade [gʀijad] *f.* viande grillée

grimaçant [gʀimasɑ̃] qui fait des grimaces

grimace [gʀimas] *f.* déformation volontaire des traits du visage dans un but comique

gringalet [gʀɛ̃gale] *m.* homme petit et chétif

griser (se) [gʀize] s'exalter

grognement [gʀɔɲmɑ̃] *m.* murmure sourd de mécontentement

gronder [gʀɔ̃de] faire des remontrances

gros [gʀo] **grosse mer** plus agitée qu'une mer houleuse

grossesse [gʀosɛs] *f.* état d'une femme enceinte

grossièreté [gʀosjɛʀte] *f.* une remarque vulgaire

grouiller [gʀuje] image que donne une masse de personnes confuse et en mouvement

guérison [geʀizɔ̃] *f.* suppression du mal physique ou moral

guérisseur [geʀisœʀ] *m.* personne qui prétend guérir les malades par des procédés magiques

gueule [gœl] *f.* . . . **cassée** ancien soldat blessé au visage

gui [gi] *m.* sorte de plante à fleurs blanches sans pétales

guichet [giʃe] *m.* ouverture par laquelle le public peut s'adresser à un employé de poste, de cinéma, de banque

guidon [gidɔ̃] *m.* barre qui sert à conduire une bicyclette

guise [giz] *f.* **à ma** . . . comme il me plaît

habiter [abite] être d'une manière permanente

hâbleur [ablœʀ] *m.* qui tient de longs discours sur des succès qu'il se donne

hameau [amo] *m.* très petit village

hameçon [amsɔ̃] *m.* crochet d'acier à l'extrémité de la ligne de pêche servant à attraper le poisson

harassant [aʀasɑ̃] très fatigant

hargneux [aʀɲø] de mauvaise humeur

harmonieux [aʀmonjø] équilibré

hâte [at] *f.* empressement, impatience

hausser [ose] faire monter les prix

haut-parleur [opaʀlœʀ] *m.* amplificateur du son

herbu [ɛʀby] couvert d'herbe

héritage [eʀitaʒ] *m.* biens que reçoit un héritier

héritier [eʀitje] *m.* celui qui reçoit des biens d'une personne qui vient de mourir

hermétique [ɛʀmetik] très difficile à comprendre

herse [ɛʀs] *f.* machine agricole pour aplanir la terre labourée

hésitant [ezitɑ̃] personne qui hésite

hésitation [ezitasjɔ̃] *f.* action d'hésiter

hétéroclite [eteʀoklit] objets différents et qui ne s'accordent pas

hêtre [ɛtʀ] *m.* arbre à écorce lisse et à bois blanc

heurter [œʀte] frapper; choquer

hexagonal [ɛgzagonal] figure géométrique qui a six côtés égaux

hisser [ise] faire monter en tirant ou en soulevant avec effort

histoire [istwaʀ] *f.* complication

H.L.M. [aʃɛlɛm] *m.* (Habitation à Loyer Modéré) appartements bon marché

homard [omaʀ] *m.* crustacé à grosses pinces

honorable [onoʀabl] digne

honoraires [onoʀɛʀ] *m. pl.* salaire des docteurs, professeurs ou professions semblables

hoquet [oke] *m.* contraction involontaire de la gorge, accompagnée de bruit

hostile [ɔstil] qui montre des intentions défavorables, qui se comporte en ennemi

hôte [ot] *m.* personne qui reçoit l'hospitalité

hôtesse [otɛs] *f.* . . . **de l'air** jeune fille qui reçoit les passagers à bord d'un avion de ligne

houille [uj] *f.* . . . **blanche** électricité
houle [ul] *f.* mouvement de la mer
quand il y a du vent
houleuse [uløz] **mer** . . . mer agitée
huer [ye] blâmer par des cris
huile [ɥil] **mer d'** . . . mer très calme,
où il n'y a aucune vague
huissier [ɥisje] *m.* officier ministériel
chargé de mettre à exécution
certaines décisions de justice ou de
dresser des constats
huître [ɥitʀ] *f.* mollusque marin à
coquille
humoristique [ymoʀistik] satirique
humour [ymuʀ] *m.* ironie, satire
humus [ymys] *m.* matière brune ou
noirâtre qui se forme par la
décomposition de la paille, des
feuilles du bois, etc.

idée [ide] *f.* **riche** . . . très bonne
idée
identifier [idãtifje] considérer comme
identique à une autre chose
illisible [ilizibl] qu'on ne peut pas
lire, déchiffrer
imbuvable [ɛ̃byvabl] qu'on ne peut
pas boire
immangeable [ɛ̃mãʒabl] qu'on ne peut
pas manger
imminent [iminã] qui est très près de
se produire, qui va avoir lieu dans
très peu de temps
impatienter(s') [ɛ̃pasjãte] perdre
patience
impératif [ɛ̃peʀatif] *m.* obligation
impétueux [ɛ̃petɥø] violent et rapide
implication [ɛ̃plikasjɔ̃] *f.* conséquence
implicite [ɛ̃plisit] qui n'est pas formulé
mais qui est la conséquence
nécessaire d'une chose
impliquer [ɛ̃plike] signifier
obligatoirement
importer [ɛ̃poʀte] avoir de
l'importance
imposer [ɛ̃poze] **cela s'impose** être
nécessaire; forcer à quelque chose;
impressionner

impossible [ɛ̃posibl] trop exigeant
imposte [ɛ̃pɔst] *f.* petite fenêtre
au-dessus d'une porte
imprégné [ɛ̃pʀeɲe] se dit d'un corps
pénétré par un liquide
impressionner [ɛ̃pʀesjone] produire une
vive impression sur quelqu'un
imprévu [ɛ̃pʀevy] qu'on ne peut pas
prévoir
improbable [ɛ̃pʀobabl] se dit d'une
chose qui a très peu de chances de
se produire
imprudence [ɛ̃pʀydãs] *f.* action
contraire à la prudence
impudeur [ɛ̃pydœʀ] *f.* se dit d'un
comportement qui choque le goût
des autres
inaccessible [inaksesibl] qu'on ne peut
pas atteindre
inactif [inaktif] qui n'est pas actif
inaperçu [inapɛʀsy] sans être vu
incarne [ɛ̃kaʀne] interpréter le rôle
d'un personnage; représenter une
chose en assumant toutes ses
fonctions
incessant [ɛ̃sesã] qui ne cesse pas
incolore [ɛ̃kɔlɔʀ] sans couleur
incongru [ɛ̃kɔ̃gʀy] déplacé, mal à
propos
inconscient [ɛ̃kɔ̃sjã] qui n'est pas
conscient
inconsidérément [ɛ̃kɔ̃sideʀemã] sans
réflexion
incontestablement [ɛ̃kɔ̃tɛstabləmã] sans
aucun doute
incruster [ɛ̃kʀyste] insérer des fragments d'une matière dans une autre
pour former des ornements
inculquer [ɛ̃kylke] enseigner par la
force
indéfiniment [ɛ̃definimã] pendant un
temps qui ne semble plus finir
indicateur [ɛ̃dikatœʀ] *m.* livre spécial
servant à donner toutes les
informations sur les départs et les
arrivées des trains
indice [ɛ̃dis] *m.* détail qui permet de
trouver une solution

indigène [ɛ̃diʒɛn] *m.* celui qui est né dans le pays qu'il habite

indigent [ɛ̃diʒã] *m.* personne très pauvre

indigestion [ɛ̃diʒɛstjɔ̃] *f.* trouble momentané de l'estomac, généralement dû à un excès de nourriture

individualité [ɛ̃dividɥalite] *f.* caractère de ce qui est individuel

industrialisé [ɛ̃dystʀjalize] fait de façon industrielle

inefficace [inefikas] qui n'est pas efficace

infériorité [ɛ̃feʀjoʀite] *f.* caractère de ce qui est inférieur

infime [ɛ̃fim] extrêmement petit

infliger [ɛ̃fliʒe] faire subir; appliquer comme peine (. . . une contravention)

influer [ɛ̃flye] avoir de l'influence

infraction [ɛ̃fʀaksjɔ̃] *f.* violation d'une loi (code de la route)

ingrat [ɛ̃gʀa] **besogne** . . . e travail difficile et qui n'apporte pas les avantages correspondant à la peine qu'on se donne pour l'accomplir

ingrédients [ɛ̃gʀedjã] *m. pl.* tout ce qui entre dans la composition d'un ensemble

inhérent [ineʀã] se dit d'une chose qui est liée d'une manière inséparable, qui est nécessaire à une autre

inhumain [inymɛ̃] qui n'est pas humain

initiation [inisjasjɔ̃] *f.* cérémonie, organisée par les étudiants anciens d'une grande école, ayant pour but d'admettre un bizuth comme membre de leur société

initier [inisje] être le premier à apprendre une connaissance quelconque à quelqu'un

injurier [ɛ̃jyʀje] crier des injures à quelqu'un

insalubre [ɛ̃salybʀ] qui est dangereux pour la santé

insensé [ɛ̃sãse] qui n'a pas de sens

insérer(s') [ɛ̃seʀe] se placer entre deux choses

insignifiant [ɛ̃siɲifjã] très peu important, qui passe inaperçu

insinuateur [ɛ̃sinɥatœʀ] qui insinue

insinuer [ɛ̃sinɥe] faire comprendre quelque chose adroitement, sans le dire ouvertement

insolite [ɛ̃solit] qui n'est pas habituel

insouciance [ɛ̃susjãs] *f.* disposition d'esprit libre et sans souci

inspirer(s') [ɛ̃spiʀe] prendre comme exemple

instabilité [ɛ̃stabilite] *f.* qui manque de constance dans ses idées

instable [ɛ̃stabl] se dit d'une personne dont le caractère, le comportement changent souvent

instance [ɛ̃stãs] *f.* service ou personne qui a un pouvoir d'autorité

institué [ɛ̃stitɥe] établi

insulter [ɛ̃sylte] crier des injures à quelqu'un

insupportable [ɛ̃sypɔʀtabl] qu'on ne peut pas supporter

insurrection [ɛ̃syʀɛksjɔ̃] *f.* révolte

intégration [ɛ̃tegʀasjɔ̃] *f.* action de faire entrer dans un ensemble, dans un groupe plus vaste

intégrer(s') [ɛ̃tegʀe] s'assimiler

intégrité [ɛ̃tegʀite] *f.* état d'une chose dont la valeur n'a pas été modifiée

intensifier [ɛ̃tãsifje] devenir plus intense

interlocuteur [ɛ̃tɛʀlokytœʀ] *m.* personne parlant à une autre

interne [ɛ̃tɛʀn] *m.* élève d'un lycée ou d'un collège, nourri et logé dans l'école

interpréter [ɛ̃tɛʀpʀete] donner un sens à quelque chose

interruption [ɛ̃teʀypsjɔ̃] *f.* arrêt momentané

interurbain [ɛ̃tɛʀyʀbɛ̃] entre deux villes différentes

intime [ɛ̃tim] ce qui est profondément lié à l'existence d'une personne, ce qui lui appartient en propre

intituler [ɛ̃tityle] donner un titre

intolérable [ɛ̃toleʀabl] qu'on ne peut pas supporter

intoxiqué [ɛ̃tɔksike] *m.* personne qui a l'habitude d'absorber des substances toxiques (drogues)

intrigue [ɛ̃tʀig] *f.* ensemble des événements qui constituent l'action d'une pièce de théâtre, d'un roman

intriguer [ɛ̃tʀige] inspirer de la curiosité

inventaire [ɛ̃vɑ̃tɛʀ] *m.* revue détaillée et minutieuse d'un ensemble

investir [ɛ̃vɛstiʀ] engager de l'argent dans une affaire commerciale

invisible [ɛ̃vizibl] qu'on ne peut pas voir

irritant [iʀitɑ̃] énervant

issu [isy] sorti de

issue [isy] *f.* sortie

itinéraire [itineʀɛʀ] *m.* chemin qu'on suit pour aller d'un lieu à un autre

ivresse [ivʀɛs] *f.* très grande joie

jargon [ʒaʀgɔ̃] *m.* langue formée d'éléments hétérogènes, parfois difficile à comprendre

jeton [ʒtɔ̃] *m.* pièce ronde de métal qu'on utilise comme pièce de monnaie pour faire fonctionner un téléphone public

jouer [ʒwe] . . . **des coudes** manœuvrer pour passer à travers une foule compacte; manœuvrer aux dépens des autres
. . . **les** se donner des airs de

joueur [ʒwœʀ] *m.* **bon** . . . personne qui reste impassible devant la défaite; **mauvais joueur** personne qui accepte mal une défaite

jour [ʒuʀ] *m.* **être dans un mauvais** . . . être de mauvaise humeur

judiciaire [ʒydisjɛʀ] qui appartient à la justice, à l'autorité qu'elle concerne

judicieux [ʒydisjø] rationnel, logique

jurer [ʒyʀe] dire des gros mots

juste [ʒyst] **ne pas savoir au** . . . ne pas savoir exactement

juxtaposer [ʒykstapoze] placer une chose à la suite d'une autre, à côté d'une autre

khagne [kaɲ] *f.* classe de préparation au concours de l'École Normale Supérieure, section Lettres

klaxon [klaksɔ̃] *m.* appareil sonore d'une voiture dont on se sert pour avertir

klaxonner [klaksone] utiliser le klaxon

lacet [lase] *m.* **route en** . . . **(s)** route qui a des tournants nombreux et rapprochés

lâcher [laʃe] laisser échapper

laideur [ledœʀ] *f.* caractère de ce qui est laid

laitière [letjɛʀ] **vache** . . . vache élevée pour le lait qu'elle produit

laitue [lety] *f.* espèce particulière de salade

lancer [lɑ̃se] . . . **la mode** faire connaître la mode au public

lancers [lɑ̃se] *m. pl.* jets

langoustine [lɑ̃gustin] *f.* petit crustacé, rose quand il est cuit

langue [lɑ̃g] *f.* . . . **de vipère** personne qui dit toujours des choses très désagréables

las [la] qui éprouve une grande fatigue physique, qui se sent incapable de fournir un effort

lasser [lase] ennuyer

latitude [latityd] *f.* **sous toutes les** . . . **s** sous tous les climats, dans toutes les régions; région; pouvoir d'agir à son gré

leçon [ləsɔ̃] *f.* . . . **particulière** enseignement donné à un seul élève

légaliser [legalize] rendre conforme à la loi

léger [leʒe] **impôt** . . . qui n'est pas très élevé

léthargie [letaʀʒi] *f.* ralentissement des fonctions du corps

lever [ləve] . . . **la séance** déclarer que la séance est finie

lèvre [levʀ] *f.* **chanter du bout des** . . . **s** chanter très faiblement

lézardé [lezaʀde] bâtiment dont les murs ont de longues fentes

liaison [ljezɔ̃] *f.* ce qui lie syntaxiquement ou phonétiquement; union plus ou moins stable entre deux amants

libre-service [libʀəseʀvis] *m.* restaurant où le client se sert lui-même

licence [lisãs] *f.* **donner** . . . donner la permission de

licite [lisit] en accord avec la loi

lier [lje] . . . **conversation** engager la conversation

liesse [ljɛs] *f.* grande joie

lieu [ljø] *m.* **haut** . . . lieu très renommé; **lieux communs** idée, sujet banal que tout le monde utilise

lignage [liɲaʒ] *m.* filiation prestigieuse

ligne [liɲ] *f.* . . . **de métro** qui assure le service entre deux points de la ville; . . . **de touche** ligne blanche autour du terrain de football

literie [litʀi] *f.* ensemble des objets servant à faire le lit

livraison [livʀezɔ̃] *f.* action de livrer à un acheteur une chose vendue

livrer [livʀe] apporter

local [lokal] se dit de ce qui est dans la ville

location [lokasjɔ̃] *f.* **en** . . . appartement occupé par un locataire

loge [lɔʒ] *f.* . . . **de la concierge** appartement au rez-de-chaussée, près de la porte d'entrée d'un immeuble, où habite la concierge

loisir [lwaziʀ] *m.* **avoir le** . . . **de** avoir le temps de; **se promener à** . . . se promener en prenant tout son temps

loquace [lokas] qualifie quelqu'un qui parle beaucoup

losange [lozɑ̃ʒ] *m.* figure géométrique dont les quatre côtés sont égaux et qui n'a pas d'angle droit

lot [lo] *m.* collection; possession

lourd [luʀ] contraire de léger

lozérien [lozeʀjɛ̃] qui est né ou qui appartient à la Lozère

lubrique [lybʀik] qui a des penchants marqués pour les plaisirs sexuels

ludique [lydik] relatif au jeu

lumineux [lyminø] qui émet de la lumière

luzerne [lyzɛʀn] *f.* herbe cultivée servant d'aliment aux bœufs, chevaux

macédoine [masedwan] *f.* mélange hétéroclite

magistral [maʒistʀal] **cours** . . . cours donné par un professeur de faculté

maigreur [megʀœʀ] *f.* état d'un corps maigre

maillot [majo] *m.* . . . **jaune** vêtement jaune que porte le meilleur coureur d'une course à bicyclette

main [mɛ̃] *f.* **à** . . . **nue** sans l'aide d'aucun outil

maintenir [mɛ̃tniʀ] retenir

maison [mezɔ̃] *f.* **grande** . . . société commerciale importante

maître [metʀ] *m.* . . . **d'internat** personne chargée de surveiller et d'aider dans leur travail scolaire, les élèves internes d'un lycée; . . . **nageur** professeur de natation

malchance [malʃãs] *f.* mauvaise chance

malhonnêteté [malonɛtəte] *f.* contraire d'honnêteté

malice [malis] *f.* méchanceté, désir de nuire

malingre [malɛ̃gʀ] se dit d'une personne de constitution délicate, fragile

malpropre [malpʀɔpʀ] malhonnête

malsain [malsɛ̃] qui nuit à la santé

malveillant [malvɛjã] qui veut ou dit du mal

manie [mani] *f.* goût, habitude bizarre, ridicule quelquefois

maniement [manimã] *m.* utilisation

manille [manij] *f.* jeu de cartes

manipulation [manipylasjɔ̃] *f.* action d'exécuter des opérations avec les mains

manquement [mɑ̃kmɑ̃] *m.* action de manquer à un devoir

mansarde [mɑ̃saʁd] *f.* petite chambre sous le toit

manufacturer [manyfaktyʁe] fabriquer en usine

maquereau [makʁo] *m.* poisson savoureux des mers d'Europe

maquiller(se) [makije] mettre des crèmes et des couleurs sur son visage

maraîcher [maʁeʃe] *m.* cultivateur qui se livre à la production en grand des légumes, des primeurs

marché [maʁʃe] *m.* . . . **du travail** conditions d'engagement de la main d'œuvre

marcher [maʁʃe] fonctionner, avoir lieu ; . . . **comme sur des roulettes** fonctionner parfaitement

marge [maʁʒ] *f.* espace blanc autour d'un texte imprimé ou écrit et en particulier espace blanc à gauche d'une page

marin [maʁɛ̃] **avoir le pied** . . . avoir l'habitude de la mer (syn. amariné)

marmonner [maʁmone] murmurer de façon inintelligible

Maroc [maʁɔk] *m.* État au Nord-Ouest de l'Afrique

maroquinerie [maʁɔkinʁi] *f.* fabrication et commerce des articles de cuir

marraine [maʁɛn] *f.* protectrice d'un enfant à l'occasion de son baptême et aussi par la suite

masquer [maske] cacher

massacrer [masakʁe] tuer sauvagement

masse [mas] *f.* ensemble de la population

matrimonial [matʁimonjal] qui a rapport au mariage

mayonnaise [majonɛz] *f.* sauce froide composée d'huile et de jaune d'œuf battus jusqu'à émulsion

mazurka [mazyʁka] *f.* sorte de danse ancienne

mécaniser [mekanize] utiliser les machines à la place des hommes ou des bêtes

méchanceté [meʃɑ̃ste] *f.* caractère, attitude d'une personne méchante

mèche [mɛʃ] *f.* groupe de cheveux

médiation [medjasjɔ̃] *f.* intervention destinée à amener un accord entre deux personnes ou groupes opposés

médiocrité [medjokʁite] *f.* qui a peu de valeur

méfiant [mefjɑ̃] personne qui se méfie

méfier(se) [mefje] ne pas avoir confiance

mémoire [memwaʁ] *m.* dissertation écrite traitant un sujet particulier et permettant d'obtenir la «maîtrise»

mémorable [memoʁabl] dont on se souvient

ménager [menaʒe] . . . **des poses** préparer et utiliser des poses dans le discours de façon calculée

ménagerie [menaʒʁi] *f.* lieu où se trouvent des animaux de toute espèce, généralement rares ou curieux

menottes [mənɔt] *f. pl.* bracelets d'acier reliés par une chaîne, mis aux poignets d'un prisonnier

mental [mɑ̃tal] qui se fait en esprit

mention [mɑ̃sjɔ̃] *m.* appréciation donnée à la suite de certains examens

menuet [mnɥe] *m.* sorte de danse élégante et grave à la fois

mépris [mepʁi] *m.* sentiment de supériorité morale

méprisant [mepʁizɑ̃] qui méprise

merde [mɛʁd] interjection grossière

métairie [meteʁi] *f.* ferme dont le propriétaire partage la récolte avec le cultivateur

métayer [meteje] *m.* cultivateur d'une métairie

metteur [metœʁ] *m.* . . . **en scène** personne qui dirige les acteurs

mettre [mɛtʀ] . . . **à feu** allumer les moteurs d'une fusée; . . . **en vedette** attirer l'attention de tous sur quelqu'un ou quelque chose; . . . **les chaînes** enchaîner; **se** . . . **au régime** commencer un régime; **se** . . . **la ceinture** se priver; **se** . . . **en quête de** rechercher quelque chose

meublé [møble] *m.* hôtel qui loue des chambres avec leurs meubles

meubler [møble] **se** . . . acheter des meubles pour équiper un appartement vide; produire un effet d'ornement

meule [mœl] *f.* tas régulier de paille ou de foin

migraine [migʀɛn] *f.* violentes douleurs ressenties à la tête

militant [militã] *m.* membre actif d'un syndicat ou d'un parti

milliardaire [miljaʀdɛʀ] *m.* personne riche à milliards

minuscule [minyskyl] très petit

mobilisation [mobilizasjɔ̃] *f.* appel de tous les hommes d'une nation pour aller à la guerre

mobilité [mobilite] *f.* . . . **du visage** visage qui se prête à de nombreux changements de ses traits

modérateur [modeʀatœʀ] *m.* celui qui diminue la force, l'intensité jugée excessive d'une chose

modernité [modeʀnite] *f.* caractère de ce qui est moderne

moite [mwat] légèrement humide

mollesse [molɛs] *f.* contraire de ardeur

momentané [momãtane] qui ne dure qu'un bref instant

montage [mɔ̃taʒ] *m.* travail d'assembler les diverses scènes d'un film

monter [mɔ̃te] . . . **un canular** organiser un canular

moqueur [mokœʀ] *m.* air de celui qui se moque

morceau [moʀso] *m.* . . . **du boucher** pièce de viande située au flanc du bœuf

morille [moʀij] *f.* sort de champignon

mort [moʀ] *f.* **la** . . . **dans l'âme** à regret

mortifié [moʀtifje] être blessé de façon humiliante

morue [moʀy] *f.* poisson ordinaire

mot [mo] *m.* **gros** . . . mot grossier . . . **s croisés** jeu consistant à trouver des mots entrant dans une grille et dont certaines lettres doivent correspondre

motard [motaʀ] *m.* policier à motocyclette

motif [motif] *m.* raison d'ordre intellectuel qui pousse à agir de telle ou telle manière

moussu [musy] couvert de mousse

mouvement [muvmã] *m.* . . . **d'horlogerie** ensemble du mécanisme d'une horloge

moyen [mwajɛ̃] *m.* **il n'y a pas** . . . **de** il n'est pas possible de

moyenne [mwajɛn] *f.* **bonne** . . . légèrement au-dessus de la moyenne

muguet [mygɛ] *m.* petite fleur à clochettes blanches

multiple [myltipl] nombreux

mural [muʀal] collé, fixé ou accroché au mur

mûrir [myʀiʀ] devenir mûr

mutisme [mytizm] *m.* attitude de celui qui refuse de parler

nacré [nakʀe] qui a le ton de couleur blanc-rosé qui caractérise la nacre

nager [naʒe] . . . **la brasse** nager avec des mouvements opposés des mains et des pieds

nanti [nãti] *m.* personne qui a de la fortune, une situation aisée

nappe [nap] *f.* . . . **d'eau** étendue d'eau calme et de grandeur moyenne

narration [naʀasjɔ̃] *f.* récit

natal [natal] qui se rapporte au pays où on est né

natation [natasjɔ̃] *f.* pratique de la nage

nationaliser [nasjonalize] donner à l'État les moyens de production qui appartiennent à des propriétaires privés

navet [nave] *m.* film sans valeur

néanmoins [neãmwɛ̃] cependant

nèfle [nɛfl] *f.* fruit comestible

nègre [nɛgʀ] *m.* personne appartenant à la race noire

néologisme [neoloʒism] *m.* mot de création récente

nivernais [nivɛʀne] de Nevers, du Nivernais

noble [nɔbl] distingué

noce [nɔs] *f.* **voyage de** . . . voyage que font les nouveaux mariés après la cérémonie de mariage

noisetier [nwaztje] *m.* arbre qui produit des petites noix appelées noisettes

non-sens [nɔ̃sãs] *m.* mot dépourvu de sens, chose absurde

normand [nɔʀmã] de la Normandie

norme [nɔʀm] *f.* principe servant de règle

nostalgie [nɔstalʒi] *f.* tristesse vague causée par l'éloignement de ce qu'on a connu ou par un désir insatisfait

note [nɔt] *f.* addition

noter [nɔte] . . . **large** donner très facilement de bonnes notes
. . . **dur** donner très difficilement de bonnes notes

notoire [nɔtwaʀ] important

nouer [nwe] . . . **une intrigue** organiser, être le promoteur d'une intrigue

nouveauté [nuvote] *f.* tout ce qui est nouveau

nuance [nɥãs] *f.* différence délicate entre deux choses du même genre

nuancé [nɥãse] qui a des nuances

obèse [obɛz] *m.* personne anormalement grosse

obligation [obligasjɔ̃] *f.* . . . **s militaires** temps que tout jeune homme doit passer dans l'armée de son pays

oblitérer [obliteʀe] mettre la marque du cachet de la poste sur un timbre

obscurci [opskyʀsi] rendu obscur

obsédé [opsede] être la proie d'une idée fixe

obsèques [opsɛk] *f. pl.* enterrement

obstruer [opstʀye] boucher

octroi [ɔktʀwa] *m.* bureau où se payait, jadis, le droit d'entrée des marchandises à la porte d'une ville

odieux [odjø] inhumain, haïssable

œil [œj] *m.* **ne pas fermer l'** . . . ne pas dormir du tout

offensant [ofãsã] qui indigne

offre [ofʀ] *f.* proposition d'emploi

oisif [wazif] paresseux

ombre [ɔ̃bʀ] *f.* **ne pas avoir l'** . . . **de** n'avoir rien du tout

onduler [ɔ̃dyle] avoir un mouvement léger et sinueux

onéreux [oneʀø] contraire de bon marché

oppresseur [opʀesœʀ] *m.* celui qui opprime

opprimer [opʀime] accabler par violence ou par abus d'autorité

opter [ɔpte] choisir entre plusieurs possibilités

optique [ɔptik] *f.* perspective, vision

opulence [opylãs] *f.* richesse

ordure [ɔʀdyʀ] *f.* détritus

orme [ɔʀm] *m.* arbre élevé, à feuilles dentelées

orne [ɔʀn] *m.* variété de frêne

ornière [ɔʀnijɛʀ] *f.* trace creusée dans un chemin de terre par les roues d'une voiture

osciller [osile] hésiter, penser alternativement une chose ou l'autre

oseille [ozɛj] *f.* herbe acide

ouïe [wi] *f.* oreille; **avoir l'** . . . **fine** entendre très bien

outre [utʀ] **en** . . . de plus

ouvreuse [uvʀøz] *f.* employée d'un théâtre ou d'un cinéma qui accompagne le spectateur à sa place

paille [paj] *f.* tige des céréales dépouillées de leur grain

pain [pɛ̃] *m.* . . . **sec** pain accompagné d'aucun autre mets

paître [pɛtʀ] manger l'herbe

palace [palas] *m.* hôtel très luxueux

palais [palɛ] *m.* . . . **de l'Élysée** palais présidentiel français; . . . **Bourbon** palais occupé par l'Assemblée Nationale française

palette [palɛt] *f.* instrument sur lequel le peintre pose ses couleurs pour les mélanger

pâli [pali] rendu pâle

palier [palje] *m.* partie plane entre les étages lorsqu'on monte un escalier

palper [palpe] toucher avec la main à plusieurs reprises et doucement afin d'examiner

pamphlet [pɑ̃flɛ] *m.* petit écrit satirique qui attaque violemment les institutions

pancarte [pɑ̃kaʀt] *f.* grand papier écrit ou imprimé

panne [pan] *f.* **être en** . . . être arrêté en voiture sans pouvoir repartir

panneau [pano] *m.* surface plane constituant une partie d'un mur

paperasse [papʀas] *f.* ensemble de papiers écrits ou imprimés considérés comme inutiles

parallèlement [paʀalɛlmɑ̃] caractère de deux ou plusieurs choses qui se développent en même temps, dans la même direction en présentant des caractères semblables

paralyser [paʀalize] arrêter le fonctionnement de . . .

parcelle [paʀsɛl] *f.* pièce de terrain d'étendue variable où on pratique la culture

parrain [paʀɛ̃] *m.* protecteur d'un enfant au baptême et après

parrainer [paʀene] servir de parrain à

part [paʀt] *f.* **de toutes** . . . **s** de tous côtés; **nulle** . . . en aucun lieu; **prendre** . . . voir **prendre**

parti [paʀti] . . . **pris** opinion préconçue

qui empêche de juger objectivement

participant [paʀtisipɑ̃] *m.* personne qui participe à quelque chose

particule [paʀtikyl] *f.* petit mot invariable servant à préciser le sens d'autres mots ou à indiquer des rapports grammaticaux

partie [paʀti] *f.* . . . **intégrante** partie appartenant à un ensemble

partiel [paʀsjɛl] qui constitue seulement une partie de l'ensemble

partisan [paʀtizɑ̃] *m.* personne qui est favorable à une institution, à une idée et qui la suit

parure [paʀyʀ] *f.* qui sert à orner

pas [pa] *m.* **presser le** . . . se hâter; . . . **de deux** sorte de danse; . . . **d'Espagne** sorte de danse; . . . **de trois** sorte de danse; . . . **de quatre** sorte de danse

passage [pasaʒ] *m.* . . . **clouté** partie de la rue délimitée par des clous où les piétons doivent traverser; **client de** . . . qui ne va qu'une fois ou très rarement dans le même magasin; . . . **à niveau** partie de la route coupée par une voie de chemin de fer

passer [pase] . . . **de mode** ne plus être à la page

passerelle [pasʀɛl] *f.* pont pour monter et descendre d'un bateau

passif [pasif] contraire d'actif

pasticher [pastiʃe] imiter la manière d'écrire, le style d'un écrivain

patiner [patine] se déplacer sur la glace avec des patins

pâtre [pɑtʀ] *m.* berger (littéraire)

pâture [pɑtyʀ] *f.* ce qui sert d'alimentation aux animaux

paume [pom] *f.* partie intérieure de la main

pauvre [povʀ] exprime la pitié

pavane [pavan] *f.* ancienne danse espagnole, lente et grave

pavé [pave] pierre qui sert à couvrir la chaussée

pavé de touron [pavedtuʀɔ̃] *m.* confiserie à la pâte d'amande

pavillon [pavijɔ̃] *m.*   . . . **international** pavillon réservé aux étudiants étrangers

p.c.v. [peseve] *m.*   **téléphoner en** . . . faire payer la communication téléphonique par la personne qu'on appelle

peau [po] *f.*   **mal dans notre** . . . mal à l'aise, gêné

pédant [pedɑ̃] *m.*   personne qui étale sa science, ses connaissances sur un ton prétentieux

peine [pɛn] *f.*   **sous** . . . **de** avec menace de

peintre [pɛ̃tʀ] *m.*   . . . **du dimanche** peintre amateur

pellicule [pelikyl] *f.*   mince couche d'une matière solide

peloton [plotɔ̃] *m.*   groupe serré des coureurs

penderie [pɑ̃dʀi] *f.*   endroit retiré où on pend des vêtements

pendre [pɑ̃dʀ]   . . . **la crémaillère** cérémonie d'installation dans une maison

pénombre [penɔ̃bʀ] *f.*   demi-obscurité

pépiement [pepimɑ̃] *m.*   cri des oiseaux

percevoir [pɛʀsvwaʀ]   entendre

perdu [pɛʀdy]   **être** . . . être atteint d'une maladie qu'on ne peut pas guérir et qui entraîne obligatoirement la mort; **être** . . . être dans une situation désespérée

périr [peʀiʀ]   mourir

permanence [pɛʀmanɑ̃s] *f.*   état de ce qui est permanent

persienne [pɛʀsjɛn] *f.*   volet qui empêche la lumière de passer

persil [pɛʀsi] *m.*   plante potagère aromatique

personnalité [pɛʀsonalite] *f.*   ensemble des éléments qui constituent le comportement et les réactions d'une personne

perspective [pɛʀspɛktiv] *f.*   fait d'envisager, d'imaginer

perspicacité [pɛʀspikasite] *f.*   qualité de toute personne qui a un esprit pénétrant et subtil

persuadé [pɛʀsɥade]   **être** . . . être sûr de

persuader [pɛʀsɥade]   convaincre

peseta [pezeta] *f.*   monnaie espagnole

peu [pø]   **pour** . . . **que** indique une hypothèse (syn.: pourvu que, dès l'instant où)

phobie [fobi] *f.*   aversion instinctive et irraisonnée

pic [pik] *m.*   sommet pointu d'une montagne

piètre [pjɛtʀ]   très médiocre

pigmenté [pigmɑ̃te]   coloré

pion [pjɔ̃] *m.*   maître d'internat

pique [pik] *f.*   voir pointe; *m.*   catégorie de cartes à jouer

piscine [pisin] *f.*   bassin pour nager

pissenlit [pisɑ̃li] *m.*   espèce particulière de salade

piste [pist] *f.*   partie d'une salle de bal où l'on danse; . . . **d'envol** surface de laquelle les avions décollent

plain-pied [plɛ̃pje]   directement

plaisanterie [plezɑ̃tʀi] *f.*   paroles ou actes de celui qui plaisante

plaisantin [plazɑ̃tɛ̃] *m.*   personne qu'on ne peut pas prendre au sérieux

plan [plɑ̃] *m.*   **gros** . . . image très grossie au cinéma

planification [planifikasjɔ̃] *f.*   détermination des objectifs économiques à atteindre dans un temps déterminé et les moyens concernés qui sont mis en œuvre

plaquer [plake]   faire tomber (rugby ou football américain)

plate-forme [platfoʀm] *f.*   partie d'une voiture de chemin de fer ou d'autobus où les voyageurs peuvent se tenir debout

plâtre [platʀ] *m.*   **dans le** . . . immobilisé pour guérir

plébéien [plebejɛ̃] *m.*   qui appartient au peuple

plein [plɛ̃]   . . . **à craquer** bondé; **heures pleines** heures d'affluence

plie [pli] *f.* sorte de poisson des côtes de France, assez apprécié

plombage [plɔ̃baʒ] *m.* action de plomber une dent; résultat de cette action

plomber [plɔ̃be] remplir de ciment spécial ou d'amalgame, une dent cariée

plongeoir [plɔ̃ʒwaR] *m.* planche d'où l'on plonge

plonger [plɔ̃ʒe] se jeter dans l'eau la tête la première

poinçonner [pwɛ̃sone] faire une marque de contrôle

pointe [pwɛ̃t] *f.* parole ironique, désagréable; **heures de** . . . heures d'affluence

pointure [pwɛ̃tyR] *f.* dimension des chaussures, des gants, des chapeaux, etc.

pôle [pol] *m.* chose qui est en opposition logique avec une autre; . . . **d'attraction** chose qui attire l'attention

policier [polisje] *m.* roman, film dont l'intrigue repose sur une enquête criminelle

polka [pɔlka] *f.* sorte de danse ancienne

pompes [pɔ̃p] *f. pl.* . . . **funèbres** entreprise d'enterrement

pompier [pɔ̃pje] *m.* se dit d'une peinture qui est très respectueuse des conventions

ponctualité [pɔ̃ktɥalite] *f.* exactitude

pondre [pɔ̃dR] imaginer et écrire un roman ou une œuvre

popote [pɔpɔt] *f.* **faire la** . . . faire la cuisine (familier)

populeux [pɔpylø] lieu où il y a beaucoup de monde

porche [pɔRs] *m.* lieu couvert, en avant de l'entrée d'un édifice

port [pɔR] *m.* . . . **dû** faire payer la taxe postale par le destinataire

porter [pɔRte] . . . **sur** se référer à; . . . **en triomphe** louer quelqu'un avec un enthousiasme excessif; . . . **aux nues** porter en triomphe

portion [pɔRsjɔ̃] *f.* certaine quantité d'aliments; partie d'un tout

port-salut [pɔRsaly] *m.* variété de fromage fait avec du lait de vache

portulan [pɔRtylã] *m.* livre contenant la description des ports de mer, indiquant les courants et les marées

posada [pozada] *f.* auberge espagnole

pot [po] *m.* . . . **-de-vin**: somme qu'on verse en dehors du prix convenu, généralement pour obtenir illégalement un avantage ou pour remercier la personne par l'aide de qui se conclut une affaire

poupin [pupɛ̃] rond, rebondi

pour [puR] **le** . . . **et le contre** les avantages et les inconvénients

pourboire [puRbwaR] *m.* petite somme d'argent qu'on donne à une ouvreuse ou a un serveur dans un restaurant

pourchasser [puRʃase] poursuivre avec acharnement

pourrissant [puRisã] qui pourrit

pousse [pus] *f.* jeune plante issue de la graine

pousse-café [puskafe] *m.* alcool qu'on boit après le café à la fin d'un repas

poussette [pusɛt] *f.* petite voiture qui se pousse à la main

précaire [pRekɛR] se dit d'une chose qui ne durera pas

précision [pResizjɔ̃] *f.* caractère de ce qui est précis

précoce [pRekɔs] qui se produit avant le temps normal

prédominer [pRedomine] avoir l'avantage sur

préjugé [pReʒyʒe] *m.* chose crue sans jugement ou jugée à l'avance

premier [pRəmje] *m.* premier ministre

prendre [pRãdR] **cette ville vous prend** captiver; . . . **part** s'associer à un ensemble; nécessiter; . . . **au pied de la lettre** suivre très fidèlement des indications telles qu'elles sont écrites; . . . **un bon départ** se dit de quelque chose qui commence bien

et qui a toutes les chances de
réussir; **s'y ... à temps** faire quelque
chose en temps voulu; **... à gauche**
suivre le chemin, la route de gauche;
... de court surprendre; **... la**
fantaisie de avoir l'idée subite et
curieuse de

préoccuper [pʀeokype] absorber
l'esprit

préparatoire [pʀepaʀatwaʀ] **classe ...**
classe spéciale pour la préparation
au concours des grandes écoles

prérogative [pʀeʀogativ] avantage
particulier, privilège attaché à une
certaine dignité

présenter(se) [pʀezãte] **... à un**
examen être candidat

pression [pʀesjõ] *f.* force qui pousse

prestation [pʀɛstasjõ] *f.* ce que l'on
reçoit en vertu d'une loi, d'un accord

prétention [pʀetãsjõ] *f.* désir
ambitieux

préventif [pʀevãtif] se dit de ce qui a
pour but de prévenir, d'empêcher
quelque chose de se produire

prévisibilité [pʀevisibilite] *f.* qualité
de ce qu'on peut prévoir

primaire [pʀimɛʀ] **école ...** école
réservée à l'enseignement du premier
degré

primeurs [pʀimœʀ] *m. pl.* fruits et
légumes

principe [pʀɛ̃sip] *m.* **discuter pour**
le ... pour respecter; pour suivre les
habitudes

printanier [pʀɛ̃tanje] qui appartient au
printemps

priorité [pʀijoʀite] *f.* droit de passage
pour un véhicule

prise [pʀiz] *f.* **... de courant** dispositif
permettant de brancher sur le
secteur un appareil électrique;
... de vue action de filmer

privilège [pʀivilɛʒ] *m.* avantage

privilégié [pʀivileʒje] favorisé,
avantagé

probité [pʀobite] *f.* très grande
honnêteté

procédure [pʀosedyʀ] *f.* forme suivant
laquelle une affaire est instruite
devant les tribunaux

processus [pʀosesys] *m.* développement

proche [pʀoʃ] **de ... en ...** réaction en
chaîne qui se produit sur les
éléments constitutifs d'un ensemble

prodigieux [pʀodiʒiø] surprenant,
merveilleux

progressivement [pʀogʀesivmã] peu à
peu, petit à petit

projeter [pʀoʒte] **... un film** le faire
apparaître sur l'écran

prolétaire [pʀoletɛʀ] *m.* personne qui
ne possède pour vivre que son
salaire

promenade [pʀomnad] *f.* lieu aménagé
pour les promeneurs

promeneur [pʀomnœʀ] *m.* personne
qui se promène

promulguer [pʀomylge] publier
officiellement une loi

proposer [pʀopoze] offrir comme
exemple

provenance [pʀovnãs] *f.* origine

provincial [pʀovɛ̃sjal] de la province
(tout ce qui est en dehors de Paris)

proviseur [pʀovizœʀ] *m.* directeur
d'un lycée

provisoire [pʀovizwaʀ] qui n'est pas
définitif

proximité [pʀoksimite] *f.* situation
d'une chose qui est à peu de
distance d'une autre

pruneau [pʀyno] *m.* prune séchée

pseudo [psødo] faux

psychique [psiʃik] qui concerne les
états de conscience, la vie mentale

P.T.T [petete] organisme public
(Poste. Télégraphe. Téléphone)

puce [pys] *f.* insecte parasite des
mammifères

pyrénéen [piʀeneɛ̃] qui appartient
aux Pyrénées

quadrille [kadʀij] *m.* **... de l'empereur**
sorte de danse

quatre-saisons [katʀəsɛzɔ̃] **marchande des** . . . marchande qui vend dans les rues les fruits et légumes de chaque saison, étalés sur des poussettes

quereller(se) [kəʀele] se disputer

quête [ket] *f.* recherche

quiétude [kjetyd] *f.* calme, repos

rabais [ʀabe] *m.* réduction du prix

raccompagner [ʀakɔ̃paɲe] accompagner quelqu'un qui retourne chez lui

racinien [ʀasinjɛ̃] qui présente le caractère des personnages de Racine

radieux [ʀadjø] très ensoleillé; rayonnant, souriant

radio-guidage [ʀadjogidaʒ] *m.* moyen de diriger les avions par radio

ragoût [ʀagu] *m.* plat de viande en petits morceaux

rajeunir [ʀaʒøniʀ] paraître plus jeune, retrouver la vigueur de la jeunesse

rallonge [ʀalɔ̃ʒ] *f.* fil électrique supplémentaire

rambarde [ʀɑ̃baʀd] *f.* rampe formant un garde-fou afin de protéger les gens contre le vide

ramer [ʀame] faire avancer un bateau au moyen des rames

randonnée [ʀɑ̃done] *f.* promenade assez longue et ininterrompue

rapetisser [ʀapetise] devenir plus petit

rapt [ʀapt] *m.* enlever, prendre par la force

ras [ʀa] *m.* au . . . **du récit** le plus près possible du récit

rationnel [ʀasjonɛl] conforme à la raison, au bon sens

rattraper(se) [ʀatʀape] faire mieux par la suite de façon à compenser une erreur commise précédemment

rayé [ʀɛje] décoré de bandes parallèles de raies

rébarbatif [ʀebaʀbatif] qui manque d'attrait

rebeller(se) [ʀəbele] se révolter

reboiser [ʀəbwaze] planter des arbres sur un terrain qui a été déboisé

recalé [ʀəkale] **être** . . . échouer un examen

recéler [ʀəsele] cacher, contenir

récepteur [ʀesɛptœʀ] *m.* poste de télé

réception [ʀesɛpsjɔ̃] *f.* office ou bureau dont le travail consiste à recevoir les clients

réceptionniste [ʀesɛpsjonist] *f.* personne qui se trouve à la réception

receveur [ʀəsəvœʀ] *m.* personne chargée de recevoir le coût du transport dans les véhicules publics

recherche [ʀəʃɛʀʃ] *f.* activité des chercheurs scientifiques

recherché [ʀəʃɛʀʃe] qui est sophistiqué; **cuisine** . . . **e** cuisine composée d'éléments particuliers et très savoureuse

réciproque [ʀesipʀɔk] qui a lieu entre deux personnes, deux choses et qui marque une action équivalente à celle qui est reçue

réclamation [ʀeklamasjɔ̃] *f.* protestation

réclame [ʀeklam] *f.* **vente** . . . vente publicitaire

recommander [ʀəkomɑ̃de] faire enregistrer une lettre ou un colis en payant une taxe spéciale pour qu'il soit remis personnellement au destinataire

reconnu [ʀəkony] considéré comme

reconstruction [ʀəkɔ̃stʀyksjɔ̃] *f.* action de construire de nouveau ce qui a été détruit précédemment

recours [ʀəkuʀ] *m.* possibilité

récréatif [ʀekʀeatif] qui distrait

recruter [ʀəkʀyte] engager du personnel pour tenir certains emplois

redresser [ʀədʀese] se remettre debout

réduit [ʀedɥi] **être** . . . **à** être obligé de

réfectoire [ʀefɛktwaʀ] *m.* salle à manger dans les écoles

référence [ʀefeʀɑ̃s] *f.* chose à laquelle on se réfère

référer(se) [RefeRe]   se rapporter, s'en remettre à

reflet [Rəfle] *m.*   résultat de ce qui est réfléchi

refléter [Rəflete]   indiquer avec précision

refluer [Rəflɥe]   retourner en arrière

refoulement [Rəfulmã] *m.*   suppression des instincts

réfuter [Refyte]   montrer la fausseté de ce qu'un autre a affirmé

régaler(se) [Regale]   prendre un plaisir royal à un repas

regard [Rəgar] *m,* **au . . . de** par rapport à

regardant [Rəgardã]   qui fait très attention à ses dépenses

régime [Reʒim] *m.*   règle observée dans la manière de manger

régional [Reʒjonal]   dans la région

régir [Reʒir]   gouverner

registre [Rəʒistr] *m.*   tout livre public ou particulier où l'on inscrit certains faits ou actes dont on veut conserver le souvenir; livre spécial sur lequel sont inscrits les clients d'un hôtel; ensemble des nuances d'une même couleur

règle [Regl] *f.*   **être en . . .** être dans la situation exigée par la loi

regrettable [Rəgretabl]   **il est . . .** c'est dommage

régulariser [Regylarize]   rendre régulier

reine [Ren] *f.*   carte à jouer venant tout de suite après le roi

rejeter [Rəʒəte]   jeter de nouveau; pousser loin de soi

relater [Rəlate]   raconter en détails

relié [Rəlje]   **. . . en toile noire** couvert d'une toile noire collée

remonte-pente [Rəmõtpãt] *m.*   installation qui permet aux skieurs de remontes

remonter [Rəmõte]   **. . . les ressorts** tendre fortement

remous [Rəmu] *m.*   turbulence de la foule, de l'eau, etc

renforcé [Rãforse]   rendu plus résistant

rénovation [Renovasjõ] *f.*   action de transformer en donnant une nouvelle forme, une nouvelle vie

repartir [Rəpartir]   partir de nouveau, continuer sa route après un arrêt plus ou moins long

répartir [Repartir]   distribuer

repeigner [Rəpeɲe]   peigner de nouveau

repérer [Rəpere]   trouver l'emplacement de

répétition [Repetisjõ] *f.*   séance de travail au cours de laquelle on étudie une œuvre dramatique en vue de sa représentation en public

répit [Repi] *m.*   repos momentané

repli [Rəpli] *m.*   **ses replis de chair rouge** ce qui est au plus profond de sa chair

réplique [Replik] *f.*   ce qu'un acteur de théâtre doit dire au moment où un autre finit de parler

répliquer [Replike]   dire comme réplique

reportage [Rəporta3] *m.*   ensemble d'informations retransmises par la presse, la radio, la télévision

reposer [Rəpoze]   être basé sur

répréhensible [Repreãsibl]   qui mérite d'être critiqué très fortement

reprendre [Rəprãdr]   prendre de nouveau; **on ne m'y reprendra plus** je ne ferai plus de semblable erreur

représenter(se) [Rəprezãte]   se présenter de nouveau à un examen où on a échoué

répressif [Represif]   qualité de ce qui réprime

répression [Represjõ] *f.*   action de réprimer

réprimer [Reprime]   **. . . une manifesta-tion** arrêter avec violence le progrès d'une manifestation

reprise [Rəpriz] *f.*   **. . . de séance** recommencer une séance après interruption

reproduire [Rəprodɥir]   imiter fidèlement

réprouver [Repruve]   blâmer, critiquer sévèrement

réputé [Repyte]   qui a un grand renom

résigner(se) [Reziɲe]   se décider à faire ou à supporter quelque chose de désagréable

résolument [Rezolymã]   de façon définitive et claire

respectif [Rɛspɛktif]   qui concerne chaque personne, chaque chose par rapport aux autres

resquiller [Rɛskije]   passer sans payer au contrôle des billets; voyager sans payer

resquilleur [RɛskijœR] *m.*   personne qui resquille

ressaisir(se) [RəseziR]   redevenir maître de soi, se contrôler de nouveau

resserré [RəseRe]   très étroit

ressort [RəsɔR] *m.*   **avoir des ... dans les jambes** déborder d'énergie

restaurateur [RɛstoRatœR] *m.*   personne qui dirige un restaurant

restituer [Rɛstitɥe]   reproduire

restriction [Rɛstriksjõ] *f.*   limitation, réduction

restreint [Rɛstrɛ̃]   limité

rétablir(se) [RetabliR]   aller mieux

retarder [RətaRde]   remettre à plus tard

retenue [Rətəny] *f.*   punition qui consiste à rester à l'école après la classe ou le dimanche

retoucher [Rətuʃe]   apporter des modifications légères

retour [RətuR] *m.*   **en ...** en échange, réciproquement

retranchement [RətRãʃmã] *m.*   recul

rétréci [Retresi]   devenu plus petit

revanche [Rəvãʃ] *f.*   **cn ...** au contraire

réverbère [RevɛRbɛR] *m.*   appareil d'éclairage dans les rues

revêtir [RəvetiR]   prendre l'apparence de

révoquer [Revoke]   ôter pour des raisons de mécontentement les fonctions, les pouvoirs qu'on avait confiés à quelqu'un

rideau [Rido] *m.*   **tirer le ...** renoncer à quelque chose

rigueur [RigœR] *f.*   exactitude

rire [RiR]   ... **sous cape** rire discrètement, en se cachant; ... **de** se moquer de; **pour ...** pour plaisanter

risquer [Riske]   ... **de** être exposé à

rivé [Rive] **être ...** **à la télé** regarder la télévision pendant très longtemps et sans arrêt

roboratif [RoboRatif]   qui donne des forces

robot [Robo] *m.*   homme mécanique

roi [Rwa] *m.*   carte à jouer venant tout de suite après l'as

roman [Romã] *m.*   ... **fleuve** très long roman; ... **feuilleton** roman d'aventures dont le récit est publié par fragments dans un journal

romancier [Romãsje] *m.*   personne qui écrit des romans

rompre [RõpR]   annuler (fiançailles)

rossignol [Rosiɲol] *m.*   marchandise démodée

rouage [Rwaʒ] *m.*   chacune des pièces importantes d'un mécanisme

rougir [RuʒiR]   devenir rouge de honte, de peur

rouler [Rule]   tromper, duper

roulis [Ruli] *m.*   balancement d'un bateau dans le sens de la largeur

roussâtre [RusatR]   de couleur plus ou moins rousse

route [Rut] *f.*   **en cours de ...** pendant que les méditations se font

routier [Rutje]   **hôtel ...** hôtel où s'arrêtent habituellement les conducteurs de camion

routine [Rutin] *f.*   habitude d'agir toujours de la même manière

rubrique [RybRik] *f.*   indication de matière, de sujet traité

rustique [Rystik]   qui appartient à la campagne

sablonneux [sablonø]   où il y a beaucoup de sable

saboter [sabote]   détériorer ou détruire volontairement du matériel commercial ou industriel, un ouvrage quelconque

sac [sak] *m.* . . . **de couchage** grand
sac dans lequel le campeur se glisse
pour dormir

sacramentel [sakʀamɛ̃tɛl] **formule** . . .
paroles essentielles pour la conclusion
d'une affaire, d'un traité

sacre [sakʀ] *m.* cérémonie du couron-
nement d'un roi

sacré [sakʀe] digne du respect
absolu

salle [sal] *f.* . . . **d'attente** salle dans les
gares ou les aéroports où les
voyageurs attendent pour partir;
. . . **d'eau** salle de bain

salons [salɔ̃] *m. pl.* société mondaine

salutaire [salytɛʀ] profitable

salvatrice [salvatʀis] qui sauve

sanglots [sɑ̃glo] *m.* pleurs bruyants

saoul [su] état de celui qui se saoule

saouler(se) [sule] boire de l'alcool à
en devenir ivre

saumon [somɔ̃] *m.* poisson très
apprécié se reproduisant en eau
douce et vivant en eau salée

sauter [sote] être supprimé

sauvetage [sovtaʒ] *m.* action de sauver
d'un danger

savoir [savwaʀ] **à** . . . c'est-à-dire

savoureux [savuʀø] qui a un goût
très agréable

scandalisé [skɑ̃dalize] état sentimental
de révolte et d'indignation

sceau [so] *m.* **annoncer une nouvelle
sous le** . . . **du secret** à condition que
le silence soit gardé

sceptique [sɛptik] qui ne croit pas ce
qui n'est pas prouvé d'une manière
évidente

scintiller [sɛ̃tije] briller en jetant des
éclats par intervalles (comme les
étoiles)

scottish [skotiʃ] *m.* sorte de danse
ancienne

scruter [skʀyte] examiner attentivement en parcourant du regard

scrutin [skʀytɛ̃] *m.* vote émis par
billets déposés dans une urne et
comptés ensuite

séant [seɑ̃] *m.* fesses

sécher [seʃe] . . . **un cours** ne pas y
assister

secondaire [səgɔdɛʀ] **enseignement** . . .
enseignement du second degré;
qui n'est pas de première importance

sécurité [sekyʀite] *f.* . . . **sociale**
organisme d'État chargé de garantir
les individus et les familles contre
certains risques sociaux (maladies,
accidents, etc.) par une aide
financière

sens [sɑ̃s] *m.* **à mon** . . . à mon avis

sentir [sɑ̃tiʀ] **se faire** . . . éprouver

serein [səʀɛ̃] qui a le caractère de la
sérénité

sérénité [seʀenite] *f.* calme, tran-
quillité physique et morale

sérieux [seʀjø] **rendre un service** . . .
un grand service

sermon [sɛʀmɔ̃] *m.* discours fait dans
l'église par le prêtre, sur un sujet
religieux

serpentin [sɛʀpɑ̃tɛ̃] *m.* petit ruban de
papier, enroulé sur lui-même et qui
se déroule brusquement quand on
le lance

sertir [sɛʀtiʀ] incruster

servitude [sɛʀvityd] *f.* état d'une
personne privée de son indépendance

sidéré [sideʀe] paralysé d'étonnement

siéger [sjeʒe] occuper un siège dans
une assemblée, un tribunal

sieste [sjɛst] *f.* somme qu'on fait dans
le début de l'après-midi

siffler [sifle] . . . **un artiste** huer un
artiste

siffloter [siflote] siffler légèrement

silence [silɑ̃s] *m.* . . . **religieux** très
grand silence; . . . **discret** rester
silencieux par politesse

silhouette [silwɛt] *f.* aspect, ligne
générale d'un corps humain ou d'un
objet

sillage [sijaʒ] *m.* **se lancer dans le** . . .
de suivre très fidèlement l'exemple de

sillon [sijɔ̃] *m.* longue fente faite dans
le sol par le soc de la charrue

similicuir [similikɥiʀ] *m.* matière synthétique qui imite le cuir

simultané [simyltane] se dit d'une chose qui se produit en même temps qu'une autre

ski [ski] *m.* ... **nautique** ski pratiqué sur l'eau

soc [sɔk] *m.* fer coupant de la charrue

sofa [sɔfa] *m.* lit de repos à trois dossiers dont on se sert comme fauteuil

soigneusement [swaɲøzmɑ̃] avec attention et application

solder [sɔlde] vendre au rabais

sole [sɔl] *f.* genre de poisson plat, très recherché pour la délicatesse de sa chair

solennité [sɔlanite] *f.* cérémonie ou attitude officielle

solidifié [sɔlidifje] devenu solide

solidité [sɔlidite] *f.* qualité de ce qui ne se casse pas facilement

sommaire [sɔmɛʀ] rapide, fait en peu de mots; très simple, fait sans recherche

sommeiller [sɔmeje] dormir d'un sommeil léger

sommelier [sɔməlje] *m.* personne chargée des vins dans un restaurant

sommier [sɔmje] *m.* partie du lit qui se trouve sous le matelas et qui a des ressorts

sortir [sɔʀtiʀ] ... **ensemble** se dit d'un garçon et d'une fille qui ont des relations sentimentales

sou [su] *m.* **être sans le** ... être sans argent

souffleur [suflœʀ] *m.* personne qui aide l'acteur qui a oublié son rôle en lui soufflant

souffrance [sufʀɑ̃s] *f.* peine physique ou morale

souplesse [suplɛs] *f.* facilité de mouvement

sourcils [suʀsi] *m. pl.* ligne de poils fins au-dessus des yeux

sous-bois [subwa] *m.* végétation qui pousse sous les arbres d'une forêt; intérieur de forêt

sous-tendre [sutɑ̃dʀ] soutenir entre ses extrémités

soute [sut] *f.* intérieur d'un bateau qui contient la cargaison

soutenir [sutniʀ] ... **une thèse** faire valoir les arguments en faveur de cette thèse et réfuter les objections

spacieux [spasjø] grand

speaker [spikœʀ] *m.* personne qui présente les programmes à la radio ou à la télévision

spécialisé [spesjalize] **ouvrier** ... ouvrier qui effectue un travail nécessitant une pratique suffisante du métier, sans cependant exiger un véritable apprentissage

spécifique [spesifik] particulier

spirituel [spiʀitɥɛl] se dit d'une personne qui manifeste de la vivacité dans le maniement des mots et des idées

splendeur [splɑ̃dœʀ] *f.* caractère de ce qui est magnifique

spontanément [spɔ̃tanemɑ̃] fait d'un geste naturel, sans être forcé

stagnation [stagnasjɔ̃] *f.* état de ce qui ne marque aucune activité, aucun changement

statu quo [statyko] *m.* état actuel des choses

strict [stʀikt] précis

stupéfaction [stypefaksjɔ̃] *f.* étonnement profond qui empêche toute réaction

stupéfait [stypefe] très étonné

subalterne [sybaltɛʀn] inférieur, sous la domination d'un autre

subit [sybi] qui arrive soudainement

substituer [sybstitɥe] remplacer

substitution [sypstitusjɔ̃] *f.* remplacement

subtil [syptil] se dit d'une chose qui présente de la finesse

subvenir [sybvəniʀ] donner ce qui est nécessaire à quelqu'un, à un organisme ou à un pays

subvention [sybvɑ̃sjɔ̃] *f.* somme d'argent versée par l'État pour venir en aide à un organisme ou une personne

subventionner [sybvãsjone]   donner des subventions

successivement [syksesivmã]   de façon continue, sans interruption

succursale [sykyʀsal] *f.*   magasin satellite d'un grand magasin

suffrage [syfʀaʒ] *m.*   voix (vote)

suggérer [sygʒeʀe]   inspirer; conseiller

suggestion [sygʒɛstjɔ̃] *f.*   idée qui est suggérée

suicider(se) [sɥiside]   se donner volontairement la mort

suintant [sɥɛ̃tã]   qui laisse passer l'eau très lentement

suivre [sɥivʀ]   continuer la vente ou la fabrication d'une marchandise

superbe [sypɛʀb]   très beau

superficiel [sypɛʀfisjɛl]   ce qui n'est pas important, qui ne présente pas un grand intérêt

supérieur [sypeʀjœʀ]   **études ... es** études faites dans les universités ou les grandes écoles

supplanter [syplãte]   prendre la place de

supporter [sypɔʀte]   subir une épreuve

suppression [sypʀesjɔ̃]   action de supprimer

surchauffé [syʀʃofe]   trop chauffé

surdité [syʀdite] *f.*   perte ou grande diminution du sens de l'ouïe

surgeler [syʀʒle]   congeler rapidement à très basse température

surgir [syʀʒiʀ]   apparaître brusquement

surpasser [syʀpase]   dépasser

surprise-partie [syʀpʀizpaʀti] *f.*   soirée donnée dans un appartement ou une maison privée où l'on danse et l'on boit entre amis

survoler [syʀvole]   voler au-dessus de

susceptibilité [sysɛptibilite] *f.* disposition à être blessé (moralement) trop facilement

susciter [sysite]   provoquer

suspendre [syspãdʀ]   arrêter

sympathiser [sɛ̃patize]   avoir de la sympathie pour quelqu'un

syndicat [sɛ̃dika] *m.*   association qui représente une catégorie de personnes ayant la même profession et qui les défend en vue de leurs intérêts communs

syntagme [sɛ̃tagm] *m.*   groupe de mots formant un ensemble

table [tabl] *f.*   **... à rallonge** table à laquelle on peut ajouter un élément pour la rendre plus grande

tabou [tabu] *m.*   chose interdite

tabouret [tabuʀe] *m.*   **... de vacher** siège bas formé d'une planche et de trois pieds inclinés

tac [tak] *m.*   **répondre du ... au ...** répondre vivement, sans temps de réflexion après la question

tache [taʃ] *f.*   **... de rousseur** petit point de couleur rousse sur la peau

taciturne [tasityʀn]   se dit d'une personne qui parle peu

taille [taj] *f.*   dimension d'un vêtement; **des petites ...** des vêtements de petite taille; **de ... à** de force à, capable de

tailleur [tajœʀ] *m.*   costume de femme

tangage [tãgaʒ] *m.*   balancement d'un bateau dans le sens de la longueur

tangent [tãʒã]   se dit de deux ou plusieurs figures géométriques qui se touchent sans se croiser

tant [tã]   **... pis** ça n'a aucune importance; **... pis pour** ne pas se soucier de

taper [tape]   **... dans le ballon** donner de grands coups de pied dans le ballon

tapisser [tapise]   coller du papier peint sur les murs d'un appartement

taquiner [takine]   se moquer gentiment

taudis [todi] *m.*   habitation sale et en mauvais état

taupe [top] *f.*   classe préparatoire des grandes écoles d'ingénieurs

téléphérique [telefeʀik] *m.*   moyen de transport de personnes constitué par un ou plusieurs cables qui supportent une cabine de voyageurs

téléski [teleski] *m.* transport des skieurs par cable

tempo [tɛpo] *m.* rythme

temporel [tãpoRɛl] **locution . . . le** locution qui marque le temps

temps [tã] *m.* **un bout de . . .** une période de temps assez longue; **danse à trois . . .** danse basée sur le rythme trois; **. . . mort** dans un film ou un roman, passage où il n'y a pas d'action

tenace [tənas] dont il est très difficile de se débarrasser

tendance [tãdãs] *f.* force qui dirige l'activité de l'homme vers certains buts

tendre [tãdR] qui peut être facilement coupé, mâché

tenir [təniR] posséder; **. . . le coup** supporter une quantité abondante d'alcool ou de nourriture, sans être malade

tension [tãsjɔ̃] *f.* pression du sang dans les veines

tergiversation [tɛRʒivɛRsasjɔ̃] *f.* hésitation

terme [tɛRm] *m.* **à long . . .** relatif à une longue période; fin

terrain [teRɛ̃] *m.* **. . . d'atterrissage** surface où les avions atterrissent

terrorisé [teRoRize] avoir une très grande peur

terroriste [teRoRist] *m.* personne appartenant à un groupe révolutionnaire commettant des actes de violence

tête [tɛt] *f.* **approuver de la . . .** mouvement de la tête signifiant l'accord; **en . . . de** au début de; **crier à tue-tête** crier de toutes ses forces

tiers-monde [tjɛRmɔ̃d] *m.* ensemble des pays qui sont ni dans le camp «occidental», ni dans le camp «communiste»

tirer [tiRe] **. . . du sommeil** réveiller; avoir pour source

tombeau [tɔ̃bo] *m.* **aller à . . . ouvert** rouler excessivement vite et au risque de sa vie

tomber [tɔ̃be] **laisser . . .** arrêter de discuter à propos d'un sujet; se dit de la fièvre qui descend brusquement

ton [tɔ̃] *m.* couleur considérée dans son intensité

tonitruer [tonitRɥe] faire un bruit énorme comparable à celui du tonnerre

torturer [tɔRtyRe] faire énormément souffrir quelqu'un moralement ou physiquement

toucher [tuʃe] **. . . à** traiter d'un sujet (roman)

tour [tuR] *f.* expression, groupement particulier de mots; **. . . à . . .** l'un puis l'autre et ainsi de suite; **à . . . de rôle** l'un après l'autre

tourbillon [tuRbijɔ̃] *m.* vaste et fort mouvement circulaire

touristique [tuRistik] **menu . . .** menu destiné à attirer les touristes par son caractère avantageux

tourment [tuRmã] *m.* très grande douleur morale

tournemain [tuRnəmɛ̃] *m.* **en un . . .** de façon très rapide et experte

tourner [tuRne] **le monde cesse de . . .** désastre universel; **. . . un film** faire les prises de vue d'un film; jouer un rôle

tourteau [tuRto] *m.* **. . . de luzerne** restes de luzerne donnés comme aliments aux chevaux, bœufs, etc.

tout [tu] **après . . .** en définitive

toux [tu] *f.* sortie bruyante de l'air des poumons

trac [tRak] *m.* peur des acteurs avant d'entrer en scène

trafiquant [tRafikã] *m.* personne qui fait du trafic

train [tRɛ̃] **à fond de . . .** aussi vite qu'il est possible d'aller; **au train où vont les choses** à l'allure où; **se mettre en . . .** commencer un travail; **. . . d'atterrissage** roues d'un avion

traînée [tʀene] *f.* trace laissée par une substance répandue

train-train [tʀɛ̃tʀɛ̃] *m.* répétition journalière des occupations, des habitudes

traire [tʀɛʀ] tirer le lait de la vache

tranche [tʀɑ̃ʃ] *f.* partie moyenne de la cuisse de bœuf et du veau (terme de boucherie)

transmetteur [tʀɑ̃smɛtœʀ] *m.* personne qui fait passer ce qu'elle a reçu

transmission [tʀɑ̃smisjɔ̃] *f.* liaison

traversée [tʀavɛʀse] *f.* voyage d'une côte à l'autre

trèfle [tʀɛfl] *m.* catégorie de cartes à jouer

tremble [tʀɑ̃bl] *m.* espèce de peuplier dont les feuilles sont extrêmement mobiles

tréteau [tʀeto] *m.* sorte de table longue et étroite sur laquelle est disposé l'étalage d'un magasin

trimestriel [tʀimɛstʀijɛl] tous les trois mois

triperie [tʀipʀi] *f.* magasin où on vend les boyaux d'un animal de boucherie

tripler [tʀiple] rendre trois fois plus grand

tromper [tʀɔ̃pe] ne pas être fidèle en amour

trotter [tʀote] marcher rapidement

trou [tʀu] *m.* . . . **de mémoire** oubli subit de ce qu'on savait

trouver [tʀuve] . . . **naturel** considérer comme normal; . . . **femme** trouver une femme avec qui se marier

truie [tʀɥi] *f.* femelle du porc

truite [tʀɥit] *f.* poisson d'eau douce très apprécié; . . . **au bleu** truite cuite vivante dans l'eau bouillante

tyrannique [tiʀanik] insupportable

uniforme [ynifɔʀm] qui ne présente aucun changement

urbain [yʀbɛ̃] qui est relatif à la ville

urbanisé [yʀbanize] qui a pris les habitudes de vivre des gens de la ville

urbanisme [yʀbanism] *m.* ensemble des mesures techniques et économiques qui permettent un développement harmonieux des villes

urine [yʀin] *f.* liquide sécrété par les reins

urne [yʀn] *f.* boîte servant à recueillir les bulletins de vote

usager [yzaʒe] celui qui utilise souvent une même chose

usé [yze] se dit en parlant d'une personne affaiblie, vieillie

usure [yzyʀ] *f.* **guerre d'** . . . celle où chaque adversaire cherche à épuiser l'autre à la longue

utilitaire [ytilitɛʀ] qui est utile

vacant [vakɑ̃] disponible

vacarme [vakaʀm] *m.* très grand bruit

vague [vag] **nouvelle** . . . ce qui est le fait d'une génération plus jeune

valet [vale] *m.* carte à jouer venant tout de suite après la reine

valse [vals] *f.* . . . **viennoise** valse qui a pour origine Vienne

vanter [vɑ̃te] louer quelqu'un

variation [vaʀjasjɔ̃] *f.* changement

vauclusien [voklyzjɛ̃] du Vaucluse

vedette [vədɛt] *f.* acteur ou actrice célèbre de cinéma

velléitaire [veleitɛʀ] se dit d'une personne qui n'a que des intentions fugitives, non suivies d'actes

vélo [velo] *m.* bicyclette (familier)

vendanger [vɑ̃dɑ̃ʒe] faire les vendanges

venelle [vənɛl] *f.* petite rue étroite

vénérable [veneʀabl] que l'on doit respecter

vent [vɑ̃] *m.* **être dans le** . . . être à la page

vernis [vɛʀni] *m.* substance dont on couvre la surface des objets

vernissage [vɛʀnisaʒ] *m.* ouverture d'une exposition de tableaux

vespa [vɛspa] *f.* sorte de motocyclette

vestiaire [vɛstjɛʀ] *m.* lieu où l'on dépose les vêtements avant d'entrer dans certains établissements publics

vestibule [vɛstibyl] *m.* pièce d'entrée d'une maison ou d'un appartement

vestimentaire [vɛstimãtɛʀ] qui a rapport aux vêtements

vétuste [vetyst] abîmé par les ans

vice-versa [visvɛʀsa] inversement

vif [vif] *m.* **sur le** ... d'après la réalité vivante

vigilant [viʒilã] très attentif

vignoble [viɲɔbl] *m.* plantation de vignes

vinaigrette [vinegʀɛt] *f.* sauce faite d'un tiers de vinaigre et de deux tiers d'huile

violer [vjɔle] faire une infraction

virer [viʀe] tourner à gauche ou à droite avec un véhicule

viser [vize] diriger vers

visiteur [vizitœʀ] *m.* personne qui visite

viticulteur [vitikyltœʀ] *m.* personne qui cultive la vigne

viticulture [vitikyltyʀ] *f.* culture de la vigne

vitrine [vitʀin] *f.* baie vitrée d'un magasin

vivable [vivabl] dans lequel on peut vivre

vivat [viva] *m.* acclamation

vivre [vivʀ] ... **avec son temps** vivre en accord avec l'actualité de son époque

vogue [vɔg] *f.* **en** ... à la mode; popularité dont jouit une personne ou une chose

voilier [vwalje] *m.* bateau à voile

voire [vwaʀ] adverbe exprimant le doute

voix [vwa] *f.* **parler à mi-** ... parler à voix basse; **être en** ... être en forme pour chanter

volaille [vɔlaj] *f.* ensemble des oiseaux de la basse-cour

volatiliser [volatilize] détruire quelque chose sans qu'il en reste la moindre trace

volatilité [volatilite] *f.* qualité de ce qui ne dure pas, qui est sujet à de nombreux changements

vouloir [vulwaʀ] ... **du bien** avoir de bons sentiments pour quelqu'un; ... **du mal** avoir de mauvais sentiments pour quelqu'un

voûte [vut] *f.* arc architectural

voyant [vwajã] qui attire le regard

vrombissant [vʀɔ̃bisã] faisant un bruit d'avion

vu [vy] **mal** ... se dit de quelque chose dont on a mauvaise opinion

w.c. [vese] *m.* les cabinets

zèle [zɛl] *m.* ardeur à faire quelque chose

zeste [zɛst] *m.* écorce extérieure du citron ou de l'orange

zut [zyt] interjection de colère ou de lassitude

Index

B C D E F G H I J   9 8 7 6 5 4 3 2